Roger Schawinski · Die TV-Falle

ROGER SCHAWINSKI

DIE TV-FALLE

VOM SENDUNGSBEWUSSTSEIN ZUM FERNSEHGESCHÄFT

KEIN & ABER

Bildnachweis

S. 20: © Keystone/Jan Pitman; S. 29: © Schneider-Press; S. 41: © Keystone/ Joerg Carstensen; S. 58: © p7s1; der Urheber dieses Bildes konnte auch nach intensiver Nachforschung nicht ermittelt werden. Wir bitten ihn, sich mit dem Verlag in Verbindung zu setzen; S. 63: © picture-alliance/dpa; S. 83: © RTL; S. 85: © picture-alliance/dpa; S. 91: © DUKAS; S. 101: © Boris Breuer; S. 105: © picture-alliance/dpa; S. 121: © picture-alliance/akg-images; S. 124: © Keystone/Tom Maelsa; S. 130: © DUKAS; S. 157: © AP/Eckehard Schulz; S. 177: © DUKAS; S. 193: © Roland Horn; S. 210: © RDB/teutopress; S. 216: © DUKAS; S. 225: © Keystone/Matthias Schrader; S. 232: © picture-alliance/ dpa; S. 251: © picture-alliance/dpa; S. 253: © DUKAS

1. Auflage August 2007
2. Auflage August 2007
3. Auflage August 2007

Alle Rechte vorbehalten
Copyright © 2007 by Kein & Aber AG Zürich
Covergestaltung: Anna Meyer
Satz: Dörlemann Satz, Lemförde
Druck und Bindung: Printed in the EU
ISBN 978-3-0369-5505-6

www.keinundaber.ch

Für Lea

INHALTSVERZEICHNIS

Einleitung 11

1. Sendergesichter 15

2. Produzenten und ihre Stars 33

3. Verliebt in Telenovelas 51

4. Die CSIisierung der Fernsehwelt 75

5. Der totale Blackout 93

6. Lizenz zum Gelddrucken 117

7. Die harten Kämpfe im TV-Dschungel 133

8. Öffentlich, rechtlich und redlich? 151

9. Ach, diese Zuschauer! 169

10. Das TV-Business 181

11. Die Welt des Spots 195

12. So tappt man in selbst gestellte Fallen 209

13. Haim 223

14. Ab in die Zukunft 237

15. Mein langer Weg zu Sat.1 243

Personenverzeichnis 255

Wenn man in das Haus des Glücks durch die Pforte des Jubels eintritt, so wird man durch die des Wehklagens wieder heraustreten, und umgekehrt. Daher soll man auf das Ende bedacht sein, und seine Sorgfalt mehr auf ein glückliches Abgehn als auf den Beifall beim Auftreten richten. Es ist das gewöhnliche Los der Unglückskinder, einen gar fröhlichen Anfang, aber ein sehr tragisches Ende zu erleben. Das so gemeine Beifallsklatschen beim Auftreten ist nicht die Hauptsache, allen wird es zuteil; sondern das allgemeine Gefühl, das sich bei unserm Abtreten äußert. Denn die Zurückgewünschten sind selten, wenige geleitet das Glück bis an die Schwelle: so höflich es gegen die Ankommenden zu sein pflegt, so schnöde gegen die Abgehenden.

Das Ende bedenken
Baltasar Graciáns Aphorismus Nummer 59
Handorakel und Kunst der Weltklugheit (1647)

Es ist acht Uhr früh. Die Spannung steigt mit jeder Minute. Es gelingt mir auch heute nicht, den Morgen locker anzugehen. Meine Familie kennt diesen Zustand, bei dem ich mich wie ein normaler Mensch zu bewegen und zu verhalten versuche, obwohl ich mit meinen Gedanken ganz woanders bin. In wenigen Augenblicken – hoffentlich – ist es soweit.

8.08 Uhr. Jetzt! Auf meinem Handy ist überlaut hörbar eine Nachricht eingegangen. Ich bemühe mich, langsam nach dem immer in Reichweite liegenden Gerät zu greifen, doch dann wird es wie jedes Mal eine hastige Bewegung. Ich halte einen Sekundenbruchteil inne, bevor ich weiterklicke. Was erwartet mich heute? Sind unsere Erwartungen eingetroffen? Oder ist es eine weitere Enttäuschung? Oder gibt es gar endlich wieder positive Überraschungen? In einer Sekunde werde ich die Antwort zumindest in Umrissen kennen.

Ich drücke die Taste und ich fühle, wie mein Pulsschlag und mein Adrenalinpegel gleichzeitig in die Höhe schnellen. Vor mir präsentieren sich die Tagesmarktanteile aller größeren Sender, die als SMS-Vorabinformation an die oberen Kader unseres Konzerns verschickt werden. Sofort erfasse ich die Daten für Sat.1 und vergleiche sie mit den Schätzwerten, die ich mental für den gestrigen Tag festgehalten habe. Das Resultat ist augenblicklich auf meinem Gesicht und an meiner Körpersprache abzulesen, wie meine Frau oft bemerkt. Und sie weiß, wie dieser Tag für mich begonnen hat.

8.17 Uhr. Der Tagesmarktanteil war nur die Grobinformation, von der sich die Quoten der für diesen Tag besonders wichtigen Sendungen ungefähr ableiten lassen. Jetzt kommen die Detaildaten. Auf meinem Blackberry ist eine Mail mit der Bezeichnung *Research Quick* eingegangen. Mit flatternden Fingern drücke ich mich bis zur entsprechenden Anlage vor. Zuerst erscheinen die Quoten von Pro7 auf dem Schirm. Hastig scrolle ich nach unten. Jetzt bin ich bei Sat.1. Die erste Sendung, deren Quote ich sehe und sofort beurteile, ist diejenige des *Frühstücksfernsehens*. Dann geht es schnell weiter über den ganzen Tag bis nach Mitternacht, Stunde für Stunde, Sendung für Sendung. Jeden einzelnen Wert analysiere ich blitzschnell, als gut, zufriedenstellend oder ungenügend bewertet. Vor allem bei neuen Sendungen, oder Programmen, die auf dem Prüfstand stehen, ist die Anspannung hoch. Gibt es sofortigen Handlungsbedarf? Oder soll man noch etwas zuwarten? Sind wir in eine neue Falle geraten, und wie schnell werden wir wieder herausfinden? Wo muss ich eingreifen, umprogrammieren? Die Gedanken rasen durchs Gehirn.

Dann gehe ich direkt zur Analyse der Quoten der Konkurrenz. Wo haben wir gepunktet, und wo hat man uns wehgetan? Auf welchem Sendeplatz sind wir Sieger, und wo hat man uns gedemütigt?

Nun ein kurzes Durchatmen. O.K., jetzt kenne ich die Fakten. Meine Stimmung hat sich verfestigt, je nach Resultat bei Euphorie oder Niedergeschlagenheit.

Bei wichtigen Einstarts von Sendungen mache ich die ersten Telefonate und spreche mit den Verantwortlichen einzelner Sendungen oder mit den Chefs der Abteilungen. Ich tröste oder gratuliere, lobe oder stelle Fragen.

Beim Eintreffen im Sender gegen 9 Uhr hängen die Quoten bereits in jedem Fahrstuhl. Je nach den erzielten Werten wird sich innerhalb der nächsten Stunden eine gelöste oder eher gedrückte Stimmung im ganzen Gebäude verbreiten, und das geht vom Portier bis zu jedem der Sendungsverantwortlichen. Wir alle sind *ein* Team und arbeiten am selben Werk, wird damit signalisiert.

Um 9.30 Uhr liefern die Branchendienste *DWDL* und *Quotenmeter* im Netz ihre Benotungen, bald darauf kommt *Kress*. Mit blumigen Worten und genüsslichen Formulierungen werden die Gewinner und Verlierer des Tages identifiziert. Gleichzeitig legt mir meine Sekretärin einen dicken Pressespiegel mit den Beurteilungen der Printjournalisten vor, die sich ebenfalls akribisch mit unserer Tätigkeit beschäftigen. Und die ersten Mails mit Kommentaren von Kollegen im Sender oder aus der Zentrale in München sind eingetroffen, die es zu beantworten gilt.

Ja, und jetzt kann der Senderchef mit seiner Tagesarbeit beginnen.

In den drei Jahren an der Spitze von Sat.1 lebte ich an den Schalthebeln einer Welt, die für viele Millionen von Zuschauern ein bestimmender Teil ihres Alltags ist. Irgendwann wurde mir bewusst, dass es für diese breite Öffentlichkeit nur wenige Darstellungen über die internen Mechanismen dieses oft als glamourös und einflussreich beurteilten Mediums gibt. Vielleicht interessiert dieser Blick hinter die Kulissen deshalb weniger, weil die glatte Oberfläche alles überstrahlt. Vielleicht aber gab es in Deutschland einfach noch keinen Sendeleiter, der nach seiner Tätigkeit an der Spitze seines Mediums darüber berichtet hat, so wie es Topmanager und Politiker gewohnheitsmäßig tun, um mit ihren subjektiven Erfahrungsberichten zur Erweiterung des allgemeinen Erkenntnisstandes beizutragen.

Dieses Buch versucht, in diesen Bereich vorzustoßen. Anhand Beschreibungen von Begegnungen mit Menschen und Situationen sollen möglichst praxisnah Erklärungen über Zusammenhänge und Abläufe der Fernsehindustrie dargestellt werden. Gleichzeitig möchte ich auch die wirtschaftlichen und politischen Faktoren beleuchten, ohne die die Wirkungsweise dieser Branche nicht zu verstehen ist. Es ist zudem die Darstellung der Arbeit an der Spitze eines hoch motivierten, hoch qualifizierten Teams, welches sich als verschworene Einheit verstand.

Ende 2003 hatte ich Sat.1 bei einem Jahresgewinn von 4 Millionen Euro übernommen. In den folgenden Jahren wurde das Ergebnis kontinuierlich gesteigert, um 2006 schließlich 204 Millionen zu erreichen – das Sechsfache des zuvor höchsten Gewinns in der über zwanzigjährigen Geschichte dieses Senders.

Die Zeit bei Sat.1 war eine der aufregendsten meines beruflichen Lebens, und ich bin weiterhin vom Rhythmus dieser Jahre geprägt, auch seitdem ich den Sender Ende 2006 auf eigenen Wunsch verlassen habe. So beginnt auch heute noch jeder Tag mit einem hastigen Blick auf die Einschaltquoten. Denn Fernsehen kann süchtig machen. Auch aus der Perspektive der Macher.

Berlin, im Juli 2007

1. SENDERGESICHTER

Die Verhandlungen mit Alexandra Neldel standen kurz vor dem Durchbruch. Ich hatte unserem Star aus *Verliebt in Berlin* ein finanziell einmaliges Angebot für die äußerst wichtige halbjährige Verlängerung unserer Telenovela gemacht, das sie schlichtweg nicht ablehnen konnte. Doch dann warf sie eine zusätzliche Bedingung in die Runde, die uns in höchste Aufregung versetzte: Sie würde nur unterschreiben, ließ sie uns über ihren Anwalt wissen, wenn wir ihr vertraglich zusichern würden, dass sie im großen Finale als Lisa Plenske nicht wie vorgesehen David (Mathis Künzler), sondern seinen Rivalen Rokko (Manuel Cortez) heiraten werde.

Von Beginn an hatte es auf dem Set zwischen ihr und Mathis Künzler gekriselt, wie es bei solchen Produktionen immer wieder vorkommt. Als gegen Ende des ersten Sendejahres ein zweiter männlicher Hauptdarsteller in die Telenovela eingeführt wurde, sah sie die Möglichkeit für den endgültigen Triumph über ihren Kontrahenten: Sie würde ihm das große Finale versauen und Rokko heiraten. Sie hatte begriffen, dass sie nun die Macht besaß, und niemand sonst. Durch harte Arbeit und großartige Leistungen war sie an einem Punkt angelangt, wo sie sich wie eine Diva benehmen konnte. Weshalb also sollte sie ihre Position nicht in einer Sache ausspielen, die ihr wichtig war? Das ist es doch, weshalb es sich lohnt, ein Star zu sein, wie wir aus so vielen Hollywood-Geschichten erfahren durften.

Wir analysierten eingehend unsere Position. Schließlich entschied ich, dass wir in dieser Frage nicht nachgeben durften. Wir mussten dafür sogar das Risiko einer Absage in Kauf nehmen, denn sonst würden wir das Allerwichtigste, nämlich die Glaubwürdigkeit des Formats, in höchstem Maße gefährden.

»Der Zuschauer soll entscheiden, wen du heiraten wirst«, erklärte ich Alexandra. »Kurz vor Schluss werden wir mit einer Marktforschung ergründen, mit wem du nach Meinung der

Mehrheit der Fans vor den Altar treten sollst. Und so wird es dann geschehen.« Um diesem Argument zusätzliches Gewicht zu geben, verbesserten wir noch einige finanzielle Rahmenbedingungen und erreichten so, dass Alexandra Neldel den Vertrag zum letztmöglichen Zeitpunkt unterschrieb – und dann Monate später David mit großer Hingabe und zur riesigen Begeisterung ihres Publikums doch noch heiratete.

Der Ablauf ist immer derselbe: Zu Beginn ist es jeweils der Sender, der am Drücker ist. Er entwickelt die Projekte, er entscheidet über die Besetzung. Neben den zuständigen Redaktionsleitern ist immer auch der Senderchef bei der Vergabe der wichtigsten Parts involviert. Wird dann ein großes Projekt erfolgreich, drehen sich die Machtverhältnisse schnell in ihr Gegenteil. Die Hauptdarsteller werden oft innerhalb von Monaten zu Stars, auf die nun umgekehrt der Sender angewiesen ist. Zwar ist eine TV-Serie das Produkt der Leistungen von sehr vielen Menschen, die mit ihrer Arbeit, ihrem Engagement und ihrer Inspiration zum Gelingen beitragen. Von all diesen Personen schafft es allein der Hauptdarsteller oder die Hauptdarstellerin zu Geld und Ruhm zugleich. Und dazu auch noch zu Macht, die nicht nur von internationalen Filmstars, sondern auch von einigen Quotenbringern im deutschen Fernsehen ins Spiel gebracht wird, wie wir hie und da erfahren mussten.

Die Verwandlung von der unauffälligen, unansehbaren Raupe zum strahlenden Schmetterling ist etwas, das in einem voll mediatisierten Umfeld nicht von allen Menschen ohne einschneidende Veränderung der Persönlichkeitsstruktur bewältigt werden kann. Die unsäglich langen Fototermine und die herausgezögerten Auftritte auf den omnipräsenten roten Teppichen führen bei vielen neuen Stars zu einem veränderten Selbstverständnis, das die Kommunikation in ihrem beruflichen und privaten Umfeld erschwert. Einige wenige Sätze als Moderator einer obskuren Sendung irgendeines Senders, und schon ist man ein neuer Mensch mit eigenem »Management«, das von nun an gegen eine kräftige Provision jeden beruflichen Schritt begleitet.

Eine der Kernaufgaben eines Senderchefs ist die Betreuung seiner Sendergesichter. Sie hat er zu hegen und zu pflegen, ihnen hat er Aufmerksamkeit, Verständnis und Zuneigung zu schenken. Ihnen gratuliert er zum Geburtstag und zu Weihnachten, sie besucht er auf dem Set einer Show oder eines Drehs, um sein besonderes Interesse an diesem einen Projekt zu demonstrieren. Er versichert ihnen, dass er im Rahmen seiner Möglichkeiten nichts unversucht lassen wird, um für den größtmöglichen Support für diese Sendung in Form von Werbung und Trailer zu sorgen. Er ruft seine Sendergesichter bei guten Quoten an, um zu gratulieren, und bei schlechten, um zu trösten. Er liefert ein Rundum-Wohlfühlpaket, wohl wissend, dass viele seiner Topstars in ständiger Angst vor einem Quotenflop leben, der ihre Karriere ruinieren könnte. Die Unsicherheiten des Fernsehgeschäfts und die Kurzfristigkeit der meisten Verträge sind ideale Nährböden zum Heranzüchten von neurotischen Persönlichkeitsstrukturen. Die permanente Gefahr, aus dem Kreis der Privilegierten vertrieben zu werden, aus der Community der Schönen, Reichen und Berühmten, führt nur allzu leicht zu seelischen Verkrümmungen.

Längst nicht alle Sendergesichter verhalten sich so. Viele TV-Topleute begegneten mir wie Menschen, die nicht ununterbrochen nach einer Kaskade von Komplimenten lechzen. Cordula Stratmann ist nie in Gefahr geraten, die Bodenhaftung zu verlieren oder in eine der überall bereitgestellten Fallen zu tapsen, ebenso wenig Angelika Kallwass, Ingo Lenßen, Barbara Salesch, Bastian Pastewka, Alexander Hold, Kai Pflaume und viele mehr, die ich hier nicht alle aufzählen kann. Durch absolute Gelassenheit zeichnet sich Hugo Egon Balder aus. Vielleicht ist eine langjährige Erfahrung mit brutalen beruflichen Abstürzen hilfreich, um den aktuellen Erfolg unverkrampft und angstfrei genießen zu können. Ebenso nützlich scheint das Wissen, dass es ein Leben nach dem aktuellen Hype geben kann, und dass selbst ein Fall um hunderte von Positionen auf der Star-Control-Liste der *Bunten* keine Verdammung in die ewige Bedeutungslosigkeit ist.

Ein Beispiel möchte ich hier etwas ausführlicher darstellen, weil es auf besonders deutliche Weise aufzeigt, wie sich dieses delikate Verhältnis zwischen Senderchef und Sendergesicht entwickeln kann. Es ist die Geschichte zwischen Sat.1 und Ottfried Fischer, bekannt als *Bulle von Tölz*.

An meinem allerersten Arbeitstag bei Sat.1 legte man mir eine Liste von Telefonaten vor, die ich unverzüglich machen sollte, um mich bei den wichtigsten Personen vorzustellen. Ganz weit oben stand der Name von Ottfried Fischer. Die mitgelieferte Information machte mich erstmals stutzig: Es sei vor allem wichtig, dass ich ihn vor seinem Produzenten Ernst von Theumer anrufe, sonst gäbe es Probleme.

Der Anruf verlief wie die meisten anderen. Ottfried Fischer war sichtlich erfreut, und wir vereinbarten, uns bald zu einem Essen zu treffen. Stunden später, als ich von Theumer am Apparat hatte, sagte er mir ohne Umschweife: »Der Otti hat mich sofort nach Ihrem Telefonat freudestrahlend angerufen und erzählt, dass Sie ihn vor mir kontaktiert haben.« Offenbar war mir die Hackordnung korrekt übermittelt worden. Ich war noch in kein Fettnäpfchen getreten, die breit gestreut herumlagen, wie ich bald erfahren sollte.

Das Essen fand einige Wochen später in der Trattoria im Münchner Ausgehviertel Schwabing statt. Im Vorfeld teilte man mir einige Benimmregeln mit, die ich beachten sollte. Als erstes war das eine Beschreibung von Fischers Frau Renate, die auch gleichzeitig als seine Managerin auftrat. Die attraktive ehemalige Radiomoderatorin sei die bestimmende Figur, sehr extravertiert, sehr dominierend, während er, der großartige, politisch profilierte Kabarettist und erfolgreiche TV-Schauspieler, meist schweigend daneben sitze. Es gehe vor allem darum, mit ihr ein Vertrauensverhältnis aufzubauen. Wichtig sei aber zusätzlich, dass ich durchhalte. Mein Vorgänger Martin Hoffmann habe es jeweils bis mindestens zwei Uhr früh geschafft und den Fischers kräftig mitgeholfen, Flasche um Flasche Wein zu leeren. Und manchmal, etwa nach einem Essen beim Griechen in Ottis Wohnort Gauting, habe man anschließend auf den wenigen hundert Metern bis zu Ottis Haus noch einen kleinen Zwischenhalt eingelegt, um sich in einer Bar für die letzte Wegstrecke mit Hochprozentigem zu stärken. Hoffmann sei von diesen München-Besuchen jeweils aschfahl im Gesicht nach Berlin zurückgekehrt.

Ich traf die beiden Fischers gutgelaunt an ihrem Stammtisch. Nach einer halben Stunde waren wir per du und mit zunehmendem Alkohol flossen immer mehr Anekdoten. Eine der ersten waren detaillierte Schilderungen der Besuche meines Amtsvorgängers, die Renate ohne Umschweife so erzählte, dass überdeutlich wurde, dass von mir eine ähnliche Sitz- und Trinkleistung erwartet werde. Doch ich hatte meinen Fahrer bewusst auf elf Uhr bestellt und verabschiedete mich pünktlich mit Hinweis auf mein pickelhartes Programm am nächsten Tag. Ich wollte klar signalisieren: Ja, ich kümmere mich persönlich um meine Stars, aber in meinem eigenen Stil.

Einige Wochen später organisierten wir für Otti und sein Team vom *Bullen von Tölz* eine große Party in München. Der Anlass war die fünfzigste Folge des *Bullen*, die soeben abgedreht worden war, und diesen fantastischen Erfolg wollten wir feiern. Es sollte vor allem eine Hommage an den Hauptdarsteller werden, dem der Vorstand der ProSiebenSat.1 AG in corpore die Ehre gab, um auf diese Weise die Bedeutung dieses Programms für den ganzen Konzern zu unterstreichen. In meiner Rede wies ich auf die großartigen Leistungen von Ottfried Fischer hin und versuchte so euphorisch und so überzeugend wie möglich zu wirken. »Es ist die Rolle seines Lebens«, sagte ich, »so wie Columbo die Paraderolle von Peter Falk ist. Dabei fällt es schwer, den Zauber von Ottis Schauspielkunst zu definieren. Ich weiß nicht, wie er es macht, ich weiß nur, dass er eine einmalige Stimmung herstellt, von der die Zuschauer einfach nicht genug kriegen können«.

Dann erklomm Otti die Bühne und dankte artig dem ganzen Team. Seine witzige Rede kulminierte mit dem Satz: »Ohne den *Bullen* wäre Sat.1 ganz schön im Arsch.«

Ich schluckte leer. Das war hart für uns – aber im Kern gar nicht so falsch. Wir produzierten pro Jahr fünf bis sechs neue *Bullen*, und dies seit Jahren. 1995 war der *Bulle* jeweils am Sonntag ausgestrahlt worden und holte dort zuerst nur mäßige Quoten. Kurz vor der Absetzung entschied man sich für eine Programmierung am Mittwoch, und hier entwickelte sich die Sendung bald zu einem gewaltigen Erfolg. Das beste aber war, das sich die Reihe besser als jedes andere Programm wiederholen ließ. Auch die Fünftausstrahlungen holten noch tolle Marktanteile, so dass wir mehr als zwanzig Mal im Jahr zwei Stunden der Mittwochs-Primetime mit dieser Sendung bestreiten konnten. Aber die öffentliche Darstellung der Machtverhältnisse zwischen Star und Sender – und dies ausgerechnet an einer zu seinen Ehren organisierten Party – empfand ich als wenig galant, ja als bedrohlich. Der immer sanft auftretende Otti hatte uns seine Zähne gezeigt.

In den folgenden Wochen verschärften sich die Probleme. Renate Fischer begann sich noch intensiver in unsere Programmplanung einzumischen als je zuvor. Sie forderte Woche für

Renate und Otti Fischer: Sie ist sehr extravertiert, sehr dominant. Er, der erfolgreiche Schauspieler, sitzt meist schweigend daneben.

Woche mehr Trailer für den *Bullen* und wies uns an, in welchen Sendungen diese zu platzieren seien. Sie beklagte sich immer heftiger über den der Sendung zugeteilten Sat.1-Redakteur. Sie mäkelte am Produzenten und an den Regisseuren herum und monierte die zeitliche Ansetzung des *Bullen* im ORF – die vertraglich festgelegt war –, weil diese die Quoten in Bayern in unerträglicher Weise beeinträchtigen würden. Und sie forderte generell weniger *Bullen*-Programmierungen.

Diese Nonstop-Interventionen erfolgten auf mehreren Ebenen unseres Senders gleichzeitig, bei Redakteuren, dem Programmplaner, dem Marketingchef, der Pressechefin. Etliche Male rief ich sie an, um die Dinge wieder ins Lot zu bringen. Ich versuchte stets, so diplomatisch wie möglich zu erklären, dass wir im Rahmen unserer Möglichkeiten alles tun würden, um den *Bullen* zu stärken, aber dass es unsere Aufgabe und unser Know-How sei, diesen Teil der Arbeit zu bewältigen.

In einer dieser Eskalationsphasen wollte mir der von Renate Fischer völlig entnervte Leiter unserer Serienredaktion, D.E., eine Mail schicken, die so begann: »Die Tretmine hat wieder zugeschlagen«. Er klickte auf »Absenden« – und schickte die Mail an diejenige Person, mit der er kurz zuvor kommuniziert hatte: an Renate Fischer. Als er seinen Irrtum bemerkte, war es bereits zu spät. Innerhalb von Minuten sandte Renate diese Mail als endgültigen und definitiven Beweis für die despektierliche, untolerierbare Art, mit der Sat.1 mit ihr und ihrem Otti umgehe, an eine Vielzahl von Personen, um so ihrer Entrüstung Ausdruck zu verleihen.

Als wir den Schaden sichteten, kamen uns nach wiederholten Entschuldigungen über das Vorgefallene nur zwei Dinge in den Sinn: Ich würde D.E. wegen seines unziemlichen Verhaltens gegenüber einem unserer wichtigsten Protagonisten und seiner Frau und Managerin abmahnen, was Renate explizit als Mindeststrafe eingefordert hatte. Und wir würden nach München reisen, um uns persönlich bei einem Mittagessen zu entschuldigen. Dabei wollten wir auch vorsichtig auszuloten versuchen, ob

Renate und Otti bereit sein würden, den bereits vorliegenden Vertrag für die nächsten fünf Folgen im kommenden Jahr zu unterschreiben.

Bei diesem Canossa-Gang war außer mir auch Alicia Remirez, die Chefin von D. E. und die Verantwortliche für den gesamten Fiction-Bereich dabei. Außerdem nahm ich Lutz Winter mit, der als langjähriger Herstellungsleiter von Sat.1 eine persönliche Beziehung zu den Fischers hatte, und der immer für einige humorige Zwischenbemerkungen gut war. D. E. ließen wir vorsichtshalber in Berlin.

Das Essen verlief erstaunlich ruhig. Otti zeigte sich nach einigen Gläsern Wein sogar amüsiert über den »Tretminen«-Fauxpas. Der Kabarettist in ihm hatte das Irrwitzige des Vorgangs erkannt, und Renate gestand beinahe etwas stolz, dass der gewählte Ausdruck eigentlich ganz gut zu ihr passe. Wir einigten uns auf die Fortsetzung der Zusammenarbeit, nachdem wir in verschiedenen Teilbereichen weitere Zugeständnisse angekündigt hatten – und die Welt schien wieder in Ordnung.

Bald darauf war Sommer, den die Familie Fischer wie immer in ihrem Blockhaus im Westen Kanadas verbrachte. Direkt anschließend stand das nächste Projekt an, das sich Otti besonders gewünscht hatte, nämlich die Aufzeichnung einer Sendung, die unter dem Titel *Ottis Wiesnhits* in einem der großen Bierzelte des Münchner Oktoberfestes stattfinden sollte. Otti hatte dabei die Stimmung des größten Volksfestes der Welt in einem Stil zu präsentieren, der irgendwie zu Sat.1 passen würde.

Dies war für mich ein Pflichttermin. Nur gab es da ein kleines Problem. Ausgerechnet am Tag vor der Aufzeichnung musste ich mir den Meniskus meines linken Knies arthroskopisch zurechtstutzen lassen. Doch ich wusste, dass Renate mein Fernbleiben – Operation hin oder her – als weiteren Affront werten würde, und das wollte ich unbedingt vermeiden. Deshalb nahm ich tapfer den Flieger nach München, humpelte zum ersten Mal in meinem Leben in ein Wiesn-Festzelt, wo man mich umgehend dezent verkleidete, damit ich optisch nicht allzu sehr aus dem Rahmen fallen würde. Renate hatte mich sofort erspäht und winkte mir ekstatisch zu. Sie hatte mir einen Platz ganz vorne bei der Bühne reserviert, an ihrem Tisch, ihr direkt gegenüber.

Dann begann die Sendung. Kaum hatte Otti einen Song angesagt, kletterte Renate als allererste im ganzen riesigen Festzelt auf die Sitzbank und begann wie wild zu tanzen. Innert Sekundenbruchteilen hatten es ihr fast alle der 2000 Besucher gleich getan – und mir wurde sofort klar, auf was für ein total unvernünftiges Unternehmen ich mich da eingelassen hatte, aus dem es jetzt kein Entrinnen mehr gab. Renate gestikulierte wild in meine Richtung, also versuchte ich möglichst ohne Aufsehen ebenfalls auf die Bank zu klettern, wo ich schließlich etwas ungelenk im Rhythmus mitschaukelte.

Erst dann kam der schwierigere Teil, das Runterklettern. Das schaffte ich kaum, denn dabei gilt es, beide Beine zu belasten, und das war mit einer frischen Wunde im Knie kaum zu schaffen. Keine drei Minuten darauf begann die Tortur von neuem. Und so ging es weiter: Rauf, runter, rauf, runter – insgesamt vierzehn Mal. Am Schluss war ich völlig fertig und selbst der großzügige Konsum von Bier vertrieb den penetranten Schmerz in meinem frisch operierten Bein nicht. Trotzdem war ich stolz auf mich: Ich hatte mit körperlichem und einigem mentalen Einsatz bewiesen, dass ich alles tun würde, um unser wichtiges Sendergesicht zu pflegen.

Sämtliche Anwesenden hatten sich während der Sendung bestens amüsiert. Auch die Fischers zeigten sich vollauf zufrieden. Um die gelöste Stimmung zu nutzen, traf ich mich einige Tage später allein mit Renate zu einem Kaffee in einem Münchner Kaffeehaus, um über das Leben und die letzten offenen Begehrlichkeiten zu quatschen.

Dann hatte Otti am 7. November Geburtstag. Es begann völlig harmlos. Ich rief Otti am Morgen an, um artig zu gratulieren. Alle beim Sender Beteiligten hatten schon Tage zuvor eine Geburtstagskarte mit aufmunternden Sprüchlein unterschrieben, die ihm pünktlich zum Fest zusammen mit einer Flasche Wein nach Hause überbracht wurde. Schon kurz nach zehn war eine total entnervte Renate am Telefon. Es sei ein unverzeihlicher Affront, dass man ihrem Mann einen Wein im Wert von 2.50 Euro geschenkt habe – und dies nach allem, was er für Sat.1 getan habe. Nun würden sie wenigstens wissen, dass man für sie keinerlei Wertschätzung aufbringe. Es sei wahrscheinlich besser, dass man sich trenne.

Gemäß den explizit formulierten Vorgaben innerhalb unseres Konzerns hatten wir Otti einen Wein gekauft, der nicht mehr als 20 Euro gekostet hatte. Noch nie hatte ich erlebt, dass sich jemand über ein zu kleines Geburtstagsgeschenk in dieser Form echauffierte. Trotzdem versuchte ich, auch diesen neuen Krisenherd bei Renate mit dem Einsatz von viel Energie und unsäglich vielen süßen Worten unter Kontrolle zu bringen. Doch der Geburtstags-Eklat hatte mich echt geschafft. Dabei war dies erst das Vorspiel.

Dann kam *Wetten dass …?* Otti saß auf der Couch, und er verkündete vor einem 14-Millionen-Publikum, dass er mit dem *Bullen* eine Pause einlegen werde. Er würde mit dem Dreh ein ganzes Jahr aussetzen.

Ich hatte die Sendung zwar selbst nicht gesehen, doch am Sonntagmorgen stand mein Telefon nicht still. Was war geschehen? Hatten wir nicht mit Renate und ihm alles detailliert besprochen? Und sollte nicht der Sender über solch neue Pläne zuerst informiert werden und nicht die Öffentlichkeit?

Ich rief sofort Otti an, doch er wiegelte in seiner üblichen Art ab. So ernst sei es gar nicht gemeint gewesen, sagte er, und im Übrigen sei noch gar keine konkrete Entscheidung gefallen. Doch das Thema, das vor dem bewusst gewählten größtmöglichen Publikum des Landes lanciert wurde, war natürlich ein gefundenes Fressen für die Presse, in der sich Otti in den folgenden Tagen ausführlich und bereitwillig verbreitete.

Und mit jedem Interview wurden seine Formulierungen schärfer. Nicht nur bestätigte und bekräftigte er seine Aussage aus

Wetten dass …?. Zusätzlich setzte er immer neue Anschuldigungen gegen Sat.1 in Umlauf. Zuerst beklagte er sich nur, dass man ihn beim Sender nicht mehr richtig liebe, ihm nicht mehr die frühere Aufmerksamkeit schenke: »Man treibt den Bullen wie die Sau mit dem Bettelsack durchs Programm«, wetterte er. Dann fügte er hinzu: »Das Tischtuch mit Sat.1 ist zerschnitten.« Und zum Schluss attackierte er in einem Interview sogar direkt Pro-SiebenSat.1-Eigentümer Haim Saban und CEO Guillaume de Posch, indem er von einer amerikanisch-belgischen Führungscrew sprach, der es allein ums schnelle Geld ginge. Sein Honorar hingegen habe sich seit längerem nicht verändert, fügte er vorwurfsvoll bei. Mein Name fiel in dieser Klagelitanei nicht, aber es war evident, dass der Chef von Sat.1 der Hauptschuldige dieser unhaltbaren Zustände war.

Dies war eine Geschichte, die wie geschaffen war für die Boulevard-Zeitungen, die sich jeweils mit Wollust auf verbale Angriffe von TV-Stars auf ihre Sender stürzen. Meist ist es ein eben abgehalftertes oder ein zurückgestuftes Sendergesicht, das während vieler Jahre fürstlich behandelt worden ist, das sich in unflätiger Weise über seinen bisherigen Arbeitgeber verbreitet. Der Schauspieler oder Showstar weiß, dass er unwidersprochen selbst den blühendsten Unsinn erzählen kann, da der Sender nichts richtigstellen wird. In den Augen der Öffentlichkeit ist der große, mächtige Sender in allen Fällen automatisch der Schuldige. Würde er sich gegen einen einzelnen, schutzlosen Schauspieler negativ äußern, könnte das seine Position nur verschlimmern.

So erklärte Jürgen Heinrich, der vierzehn Jahre lang in mehr als 170 Folgen den Titelheld der Serie *Wolffs Revier* spielte, in der TV-Sendung *Johannes B. Kerner*, dass er auf schäbigste Weise und nur zufällig von der Absetzung der Serie erfahren habe. In Wirklichkeit hatte ich ihn Monate zuvor bei einem Essen im Berliner Prominenten-Restaurant Borchardt getroffen und ihm erklärt, dass wir die Serie beenden müssten, falls sich die Quoten weiterhin negativ entwickeln würden, was sie in der Folge auch taten.

Dann informierten wir ihn bei der Verkündung des unausweichlichen Entscheids, dass wir ihm zu Ehren zum Abschluss einen aufwendigen Neunzigminüter unter dem Titel *Angst* drehen wollten, an dessen Ende der Titelheld erschossen werde. Zudem richteten wir ein großes Fest für ihn und sein Team aus, bei dem wichtige Personen aus dem Sender teilnahmen. Diese Fakten teilten wir der Presse auch dann nicht mit, als Jürgen Heinrich uns noch mehrfach als Charakterlumpen denunziert hatte.

Als Katerina Jacob aus dem Team des *Bullen von Tölz* ausschied, beklagte sie sich flächendeckend, dass wir ihr wegen ihres Alters keine akzeptablen Rollen anbieten würden. Unerwähnt blieb, dass sie eine exorbitant höhere Gage für ihre Auftritte im *Bullen* gefordert hatte – und dass wir auf diesen Vorschlag nicht eingegangen waren. Auch dies stellten wir nicht richtig.

Neben Presse-Eintagesfliegen gibt es Geschichten, die sich in der Welt des Boulevards über mehrere Tage hinweg ziehen lassen, etwas, was sich Journalisten immer erhoffen. Dazu bedarf es laufend neuer brisanter Enthüllungen. Falls diese trotz allen Bemühungen ausbleiben, gehen die Journalisten zu einer der effektivsten Methoden aus ihrem Arsenal über: Sie drehen die Geschichte um 180 Grad und kreieren so weitere Fortsetzungen. Genau dies geschah mit der Otti-Saga.

Als nächstes lieferte *Bild* neben einer eindringlichen Nahaufnahme seines beeindruckend wuchtigen Torsos die Schlagzeile »Er kriegt den Hals nicht voll.« Zu lesen waren die von der Zeitung recherchierten Spitzengagen von Ottfried Fischer, die eine erzürnte Renate sofort wütend dementierte. Zum ersten Mal stand der von Millionen von Menschen geliebte Otti Fischer als Nimmersatt da, der jedes Jahr zehn oder mehr Neunzigminüter zu absoluten Spitzengagen für Sat.1 und die ARD drehte, zusätzlich für RTL arbeitete, die Kabarettsendung *Schlachthof* präsentierte und außerdem haufenweise lukrative Werbeverträge hatte.

In dieser aufgeheizten Stimmung holte Renate zum nächsten Schlag aus. Sie forderte, von nun an nicht mehr mit dem Geschäftsführer von Sat.1, sondern direkt mit dem Vorstand der

Sendergruppe zu verhandeln. Nun wollte sie den definitiven Triumph! Und so trafen sich die Fischers mit den Mitgliedern des Vorstands in einer der diskreten kleinen Stuben bei Käfer in München, wie der *Kress-Report* am nächsten Tag berichtete. Renate wünschte explizit, dass ich nicht eingeladen würde. Spät am Abend erhielt ich dann einen Anruf aus München. Das Handy wurde an Otti gereicht, der mir mit einer gemütsvollen, weinseligen Stimme mitteilte, dass man sich gefunden habe, und dass man die bestehenden Probleme gemeinsam lösen könne. Und natürlich würde er für Sat.1 weiter den *Bullen* drehen.

Ich schluckte leer. Ich hatte bisher alles getan, um die Fischers bei Laune zu halten und ihre Bedürfnisse zu befriedigen. Ich hatte ihnen mehr Zeit und Aufmerksamkeit gewidmet als jedem anderen unserer Stars. Doch all dies schien ihren Ansprüchen nicht zu genügen. Meine Selbstachtung ließ es nun nicht mehr zu, dieses Spiel weiterzuspielen. Deshalb beschloss ich, mich von nun an nicht mehr direkt mit Otti und seiner Frau zu befassen – *Bulle*, Quote, Pressekampagne hin oder her. Von nun an würde ich nicht mehr Ansprechperson für die ständigen Beschwerden und Klagen von Frau Fischer sein. Und daran hielt ich mich tatsächlich beinahe ein ganzes Jahr.

Nach diesem Sturmgewitter setzte eine erstaunliche Ruhe ein. Der Vertrag fürs Jahr 2005 wurde problemlos unterschrieben. Vom Drehort gab es kaum mehr Klagen, weder über Redakteure noch Regisseure. Von Renate war nichts mehr zu hören, nicht einmal auf Umwegen. Irgendwann wurde diese Groteske beendet. Es wurde ein zweites Essen bei Käfer organisiert, bei dem meine Anwesenheit diesmal ausdrücklich erwünscht war, damit wir endlich wieder zu normalen diplomatischen Beziehungen zurückkehren konnten, wie sie zwischen dem Senderchef und seinen Stars die Regel sind. Ich war verblüfft, dass Renate fehlte. Man wolle die Angelegenheit entemotionalisieren, war die mitgelieferte Begründung, gegen die niemand Einspruch erhob. Der Abend verlief äußerst friedlich und es kam zu einem erstaunlich frühzeitigen Aufbruch. Zuvor hatte Otti einige auf einem Zettel notierte Wünsche an uns formuliert, bei denen es sich um die altbekannten Punkte handelte. Neu war nur, dass er uns bat, ein ihm vorliegendes Drehbuch zu verfilmen, das in Afrika und in Wien spielte sollte, und das den Arbeitstitel *König Otto* trug. Niemand wollte die positive Grundstimmung trüben und so bekräftigten wir, dem Projekt unsere ganze Aufmerksamkeit zu schenken.

Doch noch bevor *König Otto* ausgestrahlt wurde, platzte der Skandal.

Wieder war es die *Bild*-Zeitung. Auf Seite 1 – über dem Knick – wurde vermeldet, dass Otti Fischer seit Monaten in Wien eine Geliebte habe, und man lieferte gleich die entsprechenden Bilder mit, die an einem Hotelpool aufgenommen wurden. Am zweiten Tag wurden weitere Details nachgeliefert. Seine Geliebte arbeite im Wiener Rotlichtmilieu. Zudem habe ihn seine Frau Renate aus dem Haus geworfen und erklärt, damit sei ihre Ehe mit Otti am Ende.

Wir waren elektrisiert. Es war klar, dass diese Story eines unserer wichtigsten Sendergesichter massiv beschädigen konnte. In solchen Fällen spricht man sich ganz genau mit dem Management des Künstlers ab. Doch Ottis Managerin war ja Renate, die in einer atemlosen Berichterstattung in allen Boulevardpostillen herausposaunte, dass sie ihren Otti nie mehr zurücknehmen werde. »Wir sind kein Ehepaar mehr«, erklärte sie. Und in der *Münchner Abendzeitung* begründete sie ihre offensive Pressepolitik via *Bild*: »Die haben meinen Mann auch hochgeschrieben.« Mehrfach versuchte ich, sie zu sprechen, um die Sache so professionell wie möglich zu behandeln, doch sie rief mich nie zurück.

Also kontaktierte ich Otti und bat ihn, nicht mehr mit der Presse zu reden, weil er diese unselige Story sonst nur weiter anheizen würde. Doch Tag für Tag erlebten wir, dass er sich genau gegenteilig verhielt. Als nächstes meldete *Bild*, dass Otti mit seinem Auto eine Reifenpanne gehabt habe. Als er über die Leitplanke klettern wollte, habe er sich verletzt und liege nun im Spital in Murnau. Entsetzt hatten wir die Schlagzeilen, die Enthüllungen und die Bilder gesehen, die ihn am Spitalbettrand nur knapp verhüllt durch ein Nachthemd als Abbild menschlichen Elends zeigten. Dort beichtete er *Bild*, dass er auch schon im Puff gewesen sei, was natürlich wieder für eine knallige Schlagzeile gut war.

Selbst Fernsehstars aus der zweiten Reihe sind immer für großflächige Schmuddelstorys in der Boulevardpresse gut, und zwar mit wahren, aufgebauschten aber auch erfundenen Geschichten. In all diesen Fällen ist es entscheidend, dass sofort und konsequent dazwischengegrätscht wird. So vertritt der Anwalt Christian Schertz eine Großzahl von TV-Leuten. Er wird von seinen Klienten oft über Verstöße in Sachen Persönlichkeitsrecht in der *Bild*-Zeitung informiert. Schertz reagiert jeweils mit der sofortigen Androhung einer einstweiligen Verfügung und teuren Schadenersatzklagen bei der weiteren Verbreitung der unerwünschten Informationen. Damit schützt er seine Klienten vor größerem Schaden, wie ich sehr oft hautnah erlebt habe. Doch

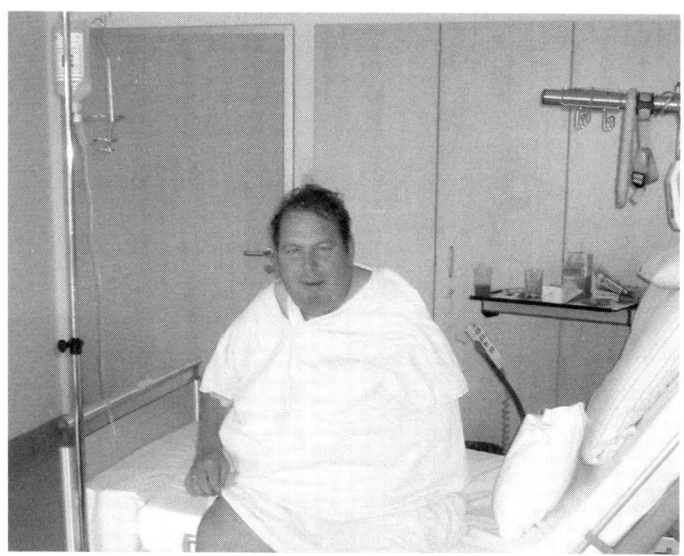

Entsetzt sahen wir die Bilder, die ihn am Spitalbettrand, nur knapp verhüllt durch ein Nachthemd, als Abbild menschlichen Elends zeigten.

Otti ging auch hier seinen eigenen Weg. Nach mehrmaliger Nachfrage erfuhren wir, dass ein in der Branche völlig unbekannter Mann in Hamburg und nicht einer der gewieften Medienanwälte seine Interessen vertrete, der sich ohne Kenntnis der Spielregeln sofort als Elefant im Porzellanladen in Szene setzte.

Mittlerweile echt verzweifelt, rief ich Otti nochmals auf seinem Handy an: »Bitte sag nun definitiv nichts mehr«, bat ich ihn inständig. »Alles was du den Journalisten erzählst, schadet dir und uns weiter. Glaubst du mir wenigstens jetzt?« Otti war jedoch gar nicht besonders zerknirscht, wie ich erwartet hatte und wirkte im Gegenteil ziemlich aufgeräumt. »Ist doch gar nicht so schlecht, mitten in der Fußball-Weltmeisterschaft viermal auf Seite 1 in der *Bild* zu stehen«, sagte er mir.

Erst jetzt begriff ich. Er war auf die riesigen Lettern noch stolz! Er deutete sie als Beweis für seine ungebrochene Popularität und fütterte die Journalisten deshalb laufend mit neuen Geständnissen. Er war nicht nur in eine Falle geraten, sondern hatte zusätzlich dafür gesorgt, dass die Scheinwerfer der Boulevardmedien auf sie gerichtet wurden.

Dass er damit sich, seiner Sendung und seinem Sender ein gewaltiges Imageproblem bescherte, verdrängte er, ebenso den Gedanken, dass er für die Boulevardpresse nicht mehr als der perfekte, schmuddlige Pausenclown zwischen dem Polen- und dem Ecuadorspiel der deutschen Nationalmannschaft war, wie die *Süddeutsche* in einer Glosse unter dem Titel *Die fünf Tage des Bullen* maliziös kommentierte.

Auf Anfrage hin solidarisierte ich mich mit unserem Star. In der *Bunten* ließ ich mich zitieren, dass Sat.1 zu hundert Prozent hinter Otti stehe. Hämisch wurde im selben Artikel vermerkt, dass sich von der ARD niemand hatte äußern wollen, obwohl Otti dort seit Jahren den Pfarrer Braun gab. Otti schickte mir darauf eine SMS: »Vielen Dank für die lieben Wünsche und die freundschaftliche Unterstützung in schwerer Zeit. Herzliche Grüße.« Kurze Zeit darauf die nächste Schlagzeile: Renate hatte Otti »zurückgenommen«. Als wir im Herbst nach langer Pause einige Zweit- und Drittausstrahlungen vom Bullen programmierten, erzielten wir verheerende Marktanteile im einstelligen Bereich. So etwas hatten wir zuvor nicht einmal ansatzweise erlebt. Was war geschehen? War es die geballte Konkurrenz? War es der generell gewandelte Publikumsgeschmack, zu dem der behäbige, langsame *Bulle* immer weniger passte? Oder waren es doch in erster Linie die Folgen der sommerlichen Enthüllungen, die Otti Fischers Bild in weiten Teilen seiner Fangemeinde beschädigt hatten? Einige Umfragen hatten ergeben, dass ihm ein größerer Teil seines Publikums wegen seiner Affäre böse war und erklärte, sich keine Filme mehr mit ihm anschauen zu wollen. Waren das bloß Momentaufnahmen oder hatten diese Urteile Langzeitwirkung?

Jede Sendung kann weit über ihren normalen Lebenszyklus hinaus bestehen, wenn sie Kultcharakter erlangt. Doch wenn der Glanz weg ist, kann alles rasend schnell in sich zusammen fallen. Otti und sein *Bulle* besaßen seit Jahren diesen Sonderstatus, ähnlich etwa wie *Wetten dass …?* Als ertappter Fremd- und selbstdeklarierter Puffgänger hatte er seine eigene Fama ramponiert.

Der nächste Test war *König Otto.* Der Film erzielte nur enttäuschende einstellige Quoten, obwohl Otti erstaunlich beweglich, ja behende auftrat und sogar eine brillante, selbst geschriebene Rede als afrikanischer Stammeshäuptling hielt. Im März 2007 kam dann die Stunde der Wahrheit. Innerhalb von nur wenigen Wochen wurden endlich – nach fast einem ganzen Jahr Pause – gleich mehrere Erstausstrahlungen vom *Bullen* gezeigt, auch die Folgen, die wegen des Leitplanken-Malheurs erst mit Verspätung gedreht werden konnten. Zur Überraschung vieler erreichten die Quoten angesichts einer besonders harten Konkurrenzprogrammierung respektable Werte. Entweder waren die Schlagzeilen vom vergangenen Sommer bereits vergessen, oder dann hatte man dem geständigen Sünder gnädig verziehen, auch wenn *Bild am Sonntag* die Geschichte genüsslich mit der Schlagzeile »Ottis Ex muss in die Psychotherapie« aufwärmte. Der Dicke, wie ihn

Renate nennt, hatte sich selbst einen Streifschuss verpasst, der ihn aber trotz dieser weiten Publizität nicht umhauen konnte.

Dieses Beispiel ist exemplarisch: Stars kann man nur bis zu einem gewissen Grad vor sich selber schützen. Bei Verlust der Bodenhaftung werden Negativentwicklungen losgetreten, die von niemandem, weder von einem Senderchef noch von einem ganzen Senderteam, aufzuhalten sind. Und wenn zusätzlich das Management und/oder die anwaltliche Beratung versagen, bedarf es einer Menge glücklicher Elemente, damit das Ganze nicht zum Totalschaden führt. Dann ist es beinahe unmöglich, dass man aus den selbstgestellten Fallen einigermaßen unbeschadet herausfindet. Otti und sein *Bulle* hatten gerade noch haarscharf die Kurve gekriegt.

2. PRODUZENTEN UND IHRE STARS

»Nein, die *Schillerstraße* kriegt ihr nicht. Da könnt ihr machen, was ihr wollt. Die bekommt RTL.« Marc Schubert lehnte sich weit nach vorne, um diesen Worten den nötigen Nachdruck zu verleihen. Sie waren das eindrückliche Finale eines atemlosen halbstündigen Vortrags, den er Sat.1-Unterhaltungschef Matthias Alberti und mir gehalten hatte. Es war die Auflistung von unzähligen Verfehlungen, Kränkungen, Zurücksetzungen und Ungerechtigkeiten, die unser Sender ihm – dem jungen, aufstrebenden Produzenten – seiner Meinung nach angetan hatten.

Wir saßen bei Lutter & Wegner am Gendarmenmarkt. Wir waren zum Essen verabredet, doch dafür hatte Marc Schubert weder Zeit noch Interesse. Während wir Bissen um Bissen zu uns nahmen, stand seine Mahlzeit, die ihn bei der Präsentation seiner Suada nur ihm Wege stand, unberührt vor ihm. Das Ganze klang für mich beinahe zu perfekt, um improvisiert zu sein. Er schien diesen Auftritt mit allen Highlights geprobt zu haben, um so bei uns die optimale Wirkung zu erzielen.

Marc Schubert hatte mit seiner Firma Hurricane die Sendung *Genial daneben* an Land gezogen, die sich Hugo Egon Balder ausgedacht hatte, und die seit längerem sehr erfolgreich in unserem Programm lief. Das hatte ihn beflügelt, und er war mit immer neuen Projekten angetanzt, die uns allesamt nicht begeistern konnten. Dann hatte seine Frau Maike Tatzig die Idee, die Form der Impro-Comedy in einer besonders originellen Weise weiterzuentwickeln: Eine Gruppe von Schauspielern würde auf einer Bühne vor Publikum stehen, jeder mit einem Knopf im Ohr. Ein Spielleiter würde jeweils Anweisung geben, die der einzelne Schauspieler, die Zuschauer im Saal und natürlich die TV-Zuschauer zu Hause, nicht aber die Mitspieler hören konnten. Wir hatten eine Pilotsendung in Auftrag gegeben, die wir begeistert visioniert hatten. Die neuartige Situationskomik hatte uns alle überzeugt, und wir waren uns sofort einig, dass wir diese Sendung in Auftrag geben würden.

Irgendwie war dieses Band zu Rudi Carrell gelangt, und der alte Fuchs erkannte sofort das gewaltige Potenzial dieses neuen Ansatzes. Carrell hatte seinen Haussender RTL informiert. Und der hatte offenbar Marc Schubert ein Angebot unterbreitet, das beträchtlich höher lag als das mit uns bereits vereinbarte. Deshalb nun hatte er einige Knirschstellen, die in unserer geschäftlichen Beziehung aufgetreten waren, zu einem grandiosen Sündenregister zusammengebastelt, um so den attraktiveren Deal zum höheren Preis mit unserem Hauptkonkurrenten abschließen zu können.

»Aber *wir* haben den Piloten bezahlt. Das können Sie nicht mit uns machen«, warf ich am Ende seines Vortrags ein. Wie üblich in solchen Situationen gab es noch keinen detaillierten Vertrag, da viele Fragen zu diesem Zeitpunkt des Entstehungsprozesses noch nicht geklärt sind. Doch gemäß den allgemeinen Gepflogenheiten der Branche war Marc Schuberts Vorgehen inakzeptabel. Natürlich wusste er das und hatte meine Reaktion antizipiert. Er konterte sie ungerührt mit einem weiteren, ungebremsten Wortschwall.

Wie sollte ich die Sache angehen? Wie sollte ich mit diesem Produzenten reden? Auf die harte oder auf die weiche Tour? Ich entschied mich schnell, seine vorgebrachten Klagen ernsthaft abzuwägen und versprach ihm, der Sache detailliert auf den Grund zu gehen. Er sei für uns ein ganz wichtiger Produzent, sagte ich ihm, mit dem wir noch sehr viele Projekte verwirklichen wollten. Im Übrigen hätte ich Verständnis dafür, dass er mehr vertragliche Sicherheiten von uns benötige. Ich würde deshalb in Bälde mit einem konkreten Vorschlag auf ihn zukommen, um diesen Aspekt abzudecken. Aber in Sachen *Schillerstraße* könne ich auf keinen Fall nachgeben.

Nach zwei Stunden – sein Essen stand noch immer unberührt vor ihm auf dem Tisch – verabschiedeten wir uns mit Händedruck und dem Versprechen, in den nächsten Tagen zu telefonieren.

Bei diesem zweiten Gespräch war Marc Schubert die Sanftheit und der Charmeur in Person. Er habe sich die Sache gründlich überlegt, und, ja, er fände mein Vorgehen sinnvoll. Unter diesen Umständen könnten wir die *Schillerstraße* doch haben.

Matthias Alberti und ich nahmen dies mit Befriedigung zur Kenntnis. Ich setzte meine Abklärungen fort, zum Beispiel in unserer Abteilung, die die Zahlungen definitiv freigibt, und bei der es gemäß Schubert Verzögerungen gegeben haben soll. Dann erhielten wir über die zwischen den großen Sendern bestehenden klandestinen Kanäle die Information, dass bei RTL ein Vertrag über die *Schillerstraße* vorliegen sollte, der nur noch unterzeichnet werden müsse.

Das alarmierte uns. Zwar war das oft etwas flamboyante Verhalten von Marc Schubert branchenweit bekannt, aber dies ging nun definitiv zu weit. Für mich war es ab diesem Punkt nicht mehr allein der Kampf um eine erfolgversprechende Unterhaltungssendung. Jetzt ging es mir auch ums Prinzip. Es konnte einfach nicht angehen, dass uns RTL mithilfe eines etwas sehr speziellen Produzenten und einer von uns bezahlten Pilotsendung ein solches Projekt in letzter Minute wegschnappen konnte. Ich musste alles, wirklich alles tun, um eine solche Niederlage zu verhindern.

In den nächsten Tagen tat ich genau dies. Und nach einigen weiteren Irrungen und Wirrungen sicherte ich die *Schillerstraße* für Sat.1. Marc Schubert erhielt im Gegenzug einen großzügigen Vertrag, der ihm die so sehnlichst gesuchte längerfristige Auftragssicherheit brachte, mit der er seine Firma bald darauf zu einem bemerkenswerten Preis bei einer Investorengruppe einbringen konnte.

Die *Schillerstraße* war von der ersten Ausstrahlung an am späten Freitagabend ein gewaltiger Erfolg. Bald wurde sie von einer halben auf eine volle Stunde verlängert und noch prominenter auf den Donnerstag, 20.15 Uhr, gelegt, wo sie die Basis für unsere stärkste Primetime der Woche wurde. Außerdem gewann die Sendung beinahe alle Preise, die zu gewinnen waren, und wurde

in viele Länder verkauft. Und die Protagonistin Cordula Stratmann wurde zu einem der ganz großen Stars im deutschen Fernsehen, der ebenfalls mit Preisen überhäuft wurde.

Sender und Produzenten

Der Fall *Schillerstraße* ist ein extremes Beispiel. Aber die Beziehungen zwischen Sender und Produzenten sind oft sehr abenteu-
erlich. Sie sind geprägt von einer Vielzahl von Faktoren, die von
beiden Seiten laufend dekodiert werden müssen. Wie beurteilt
man die Zuverlässigkeit und Professionalität des Gegenübers?
Wie ist der Wert von langjährigen Beziehungen zu gewichten –
im Positiven wie im Negativen? Wie ist die in den Vorjahren erzielte Erfolgbilanz zu gewichten? Sind vermeidbare, dumme
Fehler geschehen, und wenn ja, wie viele und wie bedeutende?
Hat man die Big Points gemacht? Wie erlebte man die Har-
moniekomponente bei den bereits abgewickelten Projekten, und
dies vor allem bei der Bewältigung immer wieder auftretender
unvorhergesehener Schwierigkeiten? Und wie wichtig waren die
persönlichen Sympathien der Entscheidungsträger auf den vielen
verschiedenen Ebenen für den Erfolg eines Projekts?

Produzenten sind vieles in einem. Sie sind zuerst einmal Ver-
käufer von Träumen, indem sie Fantasien kreieren, nach denen man nur zu greifen braucht. Sie säuseln von Einschaltquoten,
von jahrelangen Erfolgen, von Ruhm und Ehre. Und sie scheinen seismografisch genau zu wissen, auf welchem Sendeplatz
ein Sender Probleme hat, und welche Medizin Abhilfe schaffen
könnte, die sie dann aus ihrem unergründlichen Ideenkabinett
hervorziehen. Die besten von ihnen versuchen, sich in die zer-
marterten Gehirnwindungen von Senderchefs einzunisten, um
ihnen maßgeschneiderte und lang ersehnte Lösungen anbieten
zu können.

Kurz nach meinem Amtsantritt lud ich die wichtigsten TV-
Produzenten Deutschlands zu einem Dinner ins Restaurant Hu-
gos in der Topetage des Hotels Intercontinental ein, von wo aus

man einen atemberaubenden Blick auf das nächtliche Berlin genießt. Mein erster Eindruck war: Es gibt so viele von ihnen. Und alle wollen Aufträge von dir! Gibt es überhaupt genug davon?

Ich hatte mir eine programmatische Rede zurecht gelegt, in der ich meinen Glauben an deutsche Produkte und damit auch an deutsche Produzenten ins Zentrum stellte, von dem ich kein Jota abzuweichen gedenke. Dies bleibe auch in Zukunft die Kernkompetenz von Sat.1, erklärte ich. Natürlich hatte ich all die Zeitungsartikel gelesen, in denen der Senderchefwechsel damit begründet wurde, dass ich im Auftrag des neuen Besitzers Haim Saban die Kosten und damit vor allem die einheimischen Produktionen brutal herunterfahren würde. Ich hatte keine Ahnung, wer den Journalisten dies eingeflüstert hatte, jedenfalls hatte keiner mit mir darüber gesprochen. Das Budget fürs kommende Jahr war gemacht und daran würden keine Abstriche vorgenommen.

Im Laufe des Abends lockerte sich die Stimmung zunehmend. Man schien meinen Worten einigen Glauben schenken zu wollen, und viele der Anwesenden versuchten, mich so ganz *en passant* anzusprechen, um sich persönlich vorzustellen. In den nächsten Wochen sah ich sie alle einzeln wieder, denn sie hatten ausnahmslos um einen Termin gebeten, bei dem sie ihre Projekte vorstellen wollten. Oder sie wollten zumindest den Puls fühlen, um festzustellen, ob sie beim neuen Sat.1-Regime gute Karten hatten oder nicht. Bald wurde mir klar, dass die persönlichen Beziehungsgeflechte die Grundlage des ganzen Produzenten-Sender-Systems sind, bei dem langjährige Freundschaften bei der Vergabe von Aufträgen in vielfacher Millionenhöhe oft eine bedeutende Rolle spielen. Ich beschloss jedoch von Anfang an, mich in diesem Bereich zurückzuhalten, um nicht in Loyalitätskonflikte zu geraten.

Die wirtschaftlichen Beziehungen zwischen Sender und Produzent werden maßgeblich durch das Genre bestimmt. Bei täglichen Produktionen wie Talkshows, Gerichtsshows, Telenovelas und Daily Soaps erwirbt der Sender ebenso wie bei den fiktionalen Primetime-Programmen alle Rechte in Form eines *total buyouts*. Damit sind viele Diskussionspunkte von Anfang an aus dem Weg geräumt.

Anders ist es bei den meisten Unterhaltungssendungen. Hier verkauft der Produzent oft nur einen Teil der Rechte in Form eines Lizenzdeals, zum Beispiel zwei oder drei Ausstrahlungen. Weitere Runs muss der Sender zusätzlich erwerben, obwohl er für den vereinbarten Preis bereits die gesamten Produktionskosten plus 6% Handlungsunterkosten (HU) und einen klar in Prozenten definierten Gewinn bezahlt hat. Besonders verbissen wird jeweils über die zusätzlichen Nutzungsrechte gerungen. In der heutigen überhitzten Phase der Diversifikation mit immer neuen Plattformen, von denen niemand so richtig weiß, welche sich in Zukunft durchsetzen werden, entstehen deshalb auf allen Seiten mythisch verklärte Begehrlichkeiten. Die großen TV-Gruppen wie ProSiebenSat.1 oder RTL müssen aufgrund ihrer industriellen Logik alle neuen Kommunikationskanäle so frühzeitig und so kraftvoll wie möglich belegen, und dazu benötigen sie möglichst viele attraktive Rechte, denn nur auf diese Weise können sie den dazu notwendigen Content ohne zusätzliche Kosten liefern.

Die Produzenten und ihre Künstler blicken ebenso verzückt auf dieses vor ihren Augen entstehende Eldorado mit seinen grenzenlosen Einnahmevariationen und tun alles, um ihrerseits daran zu partizipieren. Der Ausgang dieser Interessenkollision wird durch die jeweilige Machtposition bestimmt: Je heißer ein Künstler ist und je dringlicher ein Sender ein neues Programm haben muss, desto besser gelingt es dem Produzenten, Rechte für sich zurückzubehalten. Umgekehrt sind neue Künstler oder junge Produzenten nicht in der Lage, solche Wünsche durchzusetzen, weil in diesen Fällen der Sender am Drücker ist. Verhandlungen können so weit eskalieren, dass ein Programm allein aufgrund der Divergenzen bei Nebenrechten von einem Sender zu einem anderen wechselt. Im letzten Jahr haben sich die Fronten in diesen Fragen zusehends verhärtet, ohne dass klare Lösungen in Sicht sind.

Wer ist schuld an diesem Flop?

Das finanzielle Risiko ist also nicht auf alle Schultern gleichmäßig verteilt. Dasselbe gilt für den Erfolg beim Zuschauer. Reüssiert ein Programm, klopfen sich alle gegenseitig auf die Schultern. Bei einem Flop hingegen gibt es aus der Sicht des Produzenten meist nur einen Schuldigen: den Sender. Manchmal offen, viel öfter aber hinter vorgehaltener Hand, werden die Verfehlungen der Senderverantwortlichen detailliert aufgelistet.

Unbestritten auf Platz eins der Sünden: Der Sender hat einen falschen Sendeplatz gewählt. Entweder sei der Sendeplatz für dieses Programm generell ungeeignet, oder dann habe man den Tag des Einstarts idiotischerweise gegen eine besonders starke, ja übermächtige Konkurrenz gewählt, so dass das neue Programm natürlich chancenlos bleiben *musste*. An zweiter Stelle auf der Argumentationsliste: Der Sender hat die Sendung zu wenig oder falsch promotet. Und drittens: Die Pressearbeit ist ungenügend oder unglücklich gewesen. Nur ganz selten habe ich erlebt, dass ein Produzent zu mir gekommen ist und die Qualität seines angelieferten Produkts für den Flop verantwortlich erklärte oder sich dafür sogar entschuldigte.

Einer von dieser Ausnahmespezies ist der Grandseigneur der Branche, Jan Mojto, der nach dem Misserfolg des Zweiteilers *Julie – die Agentin des Königs* mit der Romy-Schneider-Tochter Sarah Biasini völlig zerknirscht die Schuld auf sich nahm und sich dafür entschuldigte, dass er uns dieses Projekt überhaupt angeboten hatte. Noch schlimmer erwischte es Gisela Marx, die ehemalige profilierte Journalistin und heutige Chefin und Mitinhaberin der Firma Filmpool, die für Sat.1 und RTL mehrere Daytime-Programme wie *Richterin Barbara Salesch, Zwei bei Kallwass, Niedrig & Kuhnt* und *Das Familiengericht* herstellt. Sie hatte die Idee für eine völlig neuartige Reality-Sendung, die sie uns unter dem Titel *Kämpf um Deine Frau* schmackhaft gemacht hatte. Es war ein äußerst aufwendiges Projekt, denn für die von ihren Frauen verstoßenen Männer hatten wir ein eigenes Camp mit Fitnessparcours und vielem mehr gebaut. Als bereits die erste Sendung abstürzte, versuchten es Gisela Marx und ihr Team mit der Verdoppelung ihres Einsatzes. Nachdem auch das nicht nützte und wir die Ausstrahlungen zuerst ausdünnen und dann verkürzen mussten, war Gisela so tief betroffen, dass sie nach dem Ende von *Kämpf um Deine Frau* ein ganzes Jahr in die innere Emigration ging. Außerdem willigte sie ein, den vertraglich vereinbarten Produktionsbetrag freiwillig massiv zu kürzen, um neben dem Verfassen eines eindrücklichen Entschuldigungsbriefs auch einen Teil des enormen materiellen Schadens zu tragen.

Anke

Meist erlebte ich ganz andere Reaktionen auf Misserfolge. Vor allem ein Beispiel hat wegen seiner hohen Visibilität tiefe Wunden auf allen Seiten hinterlassen. Es handelt sich um Anke Engelkes Sendung *Anke Late Night*, die wir im Mai 2004 lancierten.

Während der ersten Monate engagierte ich mich dermaßen stark für dieses eine Programm, dass meine Frau mehrfach etwas spitz bemerkte, ich würde mich mehr um Anke Engelke kümmern als um sie. Ich hatte Anke seit vielen Jahren aus der Distanz als den mit Abstand begabtesten deutschen Comedystar bewundert und zu ihr in den wenigen persönlichen Begegnungen viel Sympathie entwickelt. Auch aus diesem Grund sah ich mir beinahe jede Ausgabe ihrer Sendung in der Stunde um Mitternacht an. Im Sender organisierte ich so viel Promotionspower wie möglich, gab Marktforschungen in Auftrag, die Schwachstellen ausloten sollten und korrespondierte mit ihr fleißig per Mail.

Bereits der Beginn unserer Beziehung hatte unter speziellen Umständen stattgefunden. Nach der überraschenden Ankündigung von Harald Schmidt, bei Sat.1 auszusteigen, hatte Anke Engelke den gewaltigen nationalen Traueraufschrei mit ihrer Bemerkung »Harald ist Gott« zusätzlich befeuert. In den Tagen nach dem Eklat erhielt ich die Nachricht zugespielt, dass sie eine Rebellion aller Sat.1-Comedians anführen wolle. Die ganze Branche solle unseren Sender boykottieren, um so auf Harald Schmidts Abgang und die in diesem Zusammenhang kolportierten Gründe reagieren. Ich erhielt diese Meldung während eines großen Dinners im Springer-Hochhaus, bei dem auch der Besitzer des Konzerns, Haim Saban, anwesend war. Als ich ihn zur Seite nahm, um mit ihm über diese heikle Situation zu sprechen, sah ich ihn das einzige Mal nervös. Die Lage war wirklich delikat, denn Anke Engelke besaß in der ganzen Branche ein enormes Prestige. Für uns war sie von unschätzbarem Wert und sie zu verlieren wäre in dieser heiklen Situation kaum zu verkraften gewesen. Ein ganzer Flächenbrand bei unseren Comedy-Stars hätte uns in gewaltige Schwierigkeiten bringen können, da waren wir uns einig. Wir telefonierten wie wild, um mehr zu erfahren. Doch auch Tage danach war nichts Konkretes über eine solch koordinierte Aktion zu erfahren, während sich der veröffentlichte Furor in der Affäre Harald Schmidt *peu à peu* legte.

Dann erhielt ich eine verblüffende Information zugespielt: Anke interessiere sich ernsthaft für die Nachfolge von Harald

Anke Engelke bei der Premierensendung: Ich hatte sie seit vielen Jahren aus der Distanz als den mit Abstand begabtesten deutschen Comedystar bewundert.

Schmidt. Sie würde gerne die Late Night machen, ließ man mich wissen. Wir hatten zuvor verschiedene Namen evaluiert und hatten sie alle verworfen. Harald Schmidts Schuhe waren einfach riesengroß. Der Name Anke Engelke begeisterte uns nun augenblicklich. Die ersten Verhandlungen wurden etwas zaghaft über die Bande gespielt. Als der Vertrag endlich unterschrieben war, rief ich Harald Schmidt per Handy an, damit er die Information über seine Nachfolgerin direkt von mir und nicht über die Presse erhalten würde. »Die kanns«, war sein lakonischer Kommentar.

Schon bald nach dem Einstart von *Anke Late Night* gaben es alle Beteiligten bei Sat.1 auf, eigene Vorschläge zur Verbesserung der Sendung und der sklerotischen Quote einzubringen. Das geht bei Anke nicht, erfuhren wir schnell. Anke funktioniert allein in einem Kokon von langjährigen Freunden, die sie als Team hermetisch abschirmen. Nur in diesem eigenen Universum scheint sie funktionieren zu können. Dagegen anzugehen sei ein hoffnungsloses Unterfangen.

In jenen Monaten hatte ich einige Interviews zu geben. Natürlich wurde ich immer nach *Anke Late Night* gefragt, und dies vor allem dann, als die Marktanteile immer tiefer nach unten rutschten. Das nahm mir Anke übel.

»Weshalb sprichst du überhaupt mit Journalisten?«, fragte sie mich vorwurfsvoll. »Ich tue das nicht. Lass sie doch einfach schreiben.«

»Weil dies mein Job ist«, gab ich ihr zur Antwort. »Ich habe den Sender gegen außen zu vertreten. Und das Interesse für deine Sendung ist riesengroß.«

Ankes sehr komplexes Verhältnis zur Presse ist branchenweit bekannt. Besonders mit *Bild* hat sie sich seit Jahren so massiv verkracht, dass auf beiden Seiten echte Hassgefühle dominieren. Mir warf sie vor, dass ich zur größten Zeitung Deutschlands eine professionelle, etwas entspanntere Beziehung hatte. Nur mit wenigen Journalisten hatte sie ein gewisses Vertrauensverhältnis, an erster Stelle mit Stefan Niggemeier von der *Frankfurter Allgemeinen Sonntagszeitung*.

Als dieser am 26. September 2004 über ihre Sendung einen beinahe seitenlangen Artikel unter dem Titel »Bitte aufhören!« publizierte, traf dies eine durch ungenügende Quoten bereits zutiefst verunsicherte Anke mitten ins Mark. Der Artikel endete so: »Natürlich gibt es schlechtere Sendungen im Fernsehen. Aber kaum tragischere. Vor kurzem war Anke Engelke Deutschlands größte Fernsehfrau. Inzwischen ist sie nur noch ›Anke Late Night‹. Mit jedem Tag, den sie weitermacht, und mit jedem weiteren Rettungsversuch der Sendung wird sie kleiner. Sie muss bitte sofort aufhören damit.«

Anders als ihr Vorgänger Harald Schmidt, der sich an Negativkritiken jeweils geradezu aufrichtet, besaß sie gegen diese Attacke – und zumal von einem engen Freund – keine psychischen Abwehrkräfte und war total zerstört.

Diese vernichtende Analyse durch einen der Leithammel der Branche stachelte die übrigen Medienjournalisten an. Sie verfolgten von nun an haargenau selbst die klitzekleinste Bewegung in der Causa Anke. Sie vermuteten, dass das Wild durch diese Attacke bereits waidwund geschossen war, und dass daher ein Exitus nur noch eine Frage von Wochen sein würde. Und jeder wollte der erste sein, diesen in die Welt hinauszuschreien.

Dann antwortete ich kurze Zeit später in einem Interview im Branchenblatt *Kontakter* auf die Frage nach der Zukunft von *Anke Late Night*, welche angesichts laufend tieferer Quoten wie immer gestellt wurde, die sich mittlerweile im einstelligen Bereich und damit weit unter Senderschnitt bewegten, vielleicht eine Spur zu salopp: »Wir haben bisher viel Stehvermögen bewiesen. Sollten wir allerdings irgendwann zusammen mit Anke feststellen, dass wir auf der Stelle treten, müssen wir uns entscheiden.« Dieses Zitat wurde dankbar als eine Absage an Anke und ihre Sendung überinterpretiert. Der *Kölner Express* titelte darauf am nächsten Tag: »Ankes Late-Show vor dem Aus?«

Ich saß an diesem 3. Oktober kurz vor 10 Uhr in einer Maschine von Zürich nach Nizza, wohin ich zur Fernsehmesse Mipcom reisen wollte. Mein Handy war noch nicht ausgeschaltet, als mich ein Anruf unseres Unterhaltungschefs Matthias Alberti erreichte, der mir von der Geschichte im *Kölner Express* berichtete. Bei Brainpool, der Produktionsfirma von Anke, sei die Hölle los. Alle dort würden davon ausgehen, dass die Sendung kurz vor der Absetzung stehe.

Mein Puls raste. Was sollte ich tun? Es blieben mir nur Sekunden, um zu entscheiden. Da die Stewards gerade die Flugzeugtüre schließen wollten, stürzte ich mit einigen unverständlichen Entschuldigungen zum Ausgang, und zu meiner Überraschung ließen sie mich tatsächlich von Bord gehen. Im Flughafengebäude kaufte ich mir ein Ticket für den nächsten Flug nach Köln. Ich musste den Flächenbrand sofort vor Ort stoppen.

Atemlos kam ich kurz nach Mittag bei Brainpool in Köln in der Schanzenstraße an und wollte natürlich sofort mit Anke sprechen. Das sei vorerst nicht möglich, beschied man mir. Anke sei noch nicht dazu bereit. Brainpool-Chef Jörg Grabosch, der Anke seit vielen Jahren aus nächster Nähe kennt, schien dies nicht aus der Ruhe zu bringen. Er unterhielt mich in den folgenden drei Stunden mit zumeist amüsanten Geschichten aus dem reichen Fundus eines der erfahrensten Produzenten Deutschlands. Erst kurz vor der Aufzeichnung ihrer Sendung war Anke bereit, mich zu empfangen.

»Niemand hat entschieden, dass die Sendung abgesetzt wird«, versicherte ich ihr. »Glaub mir das.«

»Aber sie ist doch bereits abgesetzt«, sagte sie trotzig. »Als ich heute Morgen meine Tochter zur Schule gefahren habe, sah ich die Schlagzeilen. Mich hat beinahe der Schlag getroffen.«

»Lass sie schreiben, Anke. Wir entscheiden das, nicht irgendwelche Boulevardjournalisten.«

»Aber ich kann nicht mehr. Nach all dem kann ich nicht mehr.« Und dann sagte sie einen Satz, der mich überrumpelte: »Ich bin doch eine Frau«, erklärte sie mir mit Tränen in den Augen. Zum ersten Mal glaubte ich, bei der »Frau mit den tausend Gesichtern« ihr wahres, ungeschminktes Gesicht gesehen zu haben. Dann ging sie hinaus, um eine ihrer besten Sendungen abzuliefern.

Nach der Aufzeichnung kam sie zurück, und alles war nun noch eine Spur emotionaler. Ich erneuerte mein Angebot, weiterzumachen, doch Anke hatte ihre Entscheidung getroffen. Die letzten Monate mit täglich härtester Arbeit, vor allem aber die immer hämischeren Kritiken hatten sie mürbe und verletzlich gemacht.

Nach langen Diskussionen einigten wir uns darauf, die Sendung bereits am Ende der folgenden Woche auslaufen zu lassen. In der Zwischenzeit hatte unsere Pressechefin Kristina Fassler eine Presseerklärung angeliefert, in der dies festgehalten war. Zudem fand sich darin ein ausführlicher, beinahe überschwenglicher Dank von mir an Anke und ihr Team und ein Satz, in dem sich Anke auch bei Sat.1 bedankte. Dies war eine der üblichen nichtssagenden Höflichkeitsfloskeln, mehr nicht.

Doch Anke zeigte sich resolut. Es gebe überhaupt keine Veranlassung, sich bei Sat.1 für irgendetwas zu bedanken. Nein, das mache sie nicht – und so wurde dieser Passus gestrichen, während ich meine Elogen stehen ließ.

Ich hatte begriffen: Ich war der Schuldige für das gigantische Desaster, das alle und alles erfasst hatte. Ich war schuld, dass die Sendung gescheitert war! Der Sender und damit der Senderchef sind in all diesen Situationen die designierten Übeltäter. Nicht Anke als Protagonistin, nicht ihre Autoren, die gleichzeitig ihre engen Freunde sind. Nicht die Produzenten oder die von ihnen eingeladenen Gäste und die mit ihnen geführten Interviews. Und ebenfalls nicht all die anderen, die die Sendung viermal pro Woche herstellten. Sondern ich, der Chef von Sat.1.

Der *Spiegel* war derselben Meinung. Nach dem Ende der *Late Night* analysierte er das Übel so: »Das Desaster offenbart auch: Der Führungsriege fehlt das Gespür für den deutschen Fernsehmarkt … Es ist die vorläufige Schlusspointe einer ganzen Serie von Programmpleiten.« Der *Stern* mokierte sich unter dem Titel »Der Lautsprecher« über meine Performance und orakelte unverblümt über meine baldige Absetzung. Die *Süddeutsche* setzte noch einen drauf und spielte zum wiederholten Mal auf meine

Herkunft an: »Ein Stück wie aus Heidi-Land«, hieß es da unter dem hämischen Titel »Kämpf um Deinen Job«. Und Besitzer Haim Saban meinte ominös zu mir: »Pass auf, dass nicht alle Zeitungen negativ über dich schreiben. Aus dieser Spirale kommt man kaum mehr raus.«

Ich hatte mir vorgenommen, Köln nicht zu verlassen, bevor wir ein unterschriebenes Papier hatten, in dem bestätigt wurde, dass der bestehende und nur vorübergehend ausgesetzte Vertrag für die Erfolgssendung *Ladykracher* fortgesetzt würde. Darauf ließ man mich volle 24 Stunden warten. Nach vielen Telefonaten mit den neuen Brainpool-Besitzern Viacom in den USA setzten wir schließlich unsere Namen unter die Dokumente. Als Produzent der Sendung trat die Firma Ladykracher auf, an der neben Brainpool auch Anke Engelke selbst beteiligt war. Dieses raffinierte System hat Jörg Grabosch mit all seinen erfolgsträchtigen Künstlern eingeführt, um sie auf diese Weise langfristig an sich binden zu können.

Als zehn Tage später die allerletzte Sendung aufgezeichnet wurde, waren wir wieder vor Ort, weil man uns zu unserer Verblüffung offiziell zur Abschlussparty eingeladen hatte. Außer mir waren noch Matthias Alberti und seine Stellvertreterin Edda Kraft dabei. Wir betraten das uns genannte Restaurant in der Kölner Altstadt. Dort schlug uns augenblicklich eine solch feindselige Stimmung entgegen, dass wir das Lokal bereits nach wenigen Minuten fluchtartig verließen. Wir waren die Schuldigen, die ein einzigartiges Werk eines großartigen Teams mutwillig zerstört hatten, war die nicht einmal mehr verklausulierte Botschaft, sondern sie fand sich explizit in einem speziell für diesen Anlass zusammengebastelten und unter lautem Johlen begleiteten kurzen Film. Dieser Abend war für mich der emotionale Tiefpunkt der ganzen Geschichte, von dem ich mich länger nicht erholte – jedoch noch nicht das Ende der Leidensgeschichte.

Einige Wochen später teilte man uns mit, dass es sich Anke und ihr Team anders überlegt hätten. Anke wolle sich nach ihrer Rolle in Helmut Dietls Film *Über das Suchen und Finden der Liebe* schauspielerisch weiterentwickeln und in Zukunft keine kurzen Sketche mehr spielen wie in *Ladykracher*. Auch wolle sie keine Shows mehr präsentieren, was sie in der Vergangenheit mit großem Erfolg gemacht hatte. In den USA ist jeder Künstler dankbar und glücklich, wenn er ein Erfolgsrezept oder eine gut laufende Sendung gefunden hat, und hält so lange wie möglich daran fest. Nicht so in Deutschland. Hier wird man schneller unruhig, beginnt sich zu langweilen und will sich bald einmal in einem neuen Fach »weiterentwickeln«, um dann dort auf die Nase zu fallen, wie ich mehr als einmal erlebt habe. Man habe eine völlig neuartige Idee entwickelt, eine Art Kammerspiel mit Anke in verschiedenen Hauptrollen. Man werde drei längere Geschichten innerhalb einer ganzen Stunde erzählen, die durch einen dünnen roten Faden zusammengehalten würden.

Nach den traumatischen Erfahrungen mit *Anke Late Night* wollten wir uns auf keinen Fall sofort wieder in einen Clinch mit Anke begeben, die noch mitten in einer schmerzhaften Verarbeitungsphase steckte, obwohl wir eine Fortsetzung des Erfolgsprogramms *Ladykracher* vorgezogen hätten. Aber Künstler kann man selbst mit einem unterschriebenen Vertrag in der Hand nicht verpflichten, sich für ein Projekt zu engagieren, an dem ihr Herz nicht mehr hängt. Deshalb ließen wir ihr und ihrem Team weitgehend freie Hand. Und so wurde *Ladyland* geboren.

Als ich die ersten Folgen sah, geriet ich in Panik. Ich hatte schon das Konzept und die ersten Drehbücher sehr fragwürdig gefunden und empfand nun die Umsetzung als weitgehend missglückt – was Anke natürlich postwendend auf Umwegen zugetragen wurde. Sie spielte beinahe ausschließlich unsympathische Frauen. Damit wolle sie ihren Mut zur Hässlichkeit beweisen, ließ man uns wissen. Das sei bewusst so konzipiert worden. Ich empfand hingegen den ganzen Ansatz als frauenfeindlich. Wir hatten zu jenem Zeitpunkt im Frühling 2006 seit mehr als einem Jahr keinen direkten Kontakt mehr gehabt. Sie hatte meine wiederholten SMS nicht mehr beantwortet, was ich zur Kenntnis nahm. Ich war nicht der einzige, der diese Reaktion erlebte. Sie hatte zu allen Mitarbeitern von Sat.1 in Berlin den Kontakt abgebrochen, obwohl sie nach ihrer Babypause wieder für uns arbeitete. Und das erschien uns doch etwas seltsam.

Wir gaben eine Marktforschung zu *Ladyland* in Auftrag, die eine objektivere Beurteilung liefern sollte. Die Resultate waren wie befürchtet wenig ermutigend. Am liebsten hätte ich das Projekt gestoppt, um Anke einen zweiten Flop in Serie zu ersparen, doch dafür war es bereits zu spät. Mehrere Folgen waren abgedreht, und damit waren bereits Kosten in Millionenhöhe entstanden.

Ankes Produzent und langjähriger Intimus Ralf Günther verteidigte die Qualität von *Ladyland* und forderte einen baldigen Sendetermin. Der sehr gewandte Brainpool-Chef Jörg Grabosch hingegen hielt sich – wie meist in heiklen Situationen – mit der nicht sehr überzeugenden Ausflucht heraus, dass er noch keine Zeit gehabt habe, die Sendung zu visionieren. Also gaben wir die ersten vier Folgen auf Sendung und stellten sie damit dem einzig wahren Test. Das Resultat war erschütternd. Ankes neues Programm – also eine Sendung von einem der Topstars im gesamten deutschen Fernsehen – erzielte trotz vielen freundlichen ausführlichen Vorweg-Geschichten bloß einen erschreckend schwachen Einschaltimpuls. Das war der größte Schock: Anders als bei *Anke Late Night*, die mit 28 % Marktanteil gestartet war, wollten sich die Zuschauer diesmal nicht einmal ein eigenes Urteil über ihre neue Sendung machen. Die Marke Anke Engelke schien viel nachhaltiger beschädigt, als wir alle befürchtet hatten.

Wer war diesmal schuld? Die Antwort ist evident: Wieder wir. Falscher Sendeplatz, zu wenig On-Air-Promotion – wir hatten wieder alles falsch gemacht, teilte man uns aus Köln mit.

Erst nach langen Diskussionen gab man sich schließlich kompromissbereit. Man würde einen neuen Anlauf nehmen, die Sendung auf eine Halbstundenversion eindampfen und bekannte und erfolgreiche Elemente aus *Ladykracher* einfügen, um so zu retten, was noch zu retten war. Und wirklich, die Rückbesinnung auf die alten Stärken mit einem viel schnelleren Rhythmus brachte beim zweiten Anlauf im Frühling 2007 endlich einigermaßen akzeptable Quoten.

Das erlebte ich nach meinem Abgang in meiner neuen Rolle als Beobachter. Zuvor kam im Spätherbst 2006 ein Anruf. Anke wolle mich sehen. Allein. In Köln. Also reiste ich hin und traf sie im Büro ihrer Agentin. Nach einem recht freundlichen, wie immer etwas überkandidelten Vorgeplänkel teilte sie mir in wenigen Worten mit, dass sie sich von Sat.1 verabschiede. Das wolle sie mir mitteilen.

Ich war zu perplex, um zu reagieren oder auch nur nachzufragen. Hatte sie mich nach Köln reisen lassen, um mir das mitzuteilen? Hatte ich sie überhaupt richtig verstanden? Meinte sie, was sie gesagt hatte, oder war es ihr Art auszudrücken, wie enttäuscht sie über die letzten zwei Jahre war, und dass sie jetzt von mir, auf der Stelle ein sensationelles neues Angebot und ein klares Bekenntnis zu ihr als Mensch und als Künstlerin erwartete? Vor Urzeiten, so schien es nun, hatten wir uns mit so viel Enthusiasmus an die höchste aller Hürden im deutschen Fernsehen gewagt – an die *Late Night* – und waren grandios an ihr zerschellt. Aber wer hätte es sonst hinkriegen können außer Anke? War es nicht ein klares Zeichen, dass sich nach ihr niemand mehr an diese Aufgabe gewagt hatte, weil sie nach Harald Schmidts Abgang bei Sat.1 und dem Ende von *Anke Light Night* einfach nicht mehr lösbar schien – nicht einmal vom Altmeister selbst, wie die schwindenden Quoten seiner Sendung in der ARD später beweisen sollten? »Mit Late Night bin ich fertig«, kapitulierte er öffentlich in einem *Spiegel*-Interview. Und damit war das gesamte Genre fürs deutsche Fernsehen beerdigt worden.

Die Geschichte mit der einzigartigen Anke Engelke war eine der schmerzhaftesten meiner ganzen Zeit bei Sat.1. Das ist das vielleicht Heimtückischste dieses Gewerbes: Die ins kleinste Detail in der Öffentlichkeit sezierten Prozesse hinterlassen bei den Beteiligten tiefe Wunden, die nur sehr langsam heilen. Äußerlich sind es nur Quoten und Kritiken. Aber in Wirklichkeit geht es um meist hochsensible Menschen, die mit diesem ganzen Brimborium irgendwie zurechtkommen müssen, auch wenn mal alles den Bach runtergeht.

Dann war die Zeit der Wunden endlich vorbei. Die Vernunft setzte wieder ein. Anke wolle erneut Shows präsentieren, ließ sie mitteilen und setzte sich bei *Genial daneben* ins Panel. Und fürs nächste Jahr bastle sie an einer neuen Sendung. Zwar noch immer unter dem Namen *Ladyland*, aber mit mehr Elementen aus *Ladykracher*, natürlich viel moderner …

3. VERLIEBT IN TELENOVELAS

»Wir sollten den Begriff ›Telenovela‹ nicht verwenden«, warf jemand im Lenkungskreis in die Diskussion ein. »Kein Zuschauer weiß, worum es sich dabei handelt. Für die ist es nichts anderes als eine weitere Daily Soap, und genau so sollten wir sie nennen.« Einige Monate später war Telenovela *der* neue, große Trend im deutschen Fernsehen, der sich rasend schnell in das Grundvokabular der Zuschauer eingegraben hatte.

So ist es immer. Wie aus dem Nichts entstehen Gattungsbegriffe, die als Label eines neuen Genres genutzt werden. Casting Show. Docu Soap. Telenovela. Und wir hatten im Frühling 2005 mit *Verliebt in Berlin* die erfolgreichste im Programm.

Eine Telenovela unterscheidet sich in zwei wichtigen Punkten von den Daily Soaps: Erstens ist sie zeitlich begrenzt und führt über 200 bis 250 Episoden bis zum ersehnten Happyend. Und zweitens konzentriert sie sich auf einen einzigen Hauptstrang mit meistens zwei Protagonisten und nicht auf mehrere gleichwertige, parallel geführte Erzählstränge wie die Daily Soaps.

Telenovelas wurden bereits vor Jahrzehnten in Lateinamerika entwickelt und bilden auch heute noch den Großteil des abendlichen Angebots der wichtigsten Sender zwischen Mexiko und Argentinien. Dort sind jeweils drei, vier oder gar mehr einstündige Telenovelas hintereinander im Angebot, die oft nur durch eine News-Sendung unterbrochen werden. Telenovelas konzentrieren sich fast immer auf dramatische Liebesgeschichten, zeigen den Konflikt zwischen Gut und Böse, von Arm und Reich und damit oft auch zwischen Schwarz und Weiß. Lateinamerikanische Telenovelas überquellen von melodramatischen Szenen melodramatischer Menschen. Und damit waren sie für die restliche Fernsehwelt lange ein exotisches, ungeeignetes Genre, das kaum Beachtung fand.

Mein erster Kontakt mit einer Telenovela geht ganz, ganz weit zurück, bis ins Jahr 1970. Ich war zu Besuch im Hause der Eltern meiner damaligen Verlobten in San Juan de Puerto Rico, und jeden Nachmittag um genau 14 Uhr stand das Leben still. In allen Häusern der Calle Suiza saßen die Frauen gebannt vor ihren Schwarzweiß-Fernsehapparaten und saugten die nächste Episode von *Simplemente Maria* auf, einer mexikanischen Telenovela, wie man mich belehrte. Zuerst belächelte ich dieses seltsame Gebaren. Irgendwann setzte ich mich dazu und war binnen Tagen in die Geschichte involviert, obwohl ich viele Episoden verpasst zu haben schien. Natürlich bestand diese Serie aus kitschigen Dialogen mit viel zu stark chargierenden Schauspielern, befand ich. Natürlich ging es um Themen, die nur Frauen ernsthaft interessieren konnten. Und trotzdem war da etwas, das auch auf mich eine seltsame Anziehungskraft ausübte.

Zwanzig Jahre später führte mich ein Freund durch die Studios von TV Globo in Rio de Janeiro, der führenden Fernsehstation Brasiliens, um mir Logos und Signete in einer bis dahin unbekannten technischen Qualität zu zeigen, die diesem Sender erstmals internationale Aufmerksamkeit sicherten. Und dann begleitete er mich noch durch die Studios, in denen vor meinen Augen parallel mehrere Telenovelas in einer atemberaubenden Perfektion und Kadenz aufgezeichnet wurden. Aber auch da kam ich noch nicht auf die Idee, dass ich etwas sah, das den weltweiten Fernsehmarkt irgendwann einmal erobern könnte.

Der Anstoß kam im Frühjahr 2004 von zwei Seiten beinahe gleichzeitig. Kurz nach meinem Amtsantritt bei Sat.1 wurde ich zu einer Präsentation eingeladen. Markus Brunnemann, Chef der Produktionsfirma Phoenix, hatte sich mit dem Thema Telenovela auseinandergesetzt und gab uns eine Einführung zu diesem Thema. Er zeigte einige Muster lateinamerikanischer Produktionen und lud uns ein, uns ernsthaft mit diesem Thema zu befassen.

»Da habe ich meine Zweifel«, warf ich ein, mein Vorwissen und meine Affinität zu Lateinamerika in die Waagschale werfend.

»Bei uns sind die Unterschiede zwischen Arm und Reich viel weniger groß. Außerdem gibt es bei uns diese gesellschaftlichen Konflikte zwischen Weiß, Schwarz und allen Farben dazwischen nicht. Ohne grandioses Melodrama geht gar nichts. Wie aber soll eine Telenovela ohne diese Ingredienzen funktionieren?«

Markus Brunnemann hörte sich meine Kritik ruhig an und schob eine weitere Kassette in den Recorder. »Ich habe da eine Telenovela, die ist anders als alle andern. Sie heißt *Betty la Fea*, Betty, die Hässliche, und war zuerst in Kolumbien und dann in anderen Ländern Lateinamerikas ein gewaltiger Erfolg.« Kurz zuvor hatte mir Haim Saban von einem neuen Quotenrekord in Israel erzählt, von dem er erfahren hatte. Es handle sich um eine sogenannte Telenovela. Die 22 Folgen von *Esti, ha mechoeret* (Esti, die Hässliche) seien ein beispielloser Straßenfeger gewesen. Ob ich doch bitte der Sache nachgehen würde? Und da ich Haim schon bei meinem allerersten Treffen programmatisch erklärt hatte, dass Sat.1 unbedingt eine erfolgreiche tägliche Serie für den Vorabend brauche, war ich nun doch hellhörig geworden.

Bald war klar: Nicht nur in Israel, sondern auch in Indien hatte die Adaption dieses kolumbianischen Stoffes wie ein Naturereignis eingeschlagen. Die Leiden des hässlichen Mädchens in der Glitzerwelt einer Modefirma war die perfekte moderne Aschenputtel-Geschichte. Was aber würde dies für Deutschland bedeuten? Eine Telenovela im Lande von Bollywood oder bei den mediterranen Israelis konnte noch angehen. Wie aber würde sich dieses Genre im kühlen Mitteleuropa schlagen?

Wir begannen uns ernsthaft mit dem Thema zu beschäftigen. Zu unserem Erstaunen stellten wir fest, dass *Betty* unter all den Hunderten Telenovelas Lateinamerikas einzigartig war, eine absolute Ausnahme. Es war die erste Telenovela, in der der Humor eine zentrale Rolle spielte. Neben dem Melodrama dominierte diese Tonalität, die bei den anderen, schmachttriefenden Vorlagen vollständig fehlte. Und die Situierung in einer als real erlebten Business-Welt mit Mobbing, Arbeitslosigkeit, Karrierismus und Nepotismus lieferte einen Bezug zur Alltagswirklichkeit, der die Telenovela bereicherte, und dies alles zusätzlich zur natürlich dominierenden romantischen Ausrichtung. Ja, so könnte es gehen, dachten wir. Mit diesem Konzept sollte es uns gelingen, dieses Genre in Deutschland zu lancieren.

So beauftragten wir die Grundy UFA, zu der die Phoenix-Film gehörte, mit der Produktion unserer ersten Telenovela. Als Nächstes galt es die Lizenzrechte zu sichern, etwas, dem ich zu Beginn eher weniger Beachtung schenkte. Den kolumbianischen Produzenten musste es doch wie ein Geschenk des Himmels erscheinen, wenn ein großer Sender im reichen Deutschland bei ihnen anklopfte und mit vielen attraktiven Euros winkte, dachte ich mir.

Dies war ein kapitaler Irrtum. Die Verhandlungen wuchsen sich zu einem wahren Albtraum aus und dauerten unsäglich lange Monate. Immer neue Forderungen der Kolumbianer kamen auf den Tisch. Vor allem bei den Nebenrechten erwiesen sie sich als pickelhart. Uns blieb schließlich allein aus Zeitgründen nichts anderes übrig, als in vielen Punkten nachzugeben, etwa bei der Aufteilung der Auslandsrechte. Wer von uns konnte an diesem Punkt ahnen, dass unsere Version von *Betty* in viele Länder Europas verkauft werden würde, unter anderem auch an TF1, dem wichtigsten Sender Frankreichs, wo man am Nachmittag teilweise einen Marktanteil von unfassbaren 50% und mehr erzielen würde, an denen unsere kolumbianische Freunde immer kräftig mitverdienen sollten? Sie hatten früher und besser als wir erkannt, dass sie einen einmalig wertvollen Edelstein in ihrer Hand hielten, der sie noch für viele Jahre reich und glücklich machen würde.

Wie aber sollten wir diese Telenovela nennen? Der erste Gedanke war natürlich die wörtliche Übersetzung des Originals. Aber *Betty, die Hässliche* klang für mich zu krud, zu negativ. Die spitzen Konsonanten im Wort »hässlich« wirkten viel härter als das weiche spanische »fea«. Via Marktforschung testeten wir verschiedene Titel, ohne dass sich ein klarer Favorit herausschälte. So entschieden wir uns für *Alles nur aus Liebe*. Als uns aber jemand auf die Abkürzung dieses Titels aufmerksam machte, wie sie von der Fangemeinde jeweils gebildet und verwendet wird (*GZSZ, DSDS*), mussten wir umplanen. Mit *ANAL* würden wir uns in grotesker Weise blamieren.

Kurz vor der Deadline kam eine hausinterne Mitarbeiterin mit dem Titelvorschlag *Verliebt in Berlin*, der mir etwas beliebig erschien. Zwar gefiel mir der Bezug zu Berlin, denn von Anfang an hatte ich Sat.1 mit einer Vielfalt von Maßnahmen gezielt als den einzigen großen Sender der Hauptstadt zu positionieren versucht. Auch die implizierte Doppelbedeutung besaß einen gewissen Reiz. Da die Zeit drängte und kein Knallervorschlag nachgeliefert wurde, entschieden wir uns etwas halbherzig für diesen Sendetitel, vor allem, nachdem erste Vorschläge für die optische Umsetzung mit einem pinkfarbenen Herz und der Skyline von Berlin vorlagen. Das wirkte attraktiv. Noch wusste niemand, dass wir mit dieser Entscheidung einen absoluten Volltreffer gelandet hatten, der bald zum Ausdruck eines ganzen Lebensgefühls werden sollte.

Noch wichtiger als bei den meisten Produktionen war bei dieser Telenovela die Besetzung der Hauptperson. In Kolumbien hatte man sich für die schönste Frau des Landes, Miss Colombia, entschieden, die man mit allen verfügbaren optischen Mitteln in ein hässliches Entlein verwandelte. Die Zuschauer hatten damit die Garantie, dass sich Betty am Ende all ihrer Prüfungen in den schönsten aller Schwäne verwandeln würde. Deshalb definierten wir die Eigenschaften der Schauspielerin für die Hauptrolle wie folgt: Sie musste sehr attraktiv sein, sich aber bereit erklären, sich ihrem Publikum für den Großteil eines Jahres als unattraktive Figur zu präsentieren. Zudem musste sie eine hervorragende Komödiantin sein und Erfahrungen in der knüppelharten industriellen Produktion täglicher Serien mitbringen. Optimal wäre zudem, wenn sie beim Zielpublikum der Daily-Soap-Konsumenten einen hohen Bekanntheitsgrad hätte.

Alexandra Neldel, die auf einem Golfplatz zufällig entdeckte Friseurin, die bei *Gute Zeiten, schlechte Zeiten* Furore gemacht hatte und bereits einige Filme gedreht hatte, ohne je eine Schau-spielschule besucht zu haben, war unsere erste Wahl. Sie erfüllte all unsere Kriterien in beinahe idealtypischer Weise und sollte durch ihre großartige Darstellung der Lisa Plenske innerhalb von nur wenigen Monaten zu einem der größten Stars im deutschen Fernsehen werden.

In den ehemaligen DDR-Studios in Berlin-Adlershof wurden in zwei riesigen Hallen gegen zwanzig Sets gebaut, während der übrige Cast gesucht wurde. Am Tag vor Drehbeginn hatte man sich beim männlichen Hauptdarsteller noch immer nicht defi-nitiv entschieden. Die Produzenten waren in letzter Minute auf einen völlig unbekannten jungen Schweizer Schauspieler ge-stoßen, der sie durch sein fantastisches Aussehen, sein Auftreten und seine Kamerapräsenz beeindruckte. Da nahm man auch die Kosten und die Umstände in Kauf, dass man Mathis Künzler während den ersten Wochen laufend von Zürich im Privatjet einfliegen musste, wo er in einem Kleintheater ein bereits einge-gangenes Engagement vertragsgemäß zu Ende bringen wollte. Er war unser David, der Sohn des neuen Chefs und Mitbesitzers der Modefirma Kerima und der von der hässlichen Lisa Plenske (Ale-xandra Neldel) angehimmelte Traummann.

Am Ende des ersten Drehtags wurde ich ins Studio eingela-den, weil ein zentraler Punkt noch zu klären war. Man hatte die ersten Szenen in zwei Versionen gedreht. Einmal spielte die mit Fatsuit, Brille und Frisur völlig verunstaltete Alexandra Neldel die Lisa Plenske mit und einmal ohne Zahnspange.

»Nimm die Version mit Zahnspange«, schienen sich alle be-reits im Vorfeld abgesprochen zu haben und redeten gleichzeitig auf mich ein. Dies waren der Produzent Christian Popp, der On-line-Producer Hans Henning Borgelt, UFA Grundy-Chef Wolf Bauer, Dirk Eisfeld, der Leiter Serie bei Sat.1, und Alicia Remi-rez, unsere Fiction-Chefin.

Ich war der einzige, der zögerte. Ich bat darum, die Mus-ter nochmals visionieren zu können. Es war wirklich krass, was wir unserem Publikum zumuten würden! Und wie sollten wir ein solch unsäglich hässliches Entlein in unsere Promotionskampagne einbinden, entgegen allen Prinzipien der auf Schönheit getrimmten Fernsehwelt, wie wir sie täglich vom Bildschirm und durch die Partyberichte in *Bunte* und *Gala* internalisiert haben?

Beim zweiten Blick hatte ich mich bereits etwas an die Zahnspange gewöhnt. »O.K., wir machen es mit«, verkündete ich zur Erleichterung aller, nachdem ich meinen ganzen Mut zusammengenommen hatte.

Die Zahnspange wurde innerhalb kürzester Zeit zum Symbol der ganzen Serie und zu einem unbezahlbaren Markenzeichen. Der spätere weltweite Erfolgszug von *Betty* wurde durch immer größere, besser sichtbare Zahnspangen begleitet, wobei die USA – für einmal als Nachzügler – mit ihrer *Ugly Betty* alles Bisherige noch übertrafen. Aber zu jenem Zeitpunkt im Herbst 2006 war dieses Requisit längst kein Risiko mehr, sondern ein vielfach erprobtes Erfolgsrezept, um in der optisch eingeebneten Fernsehlandschaft Aufmerksamkeit zu erzielen.

Damals tasteten wir uns ohne diese Erfahrungswerte an unsere Promotionskampagne. Wir trauten uns nicht, eine putzhässliche Hauptdarstellerin zu zeigen, bevor man in den ersten Folgen der Telenovela die warmherzige Persönlichkeit der Lisa Plenske erleben und hoffentlich ins Herz schließen würde. So entwickelte unser Marketingchef Konrad Viehrig eine gänzlich ungewöhnliche Strategie. In den Trailern, die wir drehen ließen, wählten wir die subjektive Kameraperspektive aus der Sicht von Lisa Plenske. Durch ihre Augen entdeckten die Zuschauer die bunte, glamouröse Modewelt von Kerima mit all ihren blendend aussehenden, gut gekleideten Menschen, die sich über eine nicht sichtbare, aber offenbar völlig deplatzierte Person mokierten. Lisa sah man bis kurz vor Sendestart nie. Das erhöhte die Spannung und ermöglichte es uns zugleich, ihr Aussehen geheim zu halten. Auf den Plakaten zeigten wir zwei schöne Menschen im Vordergrund, und hinten in der Unschärfe eine beobachtende Lisa Plenske, deren Züge kaum zu erkennen waren.

Die großartige Alexandra Neldel zusammen mit ihrem Senderchef auf der Bühne von Big Picture, der jährlichen Präsentation vor der Werbebranche.

Vor dem Start stieg die Anspannung ins Unermessliche. Wolf Bauer, der Chef von Grundy UFA, der mit *Gute Zeiten, schlechte Zeiten* seit vielen Jahren die erfolgreichste Daily Soap im deutschen Fernsehen für RTL produziert, dozierte in unserem Sitzungsraum über die Wirkungsweise dieser täglichen Formate. Er zeigte uns Kurven von Quoten, die sich immer gleich verhalten hatten: Am Anfang einer neuen Serie sei das Interesse groß, das nach kurzer Zeit abflache, um sich später wieder zu erholen. Stolz bezeichnete er dies als »Die Wolf-Bauer-Kurve«, mit der er uns sanft auf die zu erwartenden Enttäuschungen vorbereiten wollte.

Doch bei *Verliebt in Berlin* war alles anders. Am ersten Tag holte die Telenovela mehr als 16 %, und von diesem hohen Niveau kletterte die Quote täglich weiter, um bald schon unglaubliche 23 % zu erreichen. Dies war der seit Jahren mit Abstand größte Erfolg im so hart umkämpften Vorabend im deutschen Fernsehen, nein, es war eher eine veritable Fernseh-Revolution! Und unser Titelsong *Liebe ist …,* gesungen von Nena, katapultierte sich sofort an die Spitze der Hitparade, wo er sich wochenlang festkrallte und uns so eine zusätzliche Werbeplattform lieferte.

Verliebt in Berlin strahlte weit über den Sendeplatz aus. Sendungen vor und nach unserer Telenovela erlebten neue Rekordquoten, von denen wir nie auch nur zu träumen gewagt hatten. Sat.1 war binnen kürzester Zeit zum Trendsetter geworden, auch wenn das ZDF mit seiner am Nachmittag programmierten Telenovela *Bianca* einige Monate vor uns auf Sendung gegangen war.

Ein paar Wochen nach dem Sendestart berief ich einen Workshop für mein Kernteam ein. Normalerweise versucht man im Nachgang eines Projekts die gemachten Fehler herauszufiltern, um von diesen zu lernen. Ich wählte für einmal einen umgekehrten Ansatz. »Es scheint, dass wir diesmal alles oder fast alles richtig gemacht haben«, erklärte ich meinen Mitarbeitern. »Lasst uns festhalten, wo wir instinktiv, zufällig oder aufgrund von klaren Analysen richtig gehandelt haben, um dieses gesammelte Wissen für die Lancierung unserer nächsten Telenovela zu konservieren.« Es wurden dann einige Papiere erstellt, in denen unsere Erkenntnisse festgehalten wurden. Wie wir bald schmerzhaft erfahren sollten, konnte uns dies nicht retten. Man kann wohl Techniken oder Abläufe systematisieren, aber der kreative Prozess gehorcht anderen Regeln – und der überstrahlt alles andere.

Im Taumel des Erfolgs unterlief uns eine weitere Fehleinschätzung. Da die Entwicklung einer neuen Telenovela in der Regel neun Monate in Anspruch nimmt, hatten wir den Termin für den Startschuss für die Telenovela, die wir im Anschluss senden sollten, etwas verschlafen. Wir waren bereits in Zeitnot geraten. Unser Glück hatte uns blind gemacht! Und insgeheim hofften wir wohl, die Welt der Lisa Plenske und von *Verliebt in Berlin* noch ganz, ganz lange bewahren zu können. Doch dann sah ich eines Abends Alexandra Neldel in der Talkshow *Beckmann*, wo sie ohne Vorwarnung verkündete: »Ich werde für kein Geld in der Welt meinen Vertrag bei *Verliebt in Berlin* verlängern.«

Wir waren alle wie vor den Kopf geschlagen. Nun hatten wir ein Problem an der Backe, und zwar ein gewaltiges. Was konnten wir nur tun? Hatten wir alles versemmelt, weil wir uns im Taumel unserer Glückseligkeit nicht rechtzeitig auf eine solche Situation eingestellt hatten?

Nach einigen Tagen hatte ich die Lösung: Ich musste herausfinden, wie viel Geld »kein Geld in der Welt« im Falle von Alexandra Neldel sein würde. Schließlich hat alles, oder doch fast alles, seinen Preis. Ich musste ihr ein finanzielles Angebot machen, das sie nicht ablehnen konnte, weil es alles Bisherige um Längen übertraf.

Auf unserer Seite war die Rechnung schnell gemacht: *Verliebt in Berlin* war mit großem Abstand die wichtigste Gewinnquelle des Senders geworden, so wie es *Gute Zeiten, schlechte Zeiten* seit fünfzehn Jahren bei RTL ist. Wenn wir die Telenovela sechs Monate verlängern konnten, so schlugen wir also zwei Fliegen mit einer Klappe: Wir hatten genügend Zeit für die Entwicklung eines Nachfolgeprogramms, und wir sicherten uns weiterhin garantiert hohe Marktanteile am gesamten Vorabend und weiterhin fantastische Werbeeinnahmen.

Als ich Wolf Bauer von Grundy UFA von meinem Plan mit Alexandra Neldel erzählte, war er entsetzt. »Dies ist der falsche Weg«, warnte er mich eindringlich. »Damit bringen wir das ganze Lohngefüge durcheinander, und dafür werden wir alle noch teuer bezahlen müssen.« In seinen Daily Soaps gehe er immer anders vor, erklärte er mir. Wenn einer seiner Jungstars oder dessen übereifriger Manager im glitzernden Licht des noch jungen Ruhms die Bodenhaftung verliere und überzogene Geldforderungen stelle, lasse er jeweils kurzerhand die Figur aus der Serie herausschreiben und eine neue einführen, die mit einem anderen, billigeren Newcomer besetzt wird. Dies sei einerseits eine notwendig erzieherische Maßnahme. Außerdem halte sie die Kosten tief und die Gewinnspannen hoch.

Doch diese Telenovela mit ihrer stringenten Erzählstruktur ist anders, argumentierte ich. Die Hauptrolle der Lisa Plenske konnte nicht auf eine andere Schauspielerin umgeschrieben werden, obwohl wir einen Moment lang auch diese Version durchgespielt hatten. Alexandra Neldel war in der Hauptrolle nicht zu ersetzen, wenn wir den Erfolg nicht gefährden wollten. Sie verkörperte die Rolle perfekt und war zur angebeteten Projektionsfläche von Millionen von Menschen geworden. Mit einem Wort: Wir waren auf Gedeih und Verderb auf sie angewiesen – und das wusste sie auch genau. Und wirklich: Nach einigem Gezocke – in das sich auf Alexandra Neldels Seite der bekannte Medienanwalt Christian Schertz einbrachte – konnte *Verliebt in Berlin* trotz allen emotionalen Beteuerungen bei *Beckmann* über die geplanten 240 Folgen hinaus noch sechs Monate lang weitergehen.

Zumindest glaubten wir das, als wir endlich zu unserer allgemeinen Beruhigung den unterschriebenen Vertrag in Händen hielten. Doch schon stand ein nächstes schwerwiegendes Problem an: Diesmal ging es um Mathis Künzler. Seine Freundin in der Schweiz erwartete ein Kind, ließ er uns wissen, und er wäre nur bereit, seinen Vertrag zu verlängern, wenn ihm während der halbjährigen Verlängerung eine achtwöchige Babypause gewährt würde. Auch hier mussten wir eine Lösung finden, denn natürlich war auch der angebetete Mann nicht zu ersetzen. Die reale Welt war also mit der Welt der Telenovela kollidiert, und die zweite musste notgedrungen die flexiblere sein. In ihrer Not schrieben die Autoren eine ziemlich waghalsige Entführung Davids in die Storyline, um seine lange Abwesenheit plausibel erklären zu können. Damit hatten wir eine vorher nie angedachte Action- und Spannungskomponente in unserer Geschichte. Zu unserer Verblüffung ließ jedoch diese nicht geplante Entwicklung die Quoten zu ständig noch höheren Werten ansteigen. Alles was wir machten, schien reibungslos zu funktionieren …

Da wir die Originalvorlage längst hinter uns gelassen hatten, mussten neue Figuren eingeführt werden, um den Erzählbogen auf die weit über 300 Folgen zu erweitern. Das wurde zum großen Auftritt des Rokko Kowalski (Manuel Cortez), einem leicht skurrilen, nicht sehr stilsicheren neuen Mitarbeiter der Modefirma Kerima, der sich in Lisa Plenske verlieben sollte. Erst nach und nach wurde uns bewusst, dass wir damit den Haupttreffer gelandet hatten. Zwar hatten wir unseren Zuschauern das zu erwartende Happyend wie in beinahe jeder Telenovela bereits in den ersten fünf Minuten der ersten Folge mittels eines besonders subtil inszenierten Magic Moments zwischen den beiden Hauptpersonen gezeigt. Doch nun besaßen wir die Chance, dieses angekündigte Ende kurz vor Schluss in Frage zu stellen, um so die Spannung nochmals zu erhöhen. Und tatsächlich wurde »David oder Rokko?« nach »Wird Deutschland Weltmeister?« für Millionen von Menschen zur heiß diskutierten Frage im Sommer 2006.

Am 1. September wurde die Antwort in einem Umfeld geliefert, wie man es noch nie für eine tägliche Serie in Deutschland erlebt hatte. Eingebettet in eine vierstündige Live-Sendung vor einem zweitausendköpfigen Publikum im Park von Berlin-Friedrichshain, sendeten wir einen 90-minütigen Abschlussfilm, an dessen Ende natürlich die heiß ersehnte Hochzeit stand. Um sicherzustellen, dass das Geheimnis gewahrt bleiben würde, hatte ich nicht ein, sondern gleich zwei sendefähige Enden in Auftrag gegeben, eines mit David und eines mit Rokko. Ich würde erst am Tage selbst entscheiden, wen Lisa Plenske heiraten würde, verkündete ich nicht ganz wahrheitsgetreu, um die Spannung

Mathis Künzler war unser David und der von der hässlichen Lisa Plenske angehimmelte Traummann.

nochmals anzuheben. Tatsächlich aber stützten wir uns auf eine aktuelle Marktforschungsanalyse, als wir uns auf eine Version festlegten.

Die ganze Inszenierung funktionierte so perfekt, dass wir mit diesem Film in der Zielgruppe einen Marktanteil von sensationellen 38% holten. Bei der Gruppe der 14- bis 29-jährigen Frauen stieg die Quote rund um die eigentliche Hochzeitszeremonie gar auf stratosphärische 76%. Und so wurde dieser Abend für die jüngeren Frauen in Deutschland zu etwas Ähnlichem wie das WM-Finale für ihre männlichen Freunde zwei Monate zuvor.

Es war ein euphorischer Abschluss für alle Beteiligten und vielleicht der beglückendste Abend meiner ganzen Zeit bei Sat.1. »Wahnsinn, Wahnsinn«, stammelte unsere Hauptdarstellerin Alexandra Neldel immer wieder tränenüberströmt von der Bühne herunter, nachdem sie ihre Hochzeit mit David zur Begeisterung der klaren Mehrheit der anwesenden und den sich millionenfach per Telefon meldenden Zuschauern vollzogen hatte. Damit war *Verliebt in Berlin* mit weltrekordverdächtigen 365 Folgen und dem grandiosen Happyend so zu Ende erzählt, wie wir es den Zuschauern von Anfang an versprochen hatten. Wir hatten alles gemäß der reinen lateinamerikanischen Lehre richtig gemacht, dachten wir.

Und dann lief die Telenovela nach dem kollektiven Höhepunkt weiter.

Was war geschehen? In den Monaten vor dem Finale war bei uns intern eine hitzige Diskussion entbrannt, ob wir unser Erfolgsprodukt auch nach dem Finale weiterführen könnten. Einerseits war es Produzent Wolf Bauer, der sich natürlich den lukrativen Auftrag erhalten wollte. »Du hast eine solch starke Marke«, versuchte er mich zu überzeugen, »die darfst du nicht aufgeben.« Auch innerhalb unserer Firma wurde diese Frage immer wieder aufgeworfen. »Weshalb machst du nicht einfach mit einer neuen Geschichte innerhalb von *Verliebt* weiter?«, wollte man von mir wissen. »Es funktioniert ja fantastisch.« Meine wiederholten Erklärungen über den Charakter der Telenovela, der im Gegensatz zur Daily Soap die Endlichkeit des Erzählbogens beinhaltet, hatten keine ausreichende Überzeugungskraft gegen die geballt und ständig neu vorgetragenen ökonomischen Betrachtungsweisen aus der obersten Etage des Konzerns.

Ich lieferte mir bei dieser weitreichenden Entscheidung einige heftige Wortgefechte mit Haim Saban, der vehement auf eine Fortsetzung pochte. Als ich nach der entscheidenden Sitzung den Konferenzraum in Unterföhring verlassen wollte und bereits an der Tür stand, rief mir Haim hinterher: »Wenn es ein Erfolg wird, wirst du sagen, dass es deine Idee gewesen ist. Wenn es nicht funktioniert, dann war ich der Schuldige.« Ich antwortete nicht. Doch ich wusste bereits in jenem Moment, dass genau das Gegenteil geschehen würde – und ich irrte mich nicht.

Und so wurde im Frühling 2006 entschieden, *Verliebt in Berlin* zu verlängern und in eine Daily Soap umzuwandeln. Dies stellte uns vor ein besonders heikles Problem, denn die von uns geplante neue Telenovela, die als Nachfolge für *Verliebt in Berlin* vorgesehen war, befand sich zu jenem Zeitpunkt bereits im Vorproduktionsstadium. Zu diesem Zweck hatten wir sogar einen bedeutenden zusätzlichen Schritt unternommen: Ich hatte Christian Popp, den besten und erfolgreichsten Produzenten für Daily-Formate in Deutschland, bei der Grundy UFA abgeworben und mit ihm die Firma Producers at Work gegründet. So wollten wir das Quasi-Monopol der zum RTL-Konzern gehörenden Firma Grundy UFA für das Genre der täglichen Serien brechen.

Wie aber sollten wir nun parallel zwei Telenovelas am Vorabend programmieren, die wir zudem beinahe gleichzeitig einstarten mussten? Das war allein mit einer großen Rochade in unserem Nachmittags- und Vorabendprogramm zu machen. Diese Entscheidung verlangte mehrere neue Programmplatzierungen, was zu unvorhersehbaren Verwerfungen in der Welt der nur schwer verrückbaren Zuschauergewohnheiten und der erprobten Audience-Flows führen konnte, etwas, wovor mir graute. Doch genau dieses Worst-Case-Szenario mussten wir in den kommenden Monaten mitverfolgen. Von Woche zu Woche wurde das Ausmaß des Desasters immer deutlicher sichtbar.[1]

Wir verloren in diesen wichtigen Time-Slots kontinuierlich Marktanteile. Sowohl die Fortsetzung *Verliebt in Berlin* wie auch unsere neue Telenovela *Schmetterlinge im Bauch* sackten nach jeweils hervorragenden Starts mit gegen 20% Marktanteil bald auf Werte von 10% und weniger ab. Und auch die umplatzierten Sendungen verloren laufend Zuschauer. Mit einem Wort: Es war eine Katastrophe, die sich täglich zuspitzte, ohne dass wir schnell eingreifen konnten.

Doch es wurde noch viel, viel schlimmer. Bald erkannten wir, dass noch zusätzliche gravierende Fehler gemacht worden waren. Denn bei Telenovelas gibt es eherne Gesetze zu beachten, die wir trotz unserem angeblichen Informationsvorsprung teilweise auf sträfliche, ja auf unbegreifliche Weise verletzt hatten, wie wir aus der Rückschau erkannten, und die ich hier – quasi als Lehrstück – darlegen möchte.

1. Jeder Erfolg trägt in sich den Kern des Misserfolgs. Die allergrößte Angst unserer Autoren war es, sich dem Vorwurf auszusetzen, die Erfolgsserie *Verliebt in Berlin* zu kopieren – dies betraf die Autoren gleich bei beiden neuen Telenovelas. Und deshalb entfernten sie sich mental so weit als möglich vom leuchtenden Vorbild, sowohl in der Dramaturgie wie im Hauptplot. Man wollte möglichst das Gegenteil von dem tun, was so erfolgreich gewesen war. Nichts sollte an das Märchen vom Aschenputtel erinnern. Und deshalb wurden diese einfachsten und wirkungsvollsten Prinzipien der Telenovela aus prinzipiellen Gründen verworfen. Mit diesen selbstauferlegten kreativen Handschellen stürzte man sich ins Getümmel.

---

1 Dafür wurde ich wie erwartet öffentlich zum Schuldigen erklärt. So schrieb die bekannte Medienjournalistin Ulrike Simon in der *Welt am Sonntag* vom 25. Februar 2007: »Mit der Telenovela *Schmetterlinge im Bauch* wollte Schawinski den überragenden Erfolg von *Verliebt in Berlin* noch toppen. Er setzte alles auf eine Karte und warf eigens für *Schmetterlinge im Bauch* das gesamte Tagesprogramm um. Auch glaubte er, der Erfolg von *Verliebt in Berlin* lasse sich beliebig fortsetzen. Das Experiment scheiterte.« Ulrike Simon hatte sich nie bemüht, meine Sicht der Dinge zu erfragen.

2. Die allermeisten Telenovelas setzen auf weibliche Hauptdarsteller, um so die Identifikation in der Kernzielgruppe zu verstärken. Nur war dies bei der Fortsetzung von *Verliebt in Berlin* nicht ganz so einfach. Jede direkte Nachfolgerin von Lisa Plenske/Alexandra Neldel wäre mit ihr verglichen worden. »Jede Frau hätte nach Lisa schlechte Karten gehabt«, meinte Produzent Hans-Henning Borgelt hinterher. Daher kamen die Autoren auf die originelle (!) Idee, zum ersten Mal einen männlichen Hauptpart zu besetzen, und Tim Sander wurde als Lisas Halbbruder Bruno eingeführt. Der hervorragende Darsteller holte sich schnell viele Sympathien, aber die starke emotionale Bindung einer Lisa Plenske war nicht zu duplizieren. Da zudem sein gleichzeitig eingeführter *love interest* Nora (Julia Malik) nicht genügend Sympathien bei den Zuschauern wecken konnte, war das Malheur nicht mehr aufzuhalten.

3. Eine Telenovela verlangt von der ersten Minute an eine höchstmögliche romantische Eindeutigkeit. Deshalb braucht es gleich zu Beginn den Magic Moment zwischen den beiden Protagonisten. *Verliebt in Berlin* war in diesem Bereich beispielhaft gewesen. Doch dieselben hervorragenden Autoren, die diese Telenovela aufgrund der kolumbianischen Vorlage zu einem Großerfolg gemacht hatten, waren nach dem Lisa Plenske-Finale richtungslos. Als ich wiederholt den »großen Erzählbogen« für den zweiten Teil einforderte, legten sie beleidigt die Arbeit nieder. Nur schmollend kamen sie zurück, ohne jedoch eine klare Antwort auf die einzig wichtige Frage – das Happyend – zu liefern. »Wir lassen es offen, wie es ausgeht,« hieß es noch Monate später. Und so trudelte die Telenovela ohne Kompass wochenlang neuen Quotenabstürzen entgegen, bevor endlich eine klare Richtung definiert wurde, an die sich alle nach lautstarken Diskussionen zu halten versprachen. Das machte die ARD bei der Verlängerung ihrer Telenovela *Sturm der Liebe* besser. Dort stürzte man sich nicht in komplizierte kreative Prozesse, sondern erzählte einfach eine beinahe

identische Geschichte ein weiteres Mal – und die Quoten stiegen am Nachmittag in sogar noch höhere Gefilde.

4. Die Herstellung einer Telenovela ist ein äußerst komplexes Unterfangen, das im Zusammenspiel zwischen Senderverantwortlichen, Senderredaktion, Produzenten und Autoren entsteht. Dabei ist die Einflussnahme von Senderseite beschränkt, wie ich zu meinem Erschrecken auch dann noch feststellen musste, als beide Telenovelas bereits abdrifteten. Am Drücker sind immer die Produzenten und ihre Autoren, die ihre kreativen Visionen und Prozesse nicht durch die Interventionen des bezahlenden Senders beeinträchtigt sehen wollen. *Sie* sind die Experten, *sie* besitzen die jahrelange Erfahrung, war die unterschwellig vermittelte Botschaft. Der Sender wird auf raffinierte Weise ausgebremst, wenn die Produzenten nicht an die vorgeschlagene Richtung eines Stoffes glauben. Ihre Methode: Sie verweigern sich einfach durch passiven Widerstand und entwickeln die Serie in die von ihnen präferierte Richtung. Bis dies im Sender erkannt wird, sind die Entscheidungen bereits implementiert und können wegen des permanenten Zeitdrucks meist nicht mehr umgestoßen werden.

Selbst um Lisa Plenskes Finale hatte es eine solche inhaltliche Auseinandersetzung gegeben. Wir waren uns zwar alle einig, dass Lisa noch als hässliches Entlein mit all ihrem Ballast – Fatsuit, Zahnspange und unförmiger Brille – und allein durch die Reinheit ihrer Persönlichkeit die Liebe von zwei Männern erringen sollte und nicht erst nach der äußerlichen Verwandlung. Das sollte unsere moderne Version von Aschenputtel sein, und all den Millionen von Frauen und Mädchen ohne realistische Hoffnung auf Kleidergröße 36 die Illusion auf das Erscheinen des eigenen Traumprinzen erhalten. Doch die Autoren dachten so radikal, dass sie Lisa noch in ihrer alten Verkleidung an den Traualtar führen wollten. Es brauchte ein mehrfaches deutliches Machtwort von Fiction-Chefin Alicia Remirez und mir, bis sie als schöner Schwan zum letzten Akt erscheinen durfte. Wir beide glaubten, dass wir den Zuschauern zu Beginn des Märchens ein unausgesprochenes Versprechen gegeben hatten, das wir unbedingt einlösen wollten.

5. Telenovelas oder Daily Soaps haben eine lange Bremsspur. Der industrielle Prozess der täglichen Produktion mit seinen vielen Produktionsstufen – vom Plotten zum Treatment, dann zu den Dialogbüchern, dem Dreh und der Postproduction – umfasst für einen wöchentlichen Block von fünf Folgen etwa zwölf Wochen. Das heißt, dass entscheidende Änderungen in der Storyline erst nach drei Monate auf dem Bildschirm zu sehen sind. In dieser Zeit, in der man faktisch handlungsunfähig ist, kann die Quote in noch gefährlichere Bereiche abtauchen, wie wir in den letzten Monaten des Jahres 2006 gleich bei beiden Telenovelas erlebten. Bis die inhaltlichen Änderungen beim Publikum dann greifen, kann es weitere Wochen oder gar Monate dauern, weil sich schon viele Zuschauer gegen diese Sendung entschieden haben und nur sehr schwer zurückzugewinnen sind.

6. Unsere detaillierten Marktforschungs-Analysen zu *Verliebt in Berlin* hatten den Produzenten der beiden Telenovelas klare Resultate vorgelegt: Humor und geschäftliche Intrigen sind die wichtigsten Erfolgsgaranten. Jedes Nachfolgeprodukt sollte sich deshalb darauf konzentrieren. Das gab uns allen eine Sicherheit, denn wir glaubten, dass wir etwas mehr wussten als die Konkurrenz, und diesen Informationsvorsprung wollten wir nutzen. Es wurden Plots entwickelt und Drehbücher geschrieben, die sich auf genau diese Ingredienzien konzentrierten. Erst viel zu spät erkannten wir alle, dass dabei etwas anderes auf der Strecke geblieben war: Die Romantik, die Grundlage jeder Telenovela, das absolut Selbstverständliche, das wohl gerade deshalb von den befragten Zuschauern nicht speziell erwähnt wurde. Die Produzenten bei *Schmetterlinge im Bauch* hatten daher die zentrale Liebesgeschichte ganz weit

nach hinten geschoben – etwa bis zur Folge 111, denn sie war ja offenbar nicht so wichtig. Und da man bewusst originell und anders als all die anderen Telenovelas sein wollte, verzichtete man auch bewusst auf den *magic moment* in der ersten Folge und fühlte sich dabei besonders kreativ.

7. Der Pitch, die Grundaussage einer Telenovela, muss gelebt werden. Als ich in einer der vielen vorbereitenden Sitzungen unsere zuständige Redakteurin nach dem Pitch von *Schmetterlinge im Bauch* fragte, antwortete sie: »Nelly muss viele Frösche küssen, bis sie den richtigen findet.« Ich war entsetzt. »Das ist das pure Gegenteil von Romantik«, warf ich ein. Sofort setzte eine hektische Aktivität ein und bald lag ein neuer Pitch vor, der für unsere ersten Trailer genutzt wurde, bei dem unsere beiden Hauptdarsteller im Bild zu sehen waren: »Sie wissen alles voneinander, nur nicht, dass sie füreinander bestimmt sind«, hieß es nun. Das war viel besser und transportierte auf hervorragende Weise das Grundgefühl, das vom Sendetitel suggeriert wurde. Das Problem war nur, dass diese Stimmung in den ersten fünfzig Folgen kaum erkennbar war! Den Zuschauern wurde das Gefühl von Schmetterlingen im Bauch schlicht nicht vermittelt. In Folge 53 gab es einen ersten zaghaften Kuss zwischen den beiden Hauptpersonen, dann kam ganz lange nichts mehr. Die beiden Protagonisten drifteten gemäß Drehbuch wieder auseinander und wandten sich zwischenzeitlich anderen Fröschen zu.

Und dann passierte ein weiteres Malheur: Er sollte sich in sie verlieben, der Mann in die Frau. So sah es der Plan für die nächsten siebzig Folgen vor. »Ich weiß nicht, weshalb wir nicht darauf gekommen sind, dass es umgekehrt richtig gewesen wäre«, sagte Produzent Christian Popp hinterher, ein Mann mit mehr Erfahrungen im Bereich Daily Soap und Telenovela als beinahe jeder andere im Land. Wie aber ist es zu erklären, dass absolute Profis die offensichtlichste und einfachste dramatische Ausgangslage nicht erkennen konnten –

nämlich: die Geschichte einer Frau, die wegen einer großen, unerfüllten Liebe leidet? Ein solcher Plot ist schon seit der allerersten Telenovela die ideale Projektionsfläche für die Kernzielgruppe der Frauen. Bei solchen Geschichten entstehen Sympathien, hier entwickelt sich ein Höchstmaß an Empathie, wie es die linkische, ehrliche, liebeskranke, treue und gar jungfräuliche Lisa Plenske erleben konnte. Ein leidender Mann hingegen ist etwas, das die meisten Zuschauerinnen viel weniger berührt. Diesen simplen Lernsatz hatte man schlicht und einfach vergessen. Erst viel später und nach vielen harten Diskussionen versuchten die Produzenten ihren Fehler zu korrigieren – doch es war schon zu spät.

8. Telenovelas sind moderne Märchen und bedienen sich der Grundmuster dieser traditionellen Erzählform, die sich in allen Gesellschaften über Jahrhunderte hinweg ausgeformt haben. Von allen Märchen eignet sich für die Zielgruppe der Frauen vor allem die Geschichte vom Aschenputtel, die weibliche Sehnsüchte auf ideale Weise bedient. Auch *Verliebt in Berlin* stützte sich auf diese Erzählung. Die Autoren unserer nächsten Telenovelas suchten nach Neuem, und so entstand bei *Schmetterlinge* der Pitch vom Mädchen, das viele Frösche küssen muss. Diese Metapher klang wie die Adaption eines anderen romantischen Märchens und wirkte auf den ersten Blick originell. Erst später wurde uns bewusst, dass wir an eine Analogie geglaubt hatten, die nicht vorhanden war. Im Märchen *Froschkönig* küsst die Prinzessin einen einzigen Frosch, der sich dann in einen Prinzen verwandelt. Das versuchsweise Küssen von mehreren Fröschen, bis man auf den einen Prinzen stößt, ist jedoch das pure Gegenteil von Romantik. Die Szenen, in denen unsere Nelly den falschen Frosch küsste, wurden von den Zuschauerinnen radikal abgelehnt. Innerhalb von Sekunden raste die Einschaltquote ins Bodenlose, als wir eine solche Szene zum ersten Mal zeigten. Für unsere Zuschauerinnen war dies ein voyeuristisches Schockerlebnis. Sie

hatten den emotionalen Fehltritt einer Frau zu beobachten, die sie bewundern sollten. Das war kein Märchen mehr, sondern die kalte Realität des Alltags, der sie sich in einer Telenovela nicht aussetzen wollten. Und damit war *Schmetterlinge im Bauch* dem Untergang geweiht und wurde Ende 2006 eingestellt.

Etwas Ähnliches konnte unseren Kollegen bei den öffentlich-rechtlichen Sendern nicht unterlaufen. Sie haben mit ihren Telenovelas von Anfang an konsequent ganz präzis auf den größtmöglichen Kitsch-Koeffizienten gezielt, ohne alle Ansprüche einer Annäherung an das jeweils aktuelle, realistische soziale Ambiente, in denen unsere Telenovelas angesiedelt waren. Indem wir als Privatsender ambitionierter vorgegangen waren als unsere gebührenfinanzierte Konkurrenz, hatten wir das Risikopotenzial erhöht. Da halfen auch unsere tollen Casts, unsere witzigeren und intelligenteren Dialoge und unser höherer Production-Value nicht über unsere Fehlentscheidungen hinweg.

Wir hatten fest daran geglaubt, einen deutlichen Erfahrungsvorsprung gegenüber der gesamten Konkurrenz zu haben. Dass eine solche Haltung auch heimtückische Fallstricke haben kann, übersahen wir. Wir stützten uns auf vordergründig eindeutige Marktforschungs-Ergebnisse, die wir jedoch nicht richtig interpretierten. Wir lebten mit der Hypothek, an einen unglaublichen Erfolg anknüpfen zu müssen und wussten, dass wir die hohen Erwartungen des Publikums und der Werbewirtschaft erfüllen mussten. Und da war vor allem der Drang, sich nicht selbst zu kopieren, der unsere Denkmuster zusätzlich trübte.

Der zeitgleiche Quotenflop von zwei Telenovelas führte – zusammen mit dem dadurch ausgelösten Programmierungs-Tohuwabohu am Nachmittag und am Vorabend – zu einem starken Abfall der Marktanteile von Sat.1 im Spätherbst 2006, der sich anfangs 2007 noch akzentuierte. Nichts könnte besser zeigen, wie zwei, drei Big Points – und das sind tägliche Sendungen am Vorabend immer – einem ganzen Sender Fortüne oder Elend bescheren können. Innerhalb von kurzer Zeit hatten wir beides erlebt. Und wir wussten, wie schwer es werden würde, wieder auf die Siegesstraße zurückzukehren.

Verzweifelt griff Sat.1 deshalb nach dem einzigen Strohhalm in Sichtweite. Und so kam Alexandra Neldel als schwangere Lisa Plenske im April 2007 für drei Wochen zurück. Und wirklich: Die alte Magie wirkte auf Anhieb. Die Quoten verdoppelten sich sprunghaft – zumindest kurzzeitig. Dann setzte der bittere Telenovela-Alltag wieder ein. Und allen war bewusst, dass damit die Hürden für das gesamte Genre – nicht allein bei Sat.1 – noch ein beträchtliches Stück höher geworden war.

Einige Monate später fiel der Entscheid, *Verliebt in Berlin* einzustellen. Gleichzeitig informierte man, dass man an einer neuen Telenovela arbeite, die im Frühjahr 2008 auf Sendung gehen solle. Man plane, eine moderne Aschenputtel-Geschichte zu erzählen.

4. DIE *CSI*ISIERUNG DER FERNSEHWELT

Die Revolution näherte sich auf ganz leisen Sohlen. Als das amerikanische Network CBS im Herbst 2000 ohne große Vorschusslorbeeren eine Serie namens *CSI* ins Programm nahm, wurde die gesamte Branche durch das unmittelbare, begeisterte Zuschauerinteresse überrascht. Es dauerte einige Zeit, bis man realisierte, dass innerhalb des dominierenden TV-Genres Crime ein neuartiges Genre entstanden war: Eine Crime-Serie, bei denen forensische Fahndungsmethoden im Zentrum stehen. Jede Folge liefert nicht nur Spannung mit zwei abgeschlossenen Fällen, sondern immer wieder Comic Relief, Situationen, in denen sich der Zuschauer entspannen kann. Meist sind es witzige oder irrwitzige Dialoge zwischen den einzelnen Mitgliedern des Hauptcasts. Der sensationelle Erfolg von *CSI* (Crime Scene Investigation) rief natürlich bald Nachahmer auf den Plan, und in den folgenden Jahren bevölkerten immer mehr Serien mit forensischer Ausrichtung Sendeplätze auf allen Kanälen. *CSI* selbst nutzte als Original den First-Mover-Advantage und kam mit zwei Spinoffs auf den Markt, *CSI: Miami* (2002) und *CSI: New York* (2004). Diese drei wöchentlichen Serien sind seit Jahren die erfolgreichste Franchise im ganzen US-Fernsehen und liefern heute Sendern in fast allen Ländern der Erde ihre absoluten Quotenhits.

Dies ist die wichtigste und nachhaltigste Entwicklung des Fernsehens der letzten Jahre. Sie ist deshalb so bedeutungsvoll, weil die Primetime-Serie das Herzstück fast aller großen Sender ist. Mit diesem einen Genre bestücken sie den überwiegenden Teil ihrer publikumsstärksten und damit einnahmewirksamsten Programmstunden. Der Erfolg einer Station ist also zu einem bestimmenden Teil davon abhängig, wie gut man in dieser Disziplin abschneidet. In Deutschland haben die einheimischen Serien während langer Zeit diesen Platz eingenommen – bis der *CSI*-

Bulldozer auch hier alles plattwalzte. Aus diesem Grund lohnt sich an dieser Stelle ein detaillierter Blick auf die Hintergründe dieser Revolution des Fernsehmarktes in den USA, die auch den deutschen Markt bis in seine Grundfesten erschüttert hat.

Serien made in USA

Die amerikanische Serie hat sich seit den Zeiten von *Dallas* und *Denver* in qualitativer Hinsicht gewaltig verändert. Getrieben durch die ständig wachsende Konkurrenz von immer mehr Kabelkanälen mit teilweise hochwertigen Programmen, blieb den Networks kein anderer Weg, als sich mit der Kraft ihrer größeren finanziellen Kapazitäten auf diesen aufwendigen und schwierigen Weg zu begeben. Das Ziel war es, trotz einer schnell getakteten industriellen Herstellungsweise einen Production-Value anzubieten, der sich selbst von Hollywood-Spielfilmen so wenig als möglich unterscheiden sollte. Das Augenmerk richtete sich auf alle Belange des Produktionsprozesses, vom Budget über Look und Schnitt bis zu anspruchsvollen, sehr oft hervorragenden Drehbüchern. Das bei uns während Jahrzehnten liebevoll gepflegte Bild des amerikanischen Fernsehens als Hort der allerseichtesten Unterhaltungsangebote wurde laufend durch die tatsächliche Entwicklung neuer Serien widerlegt, ohne dass man dies hierzulande lange zur Kenntnis nahm.

Prinzipiell unterscheidet man bei Serien zwei Kategorien: Serials und Procedurals. Serials sind Serien mit einer fortlaufenden Handlung. Jede Folge baut auf die vorhergehende auf. Damit soll der Zuschauer dazu gebracht werden, Woche für Woche zur selben Zeit einzuschalten, um ja nichts zu verpassen. Der Knackpunkt bei Serials ist, dass man bereits für die erste Folge einen großen Einschaltimpuls erzielen muss. Falls dieser ausbleibt, ist das Rennen schon halb verloren. Viele Zuschauer entscheiden sich in diesem Fall, die ganze Saison auszulassen. Ab Folge zwei wird es viel schwieriger, neue Zuschauer für eine bereits fortgeschrittene Handlung zu finden. Es ist, wie wenn man ein Kino erst dann betritt, wenn die ersten zwanzig Minuten des Films und damit die Einführung der Charaktere und die Exposition der Handlung bereits vorüber sind. Natürlich versuchen die Macher in späteren Folgen mit Zusammenfassungen und redundanten Informationen diese Hürde zu nehmen, aber in der Praxis sind dies bestenfalls Krückstöcke.

Zusätzlich muss in der ersten Folge ein so intensives Interesse am Fortgang der Geschichte geschaffen werden, dass man die Zuschauer über diese immer besonders schwierige erste Phase der Exposition hinaus nicht verliert. Ausgelöst wurde dieser wiederbelebte Trend zu Serials durch die erste Staffel von *24* vor sechs Jahren. Von den vielen Nachfolgeprojekten waren in den folgenden Jahren vor allem die als exzellent und einmalig erlebten Serials *Desperate Housewives* und *Lost* erfolgreich. Mehrere von den Networks im Herbst 2006 lancierten und sehr anspruchsvoll konzipierten Serials scheiterten teilweise bereits nach einigen Wochen, weil sie in den Augen der Zuschauer diese herausragende Qualität nicht ausstrahlten.[2]

Da hat es die zweite Gattung, die Procedurals, viel einfacher. Das sind Serien mit einer abgeschlossenen Handlung pro Folge, meist sind es Kriminal- oder medizinische Fälle. Zusätzlich gibt es jeweils einen oder mehrere diskrete horizontale Erzählstränge, mit denen die Entwicklungen der Hauptpersonen verbunden sind. Diese Serien haben den Vorteil, dass sie nicht eine lückenlose Aufmerksamkeit der Zuschauer erfordern. Die Gefahr, dass man beim ein- oder zweimaligen Verpassen einer Folge dem Handlungsstrang wie bei den Serials nicht oder nur sehr schwer folgen kann, besteht nicht. Aber wenn die Serie zusagt, sind die Zuschauer auch ohne fortsetzende Handlung Woche für Woche pünktlich zur Stelle.

---

2 Serials eignen sich hingegen besonders für die Rezeption via DVD. Das durch den Fortsetzungscharakter und die wirkungsvollen Cliffhanger am Ende jeder Folge ausgelöste Suchtverhalten kann hier besser ausgelebt werden als beim normalen TV-Konsum mit einer Folge pro Woche. So wurden von der Serie *24* Millionen DVDs verkauft, jährlich allein 400000 Boxen in Deutschland – Tendenz stark ansteigend.

Mindestens ebenso zentral für die Sender ist die Möglichkeit, die Procedurals ein- oder mehrfach zu wiederholen, ohne dass der Zuschauer auf einen früheren Informationsstand zurückgeworfen wird. In den USA erzielen die Procedurals bei der Zweitausstrahlung 70–80% der Werte der Erstausstrahlung, das ist viel mehr als bei den *serials* mit ihren fortlaufenden Handlungssträngen. Bei allen Crime-Serien wie *CSI, Navy CIS, Criminal Minds, Criminal Intent* ebenso wie *Dr. House* handelt es sich um Procedurals, die in Deutschland den Markt zurzeit dominieren, während in den USA auch *serials* wie *Lost* und *Desperate Housewives* Topratings erzielen.

In den USA ist das Fernsehjahr genau getaktet. Im Herbst sichten die Sender tonnenweise Ideen für neue Serien, die ihnen von Produktionsfirmen und Autoren gepitcht – das heißt meist verbal präsentiert – werden. Im Januar geben sie eine Anzahl von Piloten in Auftrag. Diese liegen im Mai vor und werden dann den Sendern und deren Kunden während den *Upfronts* in New York gezeigt. Die Reaktionen an dieser Veranstaltung zusammen mit den parallel durchgeführten Zuschauertests sind die Entscheidungsgrundlage, ob ein Sender eine Serie beauftragt (Pick-up) oder nicht.

Die Piloten für die einstündigen Programme sind sehr aufwendig produziert und kosten gut und gerne fünf bis sechs Millionen Dollar, also beträchtlich mehr als jede spätere Folge. Sie sehen deshalb auch viel wertiger aus, was die Beurteilung durch das Testpublikum und der Senderverantwortlichen beeinträchtigt. Doch alle Versuche, etwas mehr Realismus in diesen Prozess zu bringen, sind in den letzten Jahren gescheitert, weil so viel Gewicht auf der Qualität des Piloten liegt. Denn er allein ist entscheidend, ob es je eine Serie geben wird. Zu diesem Zeitpunkt im Mai gibt es noch keine Drehbücher für die erste Staffel, meist nicht einmal Storyboards, aus denen man ersehen kann, in welche Richtung sich die Serie inhaltlich entwickelt.

Erhält eine Serie nach den Upfronts den Pick-up, beginnt die eigentliche Produktion der Serie. Bis zum Sendestart im September – dem Beginn der Fernsehsaison in den USA – müssen also innerhalb von nur wenigen Monaten die vielen Etappen des Entstehungsprozesses durchlaufen werden.

Im Zentrum jeder amerikanischen Serie steht jeweils der Showrunner oder Creator. Es ist meist die Person, die die Idee für das Projekt hatte, und der sie zuerst beim Studio und dann beim Sender gepitcht hat. Er hat das Drehbuch für den Piloten geschrieben, hat den Look der Serie definiert und oft auch die Regie des Piloten übernommen. Der Showrunner ist also für alle entscheidenden Belange der Serie verantwortlich. Er ist der eigentliche Star der Serie und wird entsprechend bezahlt. So verdienen die Showrunner der einzelnen *CSI*-Franchises drei Millionen Dollar im Jahr.

Der Showrunner leitet zumindest für die ersten, entscheidenden Folgen den Writer's-Room, eine Gruppe von acht, neun Autoren, die im Wochentakt das Drehbuch für eine Folge zu erarbeiten haben. Im typischen Writer's-Room sitzen neben erfahrenen Autoren auch junge, direkt von der Universität geholte Schreiber, um so frische, neue Ideen in die Storys und Drehbücher einfließen zu lassen. Die einzelnen Folgen werden von verschiedenen Regisseuren gedreht, die sich minutiös an die Vorgaben des Showrunners zu halten haben, damit alle Folgen denselben Look aufweisen. Das heißt, die Rolle der Regisseure ist eine sehr limitierte. Er ist ein Teil des Teams wie viele andere auch. Und so ist es möglich, dass am Ende des Sommers Woche für Woche Folgen dieser neuen Serie ausgestrahlt werden können.

Die Sender bestellen in der Regel nur acht bis dreizehn Folgen. Erst nach den Quoten der ersten Wochen entscheiden sie, ob sie der Serie den Full-Season-Pick-up gewähren, das ist die Beauftragung der vollen 22 Folgen eines amerikanischen Fernsehjahres. Möglich ist diese schnelle Lieferung wegen dieser kurzen Vorläufe des oben skizzierten industriellen Produktionsprozesses. Auf diese Weise reduzieren die Sender ihr Risiko, auf zu hohen Kosten einer Serie sitzenzubleiben, falls sie sie wegen Misserfolgs vorzeitig aus dem Programm nehmen müssen.

Serien made in Germany

Meine Erfahrung mit der Genese von Serien fürs deutsche Fernsehen ist eine ganz andere. Das läuft jeweils so ab: Übers Jahr verteilt werden den Sendern von den verschiedensten Produzenten laufend Ideen für Serien gepitcht. Es sind dies mündliche Präsentationen, zu denen eine oft auch originell und aufwendig gestaltete schriftliche Darstellung mitgeliefert wird – ähnlich appetitlich aufbereitet wie Geschenkpackungen, damit das Zugreifen leichter fallen soll.

Manchmal ist neben dem Produzenten auch der Autor dabei, der seine Vision erläutert. In vielen Fällen ist es ein einzelner Autor, der die ganze Serie von dreizehn Folgen schreiben soll.

Bei einem positiven Grundsatzentscheid für die Idee geht die Serie in die »Entwicklung« – einen meist langwierigen und mühseligen Prozess mit immer neuen, überarbeiteten und verbesserten Drehbuchfassungen und langen Diskussionen, an denen sich Redakteure des Senders, der Drehbuchautor, der Produzent und eventuell auch der Regisseur der ersten Folgen beteiligen. In der Regel dauert es etwa ein Jahr und manchmal sogar länger, bis genügend drehfertige Bücher vorliegen. Dieses System ist sehr instabil, wie wir in einem besonders tragischen Fall erlebten. Als die Drehbuchautorin einer Serie beim Tsunami in Thailand ums Leben kam, musste das Projekt nochmals von Beginn weg mit neuen Autoren angegangen werden, was zu einer beinahe einjährigen Verzögerung führte. Erst beim Vorliegen der ersten Bücher beginnt die eigentliche Produktion: das Casting der Schauspieler, die Zusammenstellung des restlichen Teams, die Suche nach weiteren Regisseuren, der Bau von Sets, die Auswahl von Locations.

Es braucht immer mehrere Regisseure, die sich für eine Serie zur Verfügung stellen, von denen jeder nur drei oder vier Folgen drehen will, um sich dann anderen Projekten zuwenden zu können. Je ambitionierter ein Serienregisseur ist, desto stärker bringt er seine eigene Handschrift ein, da er sich als Filmkünstler versteht, der sich mit jedem Regieauftrag profilieren will. Das führt dann dazu, dass sich die Folgen der einzelnen Regisseure zuweilen drastisch unterscheiden, im Tempo, im Schnitt, in der Optik – eigentlich in allem.

Bis die Serie von dreizehn Folgen abgedreht und die Postproduction gemacht ist, dauert es viele weitere Monate, so dass von der ersten Entscheidung über die Produktion der Serie bis zu deren Ausstrahlung gegen zwei Jahre vergehen können. Sobald die ersten Folgen im Rohschnitt vorliegen, werden sie den Verantwortlichen im Sender gezeigt und anschließend in die Marktforschung gegeben.

Dieses System ist im Vergleich zu den Verhältnissen in den USA sehr rigide und schwerfällig. Mehr als dreizehn Folgen pro Saison sind wegen des langwierigen Produktionsprozesses nicht machbar. Es ist auch nicht sinnvoll, weniger in Auftrag zu geben, weil bei einem Erfolg eine schnelle Nachlieferung nicht möglich ist. Falls die Serie reüssiert, dauert es ein weiteres Jahr, bis Nachschub mittels einer zweiten Staffel kommt. Ist sie ein Flop, sitzt man auf mindestens dreizehn teuren Folgen, die man irgendwie versenden muss.

Das sind erst einige der entscheidenden Unterschiede, aber noch längst nicht alle. In den USA bezahlen die Sender nur 60 bis 80 % der Produktionskosten, den Rest übernimmt der Produzent, und das sind für die Networks fast ausschließlich die großen Studios wie Disney, FOX, Paramount und Warner. Diese tragen also einen bemerkenswerten Teil des Risikos mit, was sie wegen ihrer finanziellen Kraft auch tun können. Dafür behalten sie einen Teil der Rechte, etwa für Mehrfach-Ausstrahlungen bei anderen Sendern und für den Auslandsvertrieb, der für erfolgreiche amerikanische Serien zunehmend größere Summen einbringt. Heute kostet die Herstellung einer Folge einer Primetime-Serie in den USA im Durchschnitt 2,75 Millionen Dollar – und man sieht ihr diesen teuren, hochwertigen Production Value auch an. Die US-Sender bezahlen davon etwa 2 Millionen Dollar, während der Weltmarkt zusätzliche 1 bis 1,2 Millionen Dollar einbringt – Tendenz steigend.

In Deutschland kostet eine Folge etwa 600 000 Euro, und diesen Betrag bezahlt der Sender alleine. Dafür erhält er eine Serie, die nur ein Drittel so viel kostet wie in den USA, und dieser massiv tiefere Production Value kann nicht vertuscht werden. Der deutsche Produzent übernimmt aus mehreren Gründen kein direktes Risiko: Erstens handelt es sich im Gegensatz zu den USA um meist kleinere oder mittelgroße Firmen, die oft unterfinanziert und deshalb gar nicht in der Lage sind, sich materiell zu engagieren. Und zweitens sind die Chancen, die Serie weltweit zu attraktiven Preisen zu verkaufen viel geringer als bei ihren amerikanischen Kollegen.

Deshalb legen die Produzenten dem Sender ihre Kosten detailliert vor, addieren Handlungsunterkosten und Gewinn und präsentieren die Rechnung. Der Sender erwirbt für den Vollpreis alle Rechte, macht also einen Total Buyout. Die Produzenten arbeiten ohne Upside und ohne Downside. Ob das Programm dann total floppt oder ob es ein gewaltiger Erfolg wird, ist für den Produzenten nicht direkt spürbar. Das einzige Risiko des Produzenten besteht darin, ob es eine zweite Staffel gibt, und / oder ob er bei neuen Projekten wieder berücksichtigt wird. Seine ganze Ausgangslage ist damit eine völlig andere als bei seinen Branchenkollegen in den USA.

Der CSI-Bulldozer überrollt Deutschland

Im September 2001 kam *CSI* nach Deutschland, und zwar nicht zu einem der großen Sender, die sich damals mit Ausnahme von Pro7 vorwiegend auf deutsche Serien stützten, während die amerikanischen Serien weitgehend ohne Publikum blieben. Daher wurde *CSI* vom damals unbedeutenden Sender VOX eingesetzt, dem das Geld fehlte, um selbst eigene fiktionale Programme für die Primetime herstellen zu lassen. Da waren Lizenzserien ein willkommener und kostengünstiger Notnagel.

CSI funktioniert in jeder Folge nach demselben Prinzip: Der Profiler und sein Team haben innerhalb von 45 Minuten zwei

Fälle zu lösen, einen A- und einen B-Fall. Als ganz entscheidend dabei erwies sich das opulente Lichtkonzept, das mit neuartigen Licht- und Schatteneffekten eine im Fernsehen zuvor nicht bekannte Stimmung herstellt. Im Schnitt entschied man sich für einen außergewöhnlichen Stil, der sich bisher noch nie in Serien gefunden hatte. Und geschrieben ist jede Folge auf einem Niveau, wie man es zuvor meist nur von der großen Leinwand kannte.

In der ersten Staffel lief *CSI: Den Tätern auf der Spur* bei VOX mit bescheidenen 4,6% Marktanteil. Dieser erhöhte sich über 7,5% bei der zweiten auf 8,2% bei der dritten Staffel und lag damit schon deutlich über dem Senderschnitt. Im Herbst 2004 explodierten dann plötzlich die Marktanteile auf 15,0% und erhöhten sich bei der fünften Staffel anfangs 2005 weiter auf überwältigende 18,8% – und dies bei einem Sender mit einem Gesamtmarktanteil von 6%!

CSI: Miami startete anfangs 2004 mit 9,7% bei VOX. Bereits Staffel zwei holte sich dann 15,1%. Als RTL im September 2005 als erstes dieses *CSI*-Format von VOX abzog, schaffte man auf

CSI mit drei Franchises: Innerhalb des dominierenden TV-Genres Crime ist ein neues Genre entstanden. Und dieses hat das Fernsehen weltweit verändert.

Anhieb 24,7 %, steigerte also die bereits fantastische VOX-Quote um nicht weniger als 50 %.[3]

Diese Entwicklung hatte fatale Auswirkungen. Bei meinem Amtsantritt sah ich zu meinem Entsetzen, wie sich die Sat.1-Kernkompetenz vor unseren Augen auflöste: Die Marktanteile all unserer eigenproduzierten Serien brachen beinahe gleichzeitig ein. Eine erste Analyse war relativ schnell gemacht. Es handelte sich bei *Wolffs Revier, SK Kölsch, Kommissar Rex* und *Für alle Fälle Stefanie* ausnahmslos um Programme, die ihren Zenit zum Teil schon längst überschritten hatten. Wenn eine solche Negativspirale einsetzt, versucht man es meist mit einem »Relaunch«, der dem serbelnden Produkt eine Portion Zeitgeist einhauchen soll. Diese Medizin verordnete man der kränkelnden *Stefanie,* doch die Quote raste weiter ungebremst in die Tiefe und erreichte bald nur noch völlig inakzeptable Werte im mittleren einstelligen Bereich. Erfasst vom Niedergang wurde auch unsere zweite langjährige Krankenhausserie *Alphateam*, von der ich 26 neue Folgen bestellt hatte – natürlich ebenfalls mittels eines »Relaunchs« und mit tollen neuen Sets. Doch »Relaunch« ist meist bloß eine Umschreibung für das verzweifelte Festhalten an einer Schimäre. »If it's dead, it's dead« heißt es in Hollywood lakonisch. »Es ist wie die Mund zu Mund-Beatmung bei einem Toten«, nannte es unser Programmplaner Volker Szezinski lakonisch.

Im Praxishandbuch *Fernsehen* von Eric Karstens und Jörg Schütte, das eine umfassende Darstellung der Wirkungsweise der TV-Landschaft bietet, steht noch in der Ausgabe von 2005: »Die Erfahrung zeigt, dass im deutschen Fernsehen einheimische Produktionen immer am besten funktionieren … Während z.B. Flops bei amerikanischen Serien im deutschen Fernsehen an der

---

3 Mit dem Original, *CSI: Den Tätern auf der Spur*, das seit November 2006 bei RTL läuft, holte man vergleichbare 23,4 %. VOX blieb Ende 2006 nur noch *CSI: New York*, das vielleicht düsterste der drei Formate, mit dem man aber weiterhin steigende Marktanteile verbuchen konnte und ab Anfang 2007 sogar regelmäßig die RTL-Paradesendung *Wer wird Millionär?* überholte. Und besser noch: Im Schlagschatten dieses *CSI*-Trios schafften es auch andere amerikanische Serien zu tollen Quoten bei VOX, etwa *Criminal Intent* mit 15 % und *Crossing Jordan* sogar mit 16 %.

Tagesordnung sind, passiert es im Vergleich damit seltener, dass eine neue eigen- oder auftragsproduzierte Serie hinter den Quotenerwartungen zurückbleibt.«

Spätestens Ende 2005 war es evident, dass diese Erkenntnisse überholt waren. Es war etwas viel Bedeutenderes im Gange als das Auslaufen alter Serien. Es war eine gewaltige tektonische Verschiebung im Geschmack des deutschen Publikums. Deutsche Serien wurden nun generell weitgehend abgelehnt, was bald auch RTL dazu zwang, ihre neuen, wichtigsten und selbst ihre mehrfach preisgekrönten Serien reihenweise einzustellen. Das leuchtende Beispiel von VOX war nun definitiv nicht mehr zu übersehen. Am Montag und am Mittwoch programmierten sie jeweils, angeschoben von *CSI* um 20.15 Uhr, komplette vierstündige Lizenzserienabende mit sensationellen Quoten. Es war so, wie wenn ein schwachbrüstiger Klub aus der 2. Bundesliga Woche für Woche die Topvereine des Landes demütigen würde.

Die großen Sender mussten auf diese rasend schnelle Entwicklung reagieren, um nicht noch mehr Terrain an diesen bisher aus

Anke Schäferkordt: Zuerst Chefin von VOX, dann von RTL. Sie bediente sich bei ihrem alten Sender und lotste zwei der drei *CSI*-Franchises zu RTL.

der Distanz belächelten Sender der zweiten Liga zu verlieren. In ihrer Not und Verzweiflung und kraft ihrer Stellung innerhalb ihres jeweiligen Konzerns griffen sie zur Holzhammermethode. Als erste wurde Anke Schäferkordt aktiv, die neue Chefin von RTL Deutschland und des Senders RTL. Sie hatte zuvor VOX jahrelang auf den Lizenzserien-Kurs gebracht, der sich plötzlich als der allein seligmachende erwies. Nun holte sie sich die größten Tortenstücke von ihrer kleinen, aufmüpfigen Schwester. Zuerst bediente sich RTL bei VOX mit einer, dann, als die Sendermarktanteile noch immer weit hinter den eigenen Zielvorgaben zurückblieben, mit einer zweiten *CSI*-Reihe. Anke Schäferkordt baute um diese Sendung herum den Dienstag mit insgesamt vier Lizenzserien zum mit Abstand erfolgreichsten Abend der Woche um. Das war zwar weder eine besonders kreative noch eine speziell heroische Aktion, aber sie war auf Anhieb äußerst erfolgreich. Die Marktanteile von *CSI: Miami* stiegen von vorher 18 % bei VOX auf bis zu 27 %, und da RTL jeden Marktanteilspunkt viel besser kapitalisieren kann als der kleinere Sender, wurden auf diese Weise die Einnahmen mit dieser Serie ungefähr verdoppelt. Und mit *Dr. House*, der im Anschluss an *CSI* gezeigt wird, toppt man gar die 30 %.

Die Folgen dieses Lizenzserien-Tsunamis auf die anderen Sender war verheerend. Sat.1 programmiert seit Jahren am Dienstag seine erfolgreichen TV-Movies unter dem Label *Der große Sat.1-Film*. Der geballten Macht der besten Serien aus Hollywood konnten diese einheimischen Produktionen nicht standhalten, so dass die Quoten massiv abfielen. Damit war der heimisch gefertigte Neunzigminüter nach der deutschen Serie ein zweites Opfer des transatlantischen Supertrends. Und das war noch nicht das Ende der Malaise, denn auch die meisten einheimischen Sitcoms scheiterten kläglich auf allen Sendern. Es schien, als ob in dieser fiktionalen Zeitenwende ein Absenderstempel Deutschland den Empfängern signalisierte, dass sie das Angebot ablehnen sollten.

Und was taten wir?

Pro7 war schon immer der Sender gewesen, der sich stark auf Lizenzprodukte stützte, und der deshalb hervorragend für diese neue, flächendeckende Präferenz des deutschen TV-Publikums für diese Produktionen positioniert schien. Doch seltsamerweise konnte man diese gute Ausgangsposition nicht optimal nutzen, da man sich beim Einkaufen während längerer Zeit beinahe ausschließlich auf Serials konzentriert hatte, die in Deutschland weit weniger Erfolg haben als in den USA.

Und Sat.1? Der Sender, den ich nun leitete, war für diese Entwicklung von allen wichtigeren Privatsendern weitaus am schlechtesten positioniert. Wir hatten uns seit Jahren allein mit deutschen Serien profiliert. Die Aufteilung innerhalb des Konzerns wurde so streng eingehalten, dass wir während Jahren keine einzige Lizenzserie in unserer Primetime hatten. Pro7 erhielt automatisch alle Topprodukte. Die wenigen Lizenzserien, die innerhalb der ProSiebenSat.1-Holding den Weg zu uns fanden, eigneten sich bestenfalls fürs Tagesprogramm, wo sie mit mäßigem Erfolg am Wochenende eingesetzt wurden.

Gegen diese Regelung trat ich angesichts der immer dramatischeren Quoteneinbrüche an und forderte, dass nicht mehr allein nach der Herkunft einer Serie, sondern nach ihrer Eignung für die jeweilige Zielgruppe entschieden würde. Der bisherige Ansatz sei angesichts der jüngsten Entwicklung veraltet und würde die Möglichkeiten von Sat.1 künstlich einengen. Doch mit diesem Ansinnen traf ich lange auf Ablehnung, denn es wurde als eine wichtige Neuausrichtung innerhalb der Sendergruppe empfunden, zu der man nicht leichthin bereit war. »Ich kann mir in der Primetime eine amerikanische Serie bei Sat.1 einfach nicht vorstellen«, äußerte sich ein Vorstand der Gruppe, der auch als Fachmann für Programminhalte auftrat.

Schließlich bot man uns als Trostpreis eine bereits im Vorjahr erworbene Serie an, die in den USA mittelmäßig lief und an guten Tagen bestenfalls halb so hohe Quoten holte wie *CSI*. Nur knapp hatte sie es geschafft, sich in eine zweite Saison zu retten. Es war ein Spin-Off von *JAG*, einer Serie, die ebenfalls im Militärmilieu angesiedelt war, und die bei uns am Sonntagnachmittag mit enttäuschenden Quoten lief.

Zudem hatte sie einen Titel, der für den deutschen Markt total ungeeignet schien: *NCIS*. Wie sollte unser durchschnittlicher Zuschauer diesen Zungenbrecher nur aussprechen? Drei kryptische Buchstaben wie bei *CSI* waren gerade noch verdaubar. Aber vier? Ohne große Begeisterung erkundigte ich mich, wofür diese vier Buchstaben standen. Die Antwort lautete *Naval Crime Investigation Service*. Einige Zeit kaute ich an diesem Problem herum. Schließlich kam ich auf eine Lösung: Wir würden doppelt tricksen: Aus dem N für *Naval* würden wir völlig willkürlich und eigentlich sinnentstellend *Navy* machen, ein Wort, das dem deutschen Publikum spätestens seit dem Song *In the Navy* der Village People ein Begriff war. Außerdem klingt Navy männlich, frisch, positiv. Wichtiger noch: Die nun angehängten Buchstaben *CIS* würden insinuieren, dass es sich um eine an *CSI* angelehnte Serie handelte, die damit dieselbe Aufmerksamkeit verdiente. So wurde *Navy CIS* geboren.

Wir platzierten die Sendung ohne allzu große Erwartungen am Donnerstag nach der *Schillerstraße*, um ein durch den Ausfall unserer deutschen Serien entstandenes Vakuum zu füllen. Die Hoffnungen auf diesen Lückenfüller waren sehr bescheiden. Aber schon die erste Quote überraschte positiv – und dann gab es kein Halten mehr. *Navy CIS* war unzweifelhaft ein durchschlagender Erfolg. Und mehr als das: Weil die Serie schon einige Zeit herumgelegen war, verfügten wir über eine große Zahl von Folgen, so dass wir nach dem Einbrechen des langjährigen Knüllers *Alphateams* am Dienstag um 22.15 Uhr einfach Zweit- und bald auch Drittausstrahlungen von *Navy CIS* dorthin legten. Auch die Quoten dieser Mehrfachwiederholungen waren phänomenal!

Dies war unser Gesellenstück in der neuen Fernsehwelt, das lautstark nach mehr schrie. Bei den nächsten »May Screenings« in Los Angeles sicherten wir uns *Criminal Minds*, ein weiteres Procedural. In einem sich rasend schnell ausbreitenden Meer von Procedurals made in USA auf allen deutschen Kanälen, hatten wir es gerade noch knapp geschafft, ein gewisser Player zu werden, obwohl wir mit unserem deutschen Serienangebot eigentlich hoffnungslos im Hintertreffen gelegen hatten. Doch noch immer lagen wir mit unserem US-Serienangebot gegenüber der direkten Konkurrenz massiv im Rückstand, was unsere gesamte Primetime schwächen ließ, und dies, obwohl Mitte 2007 bereits sechs Stunden mit Lizenzserien bestückt waren. Doch davon stammten die meisten aus Restbeständen, mit denen man bestenfalls durchschnittliche Quoten holen konnte.

Jede Welle schwappt irgendwann über, jeder Trend bricht, und das ist beim Fernsehen nicht anders als im sonstigen Leben. Wann wird das in diesem Fall geschehen, und in welcher Form? Wird es einen totalen Einbruch geben, oder wird sich bloß die Spreu vom Weizen trennen? Und was wird anstelle dieser amerikanischen Serien treten? Und wie schnell wären solche Produkte herstellbar? Das sind Fragen, die in die Zukunft gerichtet sind.

Doch wir lebten in der Gegenwart. Nein, wenn wir es genau betrachteten, in der Vergangenheit. Denn wir hatten ja vor grauen Urzeiten – im nun sehr fernen Jahr 2004 – als Ersatz für unsere laufend ausgemusterten Altserien neue Programme in Auftrag gegeben, die nach einem unendlich langen Entwicklungsprozess in diesem radikal umgestülpten Ambiente auf Sendung gehen mussten. Und dies sollte zu einigen unserer herzzerreißendsten Erfahrungen führen.

If you can't beat them ...

Im Herbst 2005 erlebten wir unsere erste gewaltige Enttäuschung, und zwar mit der hervorragend geschriebenen und produzierten Serie *Bis in die Spitzen*, die sich auf eine erfolgreiche BBC-Serie stützte. Es war ein extrem ambitioniertes Serial mit unglaublich schnellen und einschneidenden Entwicklungen der Story. Wer eine Folge verpasste, hatte kaum mehr eine Chance, der Handlung weiter zu folgen, da sich innerhalb der Gruppe der Protagonisten laufend neue Beziehungskonstellationen ergaben. Im Vorfeld hatten wir von allen wichtigen Blättern euphorische Kritiken erhalten. Bei der ersten, stark beworbenen Folge lag die Quote bei enttäuschenden 11 % und sank von da an tendenziell weiter.

Das machte mich nicht nur stutzig, nein, das alarmierte mich. Denn ich wusste, dass weitere Serien in unserer Pipeline waren, die wir im nun prähistorisch erscheinenden Jahr 2004 in Auftrag gegeben hatten und die wie ungelenke Dinosaurier auf eine völlig veränderte Biosphäre prallten. Und wirklich: Nach einem kurzen Einstarterfolg versank *Allein unter Bauern* schnell im Quotenmorast, *GSG9* hielt sich um einiges besser.

Anfangs 2006 hatten wir begonnen, uns ernsthaft mit amerikanischen Produktionsmethoden zu beschäftigen, die wir so weit als möglich für deutsche Verhältnisse adaptieren wollten, etwas, das für Primetime-Serien bisher noch nie versucht worden war. Während den »May Screenings« trafen wir uns mit den Spitzenleuten einer aufstrebenden Firma, die in Santa Monica beheimatet ist, und die in jüngster Zeit durch einige innovative Programme aufgefallen war. Wie aber sollten wir praktisch vorgehen? Es war unser CEO Guillaume de Posch, der mich auf ein besonders spannendes Projekt aufmerksam machte. Es handelte sich um eine Crime-Serie im amerikanischen Stil, ein Procedural mit einem sehr feinen, spannenden durchgehenden Handlungsstrang. Die Serie war zuerst in Italien unter dem Titel *R.I.S.* produziert worden und hatte dort richtig eingeschlagen. Darauf hatte TF1 in Frankreich die Rechte gekauft, die Drehbücher für die einheimischen Bedürfnisse umgearbeitet, und auch da war sie ein Großerfolg geworden. Wir beschafften uns ebenfalls die Rechte, starteten einen Pitch zwischen drei Produzenten mit der Vorgabe, dass wir innerhalb der Rekordzeit von etwas mehr als einem halben Jahr im März 2007 auf Sendung gehen wollten – was ein völlig unerhörtes Ansinnen für deutsche Produzenten war.

Doch wir schafften es. Wir hatten uns eine ideale Vorgabe verschafft, weil wir durch die bereits vorliegenden Drehbücher den ersten, meist besonders schwierigen Teil des Entwicklungs-prozesses abkürzen konnten. Wir richteten einen Writer's-Room ein, um die Geschichten auf die deutsche Befindlichkeit umzu-schreiben. Zudem entschieden wir uns wie bei *CSI* für eine Her-stellungsweise, die mittels eines ausgeklügelten Modulsystems weitgehend im Studio stattfindet, um so einen hohen Drehrhyth-mus ohne zu viele zeitraubende Location-Wechsel zu ermög-lichen. Und dann bestimmten wir mit Joachim Kosack einen echten Showrunner, der den Look der Serie bis in Farbdetails be-stimmen sollte. Jeder Regisseur wusste nun, dass er sich detailliert an diese Vorgaben zu halten hatte. Und so erhielten wir unsere erste TV 2.0-Serie, die tatsächlich bereits im März 2007 auf Sen-dung ging. Doch auch hier waren die Quoten enttäuschend, trotz einem in deutschen Serien bisher unerreichten Production-Value, einem großartigen Cast und wirklich überzeugenden Drehbüchern. »Ich glaube, es ist der Absender«, meinte dazu Er-folgsproduzent Nico Hoffmann. »Deutsche Serien sind zurzeit einfach nicht sexy.«

R.I.S.: Die erste TV 2.0-Serie bei Sat.1, die nach den neuen, amerikanischen Kriterien produziert wird. Der Erfolg der ersten Staffel war eher gering.

Damit war das Problem noch um einiges unlösbarer geworden, vor allem da sich bei einer detaillierten Analyse zeigte, dass gerade die größten Fans amerikanischer Serien, die man als wichtigste Zielgruppe avisiert hatte, dieses heimische Produkt am heftigsten ablehnten. Sie wollten allein die Originale aus den USA, signalisierten sie auf diese Weise, und verweigerten sich deshalb kategorisch den ähnlich gestrickten Serien aus Deutschland – völlig unabhängig von deren Qualität. Damit war die Ratlosigkeit über das richtige Vorgehen ins Unermessliche gestiegen. Und niemand schien zu wissen, wie lange diese Amnesie anhalten würde.

Aber dann gab es ja noch jene anderen Serien, die auf ihre Stunde der Wahrheit warteten. Die außergewöhnliche Geschichte einer von ihnen möchte ich etwas detaillierter darstellen.

5. DER TOTALE BLACKOUT

Qualität. Das war mein Stichwort im Frühjahr 2004. Unter diesem Aspekt würden wir alle neuen Ideen sichten und bewerten. Diesen klaren programmatischen Ansatz verkündete ich stolz in jedem der vielen Interviews, die ich in jenen Monaten zu geben hatte. Und dabei sah ich in den Augen der mich befragenden Journalisten so etwas wie Verwunderung und Überraschung aufblitzen. War ich etwa, der ehemalige Journalist, einer von ihnen und keiner der eindimensionalen Quotenfuzzis an der Spitze der privaten Sender, die allein gemäß der Grundthese von Helmut Thoma programmierten? Der Mitgründer von RTL und Urvater des privaten Fernsehens in Deutschland hatte diese mit seinen beiden brillant formulierten Sätzen »im Seichten kann man nicht ertrinken« und »der Köder muss dem Fisch schmecken und nicht dem Angler« auf den Punkt gebracht.

In jenen Monaten steuerte die Diskussion zum Thema Trash-Fernsehen einem Höhepunkt entgegen. Formate wurden von Sendern in den Ring geworfen, die auf der Jagd nach dem nächsten großen Erfolg immer noch geringere Untiefen austesten sollten. Ja, es gab da draußen weitere Tabus, die man brechen konnte, und bei Gott, ein kreativer TV-Macher würde sie auch aufspüren! Mit dem internationalen Hit *Ich bin ein Star, holt mich hier raus* erzielte RTL Rekordquoten, natürlich in Koproduktion mit der *Bild*-Zeitung, die täglich auf Seite 1 den nächsten Skandal herausschrie, den ihr der Sender exklusiv zugesteckt hatte. Pro7 und RTL hechelten gleichzeitig dem nächsten US-Erfolg nach, nämlich einem Sendekonzept, in denen Frauen echten Schönheitsoperationen unterzogen wurden, um dann vor aller Augen vom hässlichen Entlein zum allerschönsten Schwan zu werden. Auch ich war in meiner Sichtung des internationalen Fernsehmarktes auf dieses Format gestoßen und hatte meiner Frau Gabriella eine Folge der amerikanischen Version von *The Swan* gezeigt. Sie hatte sich angewidert abgewandt. »Wenn du so etwas bei Sat.1 zeigst, dann lasse ich mich von dir scheiden«, hatte sie mir gedroht. »Dann bist du nicht mehr der Mann, den ich geheiratet habe.«

Nein, das würde ich nie tun, versicherte ich ihr und hoffte insgeheim, dass dieses Format scheitern würde – was es in der Folge auch tat. Nein, ich wollte im Gegensatz zu den anderen beiden großen Privatsendern allein auf Qualität setzen.

Bei meinen ersten »May Screenings« in Los Angeles, bei denen die großen amerikanischen Studios ihre Produktionen für den kommenden Herbst vorstellen, sah ich Serien, die mich ins Grübeln brachten. Nicht nur *Desperate Housewives* und *Lost* waren so viel besser, cleverer geschrieben und aufwendiger produziert als alles, was wir aus unserer eigenen Küche anzubieten hatten. Bei einer genaueren Analyse erwiesen sich auch andere amerikanische Angebote deutschen Serienprodukten in Bezug auf den Production-Value und die Erzählweise bei weitem überlegen, und dies betraf nicht nur unseren Sender, sondern ebenso RTL und die Öffentlich-Rechtlichen. In den Jahren zuvor konnten deutsche Serien gewisse Nachteile durch Authentizität, durch gesellschaftliche und stoffliche Nähe kompensieren, doch dieser Vorteil schien in den Augen der Zuschauer immer weniger Gewicht zu besitzen. Sie begannen sich an die optischen Reize und die Dramaturgie von Serien wie *CSI* zu gewöhnen und schienen diesen Standard immer eindringlicher einzufordern. Es war am Anfang bloß ein dumpfes Gefühl, ausgelöst von der sichtbaren Veränderung des Zuschauergeschmacks, dem wir irgendwie zu begegnen hatten.

Unsere Schlussfolgerung war lapidar: Was blieb uns anderes übrig, als es bei unseren neuen Serien mit einer viel höheren Qualität als bisher zu versuchen? Da wir nicht mit amerikanischen Produktionsbudgets von bis zu drei Millionen Dollar pro Folge konkurrieren konnten, musste dies auf einer anderen Ebene geschehen. Zum Beispiel auf der Ebene der Stoffe. Oder der Drehbücher. Oder der Schauspieler. Oder der Regisseure.

Eigentlich, wenn man es so richtig besah, auf all diesen Ebenen gleichzeitig. Nur so würden wir aufsehenerregendes Fernsehen herstellen können, das sich vom tendenziell immer mehr als plätschernd empfundenen bestehenden deutschen Serienangebot abheben würde.

Das war unser neuer Ansatz. So lancierten wir einige neue Serien-Projekte. Das weitaus ambitionierteste von allen war *Blackout*. Zu jenem Zeitpunkt ahnte niemand, dass es zum viel diskutierten Vorzeigebeispiel für eine fehlgeleitete Entwicklung im ganzen deutschen Fernsehen werden würde. Daher möchte ich die Entstehung dieses Projekts etwas detaillierter darstellen, weil es sich hervorragend eignet, um einige allgemein gültige Mechanismen aufzuzeigen.

Das Projekt kam unter dem Namen *8 Days* zu uns. Angeboten wurde es von Marc Conrads Firma Typhoon, die unter anderem die mehrfach preisgekrönte Serie *Abschnitt 40* für RTL produzierte. Marc Conrad war in ganz jungen Jahren Helmut Thomas rechte Hand bei RTL geworden und hatte mit ihm zusammen den erfolgreichsten deutschen Privatsender programmiert. Als Jahre später Gerhard Zeiler und nicht er zum Nachfolger Thomas ernannt wurde, verließ er RTL, gründete mit Typhoon seine eigene Produktionsfirma und konzentrierte sich dort auf qualitativ hochstehende Produktionen, um sich definitiv von seiner Zeit in den allerseichtesten Gefilden der deutschen Fernsehwelt abzugrenzen. Zeiler holte ihn dann doch noch als RTL-Chef, feuerte ihn aber nach kurzen hundert Tagen wieder.

8 Days war vom ersten Entwurf an eine außergewöhnliche Serie, wie uns allen sofort bewusst war. Damit erfüllte sie genau die Kriterien, nach denen wir gesucht hatten. Geschrieben hatte sie Norbert Eberlein, der einige der bemerkenswertesten Drehbücher im deutschen Fernsehen verfasst hat.

Es ist die Geschichte von zwei Freunden, von zwei Polizisten. Der eine, Paul, verliert seine Frau durch einen Mordanschlag. Als er sie am Tatort schwer verletzt vorfindet und sie von dort ins Spital bringen will, rast er mit seinem Auto in ein Schaufenster. Sechs Monate später wird er mit einer schweren Amnesie aus dem Spital entlassen. Hier nun beginnt die eigentliche Handlung.

Trotz seiner lähmenden geistigen Behinderung versucht Paul seine Erinnerung Stück für Stück zurückzugewinnen und gleichzeitig den Mörder seiner Frau zu finden. Sein Freund Boris unterstützt ihn dabei nur halbherzig, denn da gibt es viele Geheimnisse, zu denen Paul nicht gelangen soll. Boris ist scheinbar grundlos aggressiv, schwer drogensüchtig und hat sich in verhängnisvoller Weise mit der türkischen Drogenmafia Berlins eingelassen. Erst nach und nach erfährt der Zuschauer den Grund für sein unkontrolliertes Verhalten: Vor Jahren ist seine kleine Tochter entführt worden und noch immer sucht seine Frau nach ihr, ohne auf eine Spur zu stoßen. Daran ist Boris psychisch zerbrochen.

Die Recherchen des schwer handicapierten Paul führen auf die Spur einer hochexplosiven Konspiration zwischen der türkischen Drogenmafia und der hohen Politik Berlins, in die der Mord seiner Frau hineinspielt. Gleichzeitig bringt ihn diese Reise aber auch zu seinem früheren Selbst. So erfährt er nach und nach, dass auch er in seinem Leben vor dem Unfall eine dunkle Seite hatte. Er hatte gekokst, war bei Huren gewesen und hatte sich von Drogenhändlern bezahlen lassen. Am Schluss seiner Recherchen stößt er auf die Tochter von Boris, die als Sexsklavin in einem Bordell arbeiten musste, und klärt den Mord an seiner Frau auf. Aber für Boris kommt dies zu spät. Er hat sich zu tief in kriminelle Aktivitäten verstrickt und sieht für sich keinen Ausweg mehr. Deshalb lässt er sich in der letzten Szene der Serie ohne Gegenwehr von seinen Drogenhändler-Kumpanen erschießen.

Der Cast war beeindruckend, auch wenn keiner der ganz großen Namen mitspielte, mit denen sich heute ein Film oder eine Serie im deutschen Fernsehen beinahe allein verkaufen lassen, und die damit per se eine Erfolgsgarantie mitliefern. Dabei waren so hervorragende und bekannte Schauspieler wie Richy Müller, Dominic Raacke, Ina Weisse und der attraktive Shootingstar Misel Maticevic in der Hauptrolle von Paul. Die Rolle von Boris vergab man an einen völlig Unbekannten.

»Ich hatte 28 Tapes für den Part, die ich mir ansehen sollte«, erzählte mir Peter Keglevic, der Regisseur der ersten vier Folgen. »Auf dem ersten war der Schweizer Roeland Wiesnekker im Film *Strähl*, in dem er einen korrupten Polizisten spielte. Ich fand das so großartig, dass ich die übrigen 27 Tapes gar nicht mehr screente und ihm die Rolle gab.«

Als wir den Rohschnitt der ersten Folgen sahen, waren wir verstört. Noch nie hatten wir etwas ähnlich Radikales, Eindringliches gesehen. Noch nie waren solche Abgründe in einer solchen Stringenz gezeigt worden. Es war großartig, ohne Zweifel, aber würde der Zuschauer der Komplexität der Handlung folgen können? Und wie würde er einen Stoff annehmen, dessen zwei Protagonisten zutiefst gebrochene Figuren waren, mit denen er sich nicht auf Anhieb identifizieren würde? Alicia Remirez, als Chefin Fiction von Sat.1 direkt zuständig für das Programm, verlangte einige Änderungen. »Es geht nicht, dass Paul seinem kleinen Sohn in der ersten Szene zwischen den beiden so gefühlskalt begegnet«, warf sie ein. »Das akzeptieren unsere Frauen nicht.«

»Aber er hat zu Beginn gar keine Gefühle«, antwortete Regisseur Peter Keglevic. »Genau darum geht es. Das ist die Geschichte. Er erinnert sich nicht. Erst nach und nach findet er zu sich zurück.«

»Nein, du hast Paul zu wenig weich geführt. Das müssen wir nachdrehen«, insistierte Alicia.

Die Diskussion wurde immer heftiger und drohte zu eskalieren. Keglevic strahlte mit jeder Faser aus, dass er sein Meisterwerk nicht von Menschen eines kommerziellen Senders mit ihren quotenmäßig begründeten Argumenten entweihen lassen wollte. Doch schließlich, nach langen und zum Teil lautstark geführten Diskussionen, setzten wir uns durch. Die Szene zwischen Vater und Sohn wurde nachgedreht. Und die Anfangszene, in der man

Paul kurz vor dem Unfall koksen sah, wurde herausgeschnitten, um ihm nicht von Beginn weg ein Negativimage zu geben. Zudem wurde eine der vielen Szenen entschärft, in der Boris ohne jegliche Provokation einen unbeteiligten Dritten brutal zusammenschlägt.

Am Ende der Abnahme der letzten der acht Folgen saßen wir für einen Moment alle stumm in unserem Vorführraum, etwas, das noch nie vorgekommen war. Schließlich sagte ich zu Hans-Günther Bücking, der bei den zweiten vier Folgen Regie geführt hatte, und zum Produzenten Fritz Wildfeuer: »Das ist ein Meisterwerk. Ich bin sehr stolz darauf, dass wir so etwas auf unserem Sender zeigen können.«

Wir hatten ein außergewöhnliches Stück Fernsehen vor uns, daran war nicht zu zweifeln. Wie aber würden die Zuschauer von Sat.1 reagieren? Und wie sollten wir diesen Rohdiamanten in den nun folgenden weiteren wichtigen Entstehungsschritten auf Hochglanz polieren? So taten wir zuerst das, was Fernsehleute bei solch diffizilen Fragen immer tun: Wir gaben eine Marktforschung in Auftrag.

Das renommierte Monheimer Institut befragte 40 Sat.1-affine Personen in mehreren längeren Gruppendiskussionen, je zur Hälfte Frauen und Männer im Alter zwischen 20 und 49 Jahren. Die Testpersonen diskutierten, nachdem ihnen die ersten beiden Folgen à je 45 Minuten vorgeführt worden waren.

Die Resultate waren für uns ernüchternd. Das liest sich in der schriftlichen Zusammenfassung so: »Folge 1 ist zu kompliziert, zu verworren, teilweise langatmig und kognitiv beanspruchend … Das Charaktergefüge insgesamt wird zwar als schlüssig und gut besetzt erlebt, aber es gibt nach zwei Folgen – vor allem für die Frauen – zu wenige Figuren, die sich als eindeutig ›Gute‹ einordnen lassen. Frauen können ihre Harmoniebedürfnisse bisher nur wenig befriedigen, ihnen werden zu wenige positive und emotional ›wärmere‹ Momente geboten.«

Und dann folgten einige Empfehlungen: »Lieber zwei Folgen hintereinander als 90-Minüter … Der Arbeitstitel *Eight Days* ist eher unverständlich und irritierend. In der Formatpromotion sollen die Hauptakteure und die komplexe und spannende Krimihandlung im Mittelpunkt stehen« – alles Dinge, die wir in der Folge umsetzten.

Es gab zusätzlich ein weiteres Problem, das die Marktforschung aufgezeigt hatte: Die Serie war sehr realistisch in vielen dunklen Farbtönen gedreht worden, so wie es bei hochklassigen deutschen Fernsehfilmen seit Jahren üblich ist. Schon bei den Dreharbeiten wird ein Licht gewählt, bei dem weder satte Farben noch starke Kontraste dominieren. Bei der anschließenden Endfertigung im Kopierwerk wird das Bild oft weiter »farbentsättigt«, um auf diese Weise den künstlerischen Charakter zu verstärken. Unsere beiden Regisseure stammen aus derselben alten Schule, in der dieser Ansatz sakrosankt ist.

In einer Konsole an der Wand meines Büros standen sieben Fernsehgeräte, die immer angeschaltet sind. Der größte Bildschirm in der Mitte zeigte das Programm von Sat.1 und diente zudem dazu, DVDs oder Kassetten abzuspielen. Als ich mir Folgen unserer neuen Serie in diesem Umfeld ansehen wollte, war ich geschockt. Was im abgedunkelten Visionierungsraum nicht auf Anhieb ersichtlich gewesen war, wurde hier augenfällig: Im Vergleich zu allen anderen Fernsehprogrammen fiel unsere Serie durch katastrophal schlechte Kontraste ab. Vor allem gegenüber amerikanischen Serien war das optische Angebot unseres neuen Produktes ungenügend.

Sofort schlug ich Alarm. Zuerst kamen die üblichen Beschwichtigungen. Ich solle mich nicht aufregen. Natürlich sei das Bild noch nicht farbkorrigiert. Das würde alles noch viel, viel besser. Damit gab ich mich nicht zufrieden, denn das klang mir alles zu sehr so, als ob der Chef ruhiggestellt werden sollte. Und wirklich: Einige Wochen später teilte man mir etwas kleinlaut mit, dass im Kopierwerk ein unverzeihlicher Fehler beim Abtasten des Bildes entstanden sei, und man sei froh darüber, dass dieser nun aufgrund meiner Initiative entdeckt worden sei. Im Übrigen werde man nun das Kopierwerk wechseln. Und natürlich sei ich herzlich eingeladen, bei der definitiven Farbbestimmung dabei zu sein.

So fuhr ich ins Kopierwerk der Firma Schwarz-Film, das in einem monumentalen ehemaligen Nazi-Gebäudekomplex in Berlin-Wilmersdorf untergebracht ist. Es war sehr ungewöhnlich, dass ein Geschäftsführer beim *color matching* persönlich dabei war, aber ich hatte diesen Aspekt bei diesem für uns so wichtigen Projekt zur Chefsache erklärt. Alle waren gekommen: der Regisseur, der Produzent und unsere Redakteure. Am Mischpult saß Regisseur Hans-Günther Bücking, direkt neben dem Techniker, die anderen waren im Hintergrund des abgedunkelten Raums mit seiner großen Projektionsfläche und harrten angespannt der Dinge, die da kommen würden.

Nach einigen etwas steifen Präliminarien begannen äußerst seltsame Verhandlungen zwischen dem Regisseur und mir. Ich wollte möglichst viele kräftige Farben, der Regisseur hielt dagegen. Nur zögerlich wies er den Techniker an, die Farben zu verstärken. Und irgendwann kam bei aller oberflächlichen Freundlichkeit seine von mir bereits erwartete gemurmelte Drohung: wenn ich darauf bestehen würde, eine gewisse Grenze zu überschreiten, dann würde er als Regisseur seinen Namen vom Projekt zurückziehen, was einem Eclat gleichgekommen wäre. Dies war kein industriell gefertigtes Produkt aus den USA nach genau genormten Standards, sondern ein Werk, geschaffen von Filmkünstlern, über das allein sie und nicht ein herbeigeeilter Geschäftsführer mit irgendwelchen Quotenzielen im Kopf entscheiden würde, das war die implizite Botschaft! Schon bei Drehbeginn hatten die beiden Regisseure Keglevic und Bücking haargenau gewusst, wie das Endprodukt auszusehen hatte, und daran ließ sich nun nur noch Minimales ändern – und auch gegen kleinste Eingriffe würden sie sich so gut und so lange als möglich zur Wehr setzen. Nach längerem Hin und Her einigten wir uns schließlich auf eine Farbgebung, die das Produkt gegenüber der bisherigen Version zwar etwas weniger düster erscheinen lassen würde, die aber meilenweit von der opulenten Farbwelt der do-

minierenden amerikanischen Konkurrenz entfernt lag, die jederzeit mit einem kleinen Druck auf die Fernbedienung aufgerufen
werden kann.

Die nächste, besonders große Hürde war der Jugendschutz.
Für die deutschen Privatsender ist dafür die »Freiwillige Selbst-
kontrolle Fernsehen« zuständig, die zu entscheiden hat, ob ein
Programm unter dem Aspekt des Jugendschutzes vor 22 Uhr ge-

Roeland Wiesnekker, der Star in *Blackout*: Wohl noch nie gab es für eine Serie im deutschen Fernsehen solche Elogen im Vorfeld der Ausstrahlung.

sendet werden darf. Dabei wird einerseits auf die Härte der Gewaltszenen geachtet, anderseits aber auch auf die Gesinnung der handelnden Personen. So sanktionieren Jugendschützer etwa auch Szenen, in denen sich Polizisten klar außerhalb der Rechtsordnung stellen, weil sie damit für ein jugendliches Publikum ihre Vorbildfunktion verlieren.

Blackout verletzte diese Grundsätze selbst bei einer sehr wohlwollenden Beurteilung, und zwar nicht ein- oder zweimal, sondern laufend. Mit einigen wenigen Schnitten wie bei amerikanischen Serien war das Problem nicht zu beheben. Allerdings hatten wir das Projekt für 20.15 Uhr produzieren lassen, da sich die Produktionskosten bei einer Ausstrahlung nach 22 Uhr niemals gerechtfertigt hätten. Es war schon auf Drehbuchebene zu erkennen gewesen, dass wir uns mit der Jugendschutzproblematik auseinanderzusetzen haben würden, aber die Radikalität der Umsetzung durch unsere Regisseure hatte das Problem noch massiv verschärft.

Nervös erwarteten wir das Verdikt der Jugendschützer, das für uns eigentlich nur ungünstig ausfallen konnte. Doch unser hausinterner Jugendschützer verkündete an einer unserer Wochensitzungen: »Alle Folgen sind ohne Auflagen für 20.15 Uhr freigegeben worden.«

Was war geschehen? Wie konnte es sein, dass diese Jugendschützer, die uns oft mit Kleinigkeiten behelligten, in diesem Fall plötzlich so großzügig waren? Uns fiel nur eine Antwort ein: Man wird nur Jugendschützer, wenn man gleichzeitig Filmliebhaber und Intellektueller ist. Für solche Menschen war es evident, dass sie ein qualitativ besonders hochstehendes Stück Fernsehen vor sich hatten, das sie nicht einem breiten Publikum vorenthalten wollten – vor allem weil sie Tag für Tag von Brutalitäten überquellende Machwerke zu visionieren haben. *Blackout* war ganz, ganz anders. Ein Meisterwerk, etwas Einmaliges! Und deshalb wohl wurden gewisse rein objektivierbare Kriterien, nach denen die staatlichen Jugendschützer zu richten haben, für einmal beiseite geschoben – und so erhielt *Blackout* den erhofften Persilschein.

Dann kam die erste Konfrontation mit einer größeren Öffentlichkeit. Wir zeigten *Blackout* im Rahmen der Münchner Filmtage, und zwar in voller Länge, die ganzen sechs Stunden Film am Stück. Als kurz vor zwei Uhr morgens die Schlussszene vorbei war und das Licht anging, war noch mehr als die Hälfte der Zuschauer im Saal. Die meisten von ihnen meinten, es sei ihnen einfach nicht gelungen, wie geplant zur Party zu wechseln oder schlafen zu gehen. *Blackout* habe sie so gefesselt, dass sie sich nicht hätten losreißen können.

Die gleiche Reaktion löste unsere Pressevorführung in Hamburg aus. »Noch nie habe ich etwas Ähnliches erlebt«, sagte mir unsere Pressesprecherin Kristina Fassler mit leuchtenden Augen. »Es gibt keinen einzigen Journalisten, der nicht begeistert ist. Keinen einzigen. Sonst hat es immer welche, die herummäkeln. Nicht bei *Blackout*.«

»Und, werden sie das auch schreiben?«, fragte ich sie, denn wer Journalisten kennt, weiß, dass es das eine ist, was Journalisten einem ins Gesicht sagen, und das andere, was sie anschließend ins Blatt bringen.

»Wart's ab«, meinte Kristina. »Die werden es schreiben.«

Und sie hatte recht. Wohl nie zuvor gab es für eine Serie im deutschen Fernsehen solche Elogen, wie wir sie im Vorfeld der Ausstrahlung lesen konnten. Die besonders wichtigen, auflagestarken Programmzeitschriften räumten *Blackout* viel Platz ein, publizierten Besprechungen, lieferten Interviews mit den Hauptdarstellern und großflächige Bilder. Mit einem Wort: Es war vielen Journalisten ein persönliches Anliegen, ihren Lesern *Blackout* nahezubringen. Beinahe in allen Blättern wurde *Blackout* zum Tagestipp gewählt und damit zum spannendsten, erfolgversprechendsten Programm des Fernsehabends erklärt. *TV Digital* mit seiner Zweimillionenauflage berichtete über volle drei Seiten und verlieh dem Programm die höchste und sehr seltene Beurteilung »genial«. Ähnlich euphorisch war der *Stern*. In den wichtigsten Tageszeitungen las es sich so: »Sat.1 legt die aufregendste Dramaserie der Saison vor und deutet damit an, was fiktionales Erzählen alles könnte«, schrieb Christopher Keil in der *Süddeutschen Zeitung*. Die *Frankfurter Allgemeine Zeitung* beschrieb *Blackout* als »eine fürs deutsche Fernsehen außergewöhnliche Produktion mit Charakteren, die man selten sieht«. Und die *tageszeitung* schloss ihren Artikel so: »Wirklich bemerkenswert, welch düsteren Sog diese auch visuell imposante Genresaga bis zum Schluss entfaltet. Hier ist mal wieder eine Eigenproduktion, mit der sich Sat.1 zu Recht schmücken darf.«

Dies erfreute und beunruhigte uns gleichermaßen. Sat.1-Fiction-Chefin Alicia Remirez liest aus Prinzip keine Kritiken im Vorfeld, aber vielleicht verdeckt diese Haltung auch eine klitzekleine Spur von Aberglauben.

Wir hatten es alle immer wieder erfahren: Im Feuilleton verbreiten vor allem Intellektuelle ihre private Meinung. Sie freuen sich, wenn sie ein Programm zu beurteilen haben, das ihren eigenen Ansprüchen entspricht, weil sie nur allzu oft TV-Schrott zu beurteilen haben. Anders als die Fernsehmacher sehen sie sich auch weniger bemüßigt, sich von ihrem eigenen Geschmack weg in die Bedürfnisse des breiten Publikums einzufühlen. Viele von ihnen interpretieren ihre Arbeit teilweise auch als edukative Mission, mit der sie die Qualität des Fernsehens positiv beeinflussen wollen, indem sie die TV-Leute mit dem entsprechenden Lob und Tadel in die einzig sinnvolle Richtung zu lenken gedenken.

Und ich erinnerte mich plötzlich wieder an eine Bemerkung unseres Darstellers Dominic Raacke, den ich auf einem meiner vielen Flüge zufällig getroffen hatte. »Ich bewundere euch für euren Mut«, hatte er mir zugeraunt. Regisseur Hans-Günther Bücking sagte in *Blickpunkt:Film*, »dass Alicia Remirez und Roger Schawinski von Sat.1 wirklich Mut bewiesen haben, so ein Stück fernab der üblichen Fun-TV-Landschaft zu produzieren.« Diese Lobeshymnen hatten auch mich zutiefst verunsichert. Waren wir etwa ein größeres Risiko eingegangen, als uns selbst bewusst gewesen war, und hatten es viele der Beteiligten erkannt, nur wir nicht?

Das Schwergewicht der Kommunikation lag bei unseren eigenen Promotionsanstrengungen. Mit einer großen Zahl von teuren ganzseitigen Inseraten in Magazinen und Tageszeitungen und einem intensiven Einsatz von Trailern auf allen Sendern unseres Konzerns warben wir für *Blackout*. Auch kurbelten wir unsere eigene Cross-Promotions-Maschinerie mit informierenden Beiträgen in den verschiedensten Sendungen an. Wir wollten wirklich nichts unversucht lassen, um für dieses spezielle Programm bei einem großen Publikum das Interesse zu wecken. Wir wollten nicht nur einen Prestige-, sondern unbedingt auch einen Quotenerfolg, um dann den gewählten Weg weiter gehen zu können.

Als Sendeplatz für die erste Doppelfolge wählten wir mit Bedacht den Sonntag. Schon seit Monaten sendeten wir hier zwei amerikanische Crime-Serien, nämlich *Navy CSI* und *Criminal Minds*, und zwar mit erstaunlich hohen Quoten von 15 % und mehr in der Zielgruppe zwischen 14 und 49 Jahren. Damit hatten wir, wie es im Branchenjargon heißt, den Sendeplatz für das

Alicia Remirez, langjährige Fiction-Chefin bei Sat.1: »Wir haben nur einen Fehler gemacht: Wir hätten diesen Stoff nie nehmen sollen.«

Genre Crime »aufgewärmt«, der somit ein ideales Umfeld für *Blackout* sein würde.

Ein besonders heikler Entscheid im Vorfeld der Ausstrahlung jeder neuen Sendung im Privatfernsehen ist das Pricing. Beim Pricing muss der Sender die zu erwartende Einschaltquote schätzen, um so den Preis des einzelnen Werbespots zu bestimmen. Das Ziel ist dabei immer, möglichst nahe an die effektiv erreichte Einschaltquote zu gelangen. Wenn man zu hoch pricet, steigt der Tausenderpreis (der Preis für Tausend Zuschauer) über denjenigen der Konkurrenz, wofür man bei künftigen Buchungen abgestraft wird. Wenn man zu tief pricet, erzielt man zwar einen tiefen Tausenderpreis, hat aber effektiv Geld verschenkt.

In der Praxis wird dieser Akt von vielen zusätzlichen Faktoren bestimmt, vor allem von der Sympathie und der Einschätzung der entscheidenden Menschen in den Medienagenturen für ein bestimmtes Programm. Wenn diese an eine neue Sendung glauben, sind sie eher bereit, das Risiko einer Buchung zu nehmen, selbst wenn das Pricing ambitiös erscheint. Wenn sie jedoch selbst keine Affinität zu einer Sendung haben, werden sie sich eher scheuen, ins Risiko zu gehen, um vor ihren Kunden nach erfolgter Ausstrahlung nicht in Erklärungsnotstand zu geraten.

Ein weiterer Faktor für die Einschaltquote und damit auch das Pricing ist das Programm der Konkurrenz. Am 28. Oktober 2006 sah es aus wie an vielen anderen Sonntagen im Herbst: Alle wichtigen Sender brachten Top-Programme an den Start. Die ARD sendete einen *Tatort*, Pro7 *Die Geistervilla* mit Eddie Murphy, und RTL ging mit dem U-Boot-Drama *K19: Showdown in der Tiefe* ins Rennen. Und wir hatten den ersten Teil unseres Event-Vierteilers *Blackout*.

Das Pricing für *Blackout* erwies sich als besonders delikat. Einerseits war es ein stark beworbenes Prestigeprodukt auf einem »gelernten« Crime-Sendeplatz. Anderseits hatte uns die Marktforschung die Hürden aufgezeigt, die wir zu nehmen hatten.

Schließlich einigten wir uns auf ein Pricing von 13%, und zwar in der Meinung, dass wir betont defensiv gepricet hatten, denn senderintern rechneten wir eher mit 15% und mehr.

Die Nacht und der Morgen nach der Ausstrahlung einer wichtigen Sendung sind für alle direkt Beteiligten jeweils Stunden höchster Anspannung und Nervosität. Wie würde das alles entscheidende Verdikt der Zuschauer ausfallen? Hatten sich die vielen Anstrengungen gelohnt? War es ein Hit oder ein Flop, oder irgendetwas dazwischen, mit dem es sich gerade noch leben lässt? Ob es sich um einen 150 Millionen teuren Hollywood-Film oder eine kleine TV-Sendung handelt, immer gilt der vom großen Drehbuchautor William Goldman formulierte Lehrsatz: »Nobody knows anything.«

Dann, so gegen halb neun am nächsten Morgen, hatte ich die Quote auf meinem Blackberry. Aufgeregt spulte ich die einzelnen Sendungen herunter, bis ich es vor mir sah: *Blackout* 7,0%. Ich erstarrte augenblicklich. 7%! Das war eine Katastrophe! Ein Desaster! 7%. Wie war das möglich? Was war passiert?

Nur Minuten später war ich am Telefon. Alicias Stimme war so tonlos, wie ich sie noch nie erlebt hatte. Auch unser Programmplaner Volker Szezinski, der sich nach den vielen Senderjahren seine Laune selbst durch enttäuschende Ratings nicht so leicht verderben lässt, war sichtlich erschüttert. Als ich im Sender ankam, erlebte ich auf den Gängen eine Trauer, die alles und jeden erfasst hatte, wie mir schien. Meine Sekretärin empfing mich, als sei ein Todesfall eines nahen Bekannten zu beklagen. An unserer Wochensitzung bemühte ich mich um Contenance, aber das blanke Entsetzen über das Vorgefallene schlug mir ungebremst entgegen.

Detailinformationen wurden nachgeliefert. Das Vorprogramm *Nur die Liebe zählt* hatte mit einer Superquote von 22% an *Blackout* übergeben. Doch sobald die Signation für *Blackout* anlief, raste die Quote in die Tiefe. Bereits nach zwei Minuten war sie bei 7% angelangt, wo sie dann weitgehend verharrte. Das heißt, die allermeisten unserer Zuschauer hatten sich schon im

Vorfeld entschieden, dieses Programm nicht sehen zu wollen! Sie hatten ihm nicht den Hauch einer Chance gegeben![4] All unsere teuren Promotionsanstrengungen, all die fantastischen Kritiken, Storys, Vorschauen und Tagestipps waren wirkungslos verpufft oder schienen im Gegenteil die Zuschauer darin bestärkt zu haben, diese Sendung auf der Fernbedienung reflexartig wegzudrücken!

Und dann geschah an diesem schwarzen Montagmorgen etwas Erstaunliches: Aus der gesamten Welt des deutschen Fernsehens erlebten wir Sympathiebekundungen. Selbst bei der Konkurrenz war nicht der geringste Hauch von Häme zu verspüren. Die Fiction-Community, und alle die sich irgendwie dazu zählten, schienen begriffen zu haben, dass etwas Bedeutendes passiert war. Der Zuschauerboykott bei *Blackout* würde es den Kreativen künftig noch schwerer machen, ähnlich ambitionierte Projekte durchzubringen. Dies hätte Auswirkungen auf das gesamte Fernsehangebot, und zwar weit über das Privatfernsehen hinaus. Gleichzeitig versicherte man uns immer wieder, wie großartig, ja wie einzigartig dieses Programm sei, und wie sehr man es selbst lieben und bewundern würde.

Die wichtigsten Zeitungen veröffentlichten umfangreiche Beileidsartikel, wie es sie zuvor selten gegeben hat. In der *Süddeutschen Zeitung* titelte Christopher Keil »Tyrann Quote« und schloss mit der bedauernden Feststellung, dass »Quote und Qualität immer seltener zueinander« finden. Michael Hanfeld analysierte unter der apokalyptischen Überschrift »Der Untergang« in der *Frankfurter Allgemeinen Zeitung*: »Wenn eine Geschichte im Fernsehen nicht nach fünfundvierzig oder maximal neunzig Minuten abgeschlossen und also nicht einigermaßen leicht zu bewältigen ist, scheint sie nicht mehr zu verfangen«. Im Online-Branchendienst *DWDL*, der die Ratings aller Sender täglich

---

4 Entgegen der Marktforschung waren es vor allem die 30- bis 49-jährigen Frauen, die mit 8,7% den höchsten Marktanteil erzielten, während die Männer klar unterproportional vertreten waren. Bei der Kategorie »Bildung« erzielten die Zuschauer mit Studium erstaunlicherweise den tiefsten Wert, weit weniger als die Gruppe mit Volks- oder Hauptschule.

minutiös verfolgt und beinahe ausschließlich die quantitative Leistung benotet, kommentierte ein aufgebrachter Uwe Mantel: »Was ist eigentlich mit dem deutschen Publikum los? Da zeigt Sat. 1 einen aufwendig produzierten und dazu noch wirklich spannenden Mehrteiler – und keiner schaut zu. Darf man das? Eigentlich schade, wenn wirklich gute Quoten nur noch mit *CSI* und der 20. US-Serie nach diesem Muster sicher sind.« In der *Frankfurter Allgemeinen Sonntagszeitung* erhielt der Drehbuchautor Jürgen Egger viel Platz, um unter dem Titel »Der Letzte macht das Licht aus« eine ätzende Beschimpfung des deutschen Fernsehzuschauers loszutreten. »*Blackout* bedeutete das Ende einer ganzen Generation anspruchsvoller, moderner Fernsehstoffe … *Blackout* war ein präzedenzhafter Quotenunfall für Fernsehdeutschland. Ein Land, in dem für innovative Stoffe allmählich alle Lichter ausgehen … Der deutsche Fernsehzuschauer will also, wie es scheint, nur die altbackensten, konservativsten und voraussehbarsten Storys sehen, die überhaupt denkbar sind … Er will voraussehbare Nullachtfünfzehn-Plots mit farblosen Ermittlern.« Und das *Rolling Stone* hieb mit einem Artikel unter der Überschrift »Bloß nicht zu viel Niveau« in dieselbe Kerbe.

Am verblüffendsten jedoch war die Reaktion von *Bild*, einer Zeitung, die sich auf TV-Sendungen mit den größten Zuschauerzahlen stürzt und dort vor allem um die Sexgeschichten von TV-Gesichtern kümmert. Am übernächsten Tag fand sich auf Seite 1 in der Rubrik »Gewinner« folgender Text: »Bärenstark, total verkokst, extrem brutal. Roeland Wiesnekker (39) als korrupter Kommissar Boris im Sat. 1-Vierteiler ›Blackout‹. Er ist Schweizer, gelernter Koch, dann Schauspielschule, hat viel Theater gespielt, wurde vom TV entdeckt. Sehr hart, sehr gut, sehr männlich und wunderbar kaputt. *Bild* meint: Der neue Schimanski?« Das war wie ein posthumer Ritterschlag am Grab eines gefallenen Helden, und dies zumal aus der überraschendsten Ecke.

Am zweiten Tag war die Quote noch tiefer. Nur noch 6% der Zuschauer wollten Blackout sehen. Es blieb mir keine Wahl, als die letzten beiden Folgen am folgenden Sonntag und Montag auf den späten Abend zu verlegen, um den Schaden in Grenzen halten zu können. Das trug uns über zweitausend wütende und zum Teil ausführliche Mails von enttäuschten Zuschauern ein, etwas, dass das übliche Maß an Reaktion bei weitem überstieg. Diejenigen, die wir erreicht hatten, waren mit der Serie voll mitgegangen und hatten sich in diese spannende, unheimliche Welt hineinbegeben – doch davon gab es eben viel zu wenige.

Erst Tage später lösten wir uns aus unserer Schockstarre und begannen, das Erlebte Schritt für Schritt zu analysieren. Dabei kamen wir zu den folgenden, für uns sehr schmerzlichen Schlüssen:

1. Es wird immer schwieriger, die Zuschauer dazu zu bringen, sich für ein großflächiges Programm zu verpflichten, und ein Vierteiler verlangt vom Publikum bereits im Vorfeld ein solch großes Commitment. Dieses wird aber nur dann erbracht, wenn der Zuschauer glaubt, etwas ganz Außergewöhnliches zu verpassen. Entweder fasziniert der Stoff, oder es sind die Namen der Stars – und am besten beides zugleich. Von denen gibt es im deutschen Fernsehen nur ganz wenige, die Millionen von Zuschauer zu jeder Produktion mitbringen, in der sie mitspielen, wie es heute etwa Veronica Ferres, Maria Furtwängler und Iris Berben tun können. Zusätzlich wird von diesen Mehrteilern eine bildliche Opulenz eingefordert, wie man sie von aufwendigen amerikanischen Spielfilmen kennt, und die nur durch ungewöhnlich hohe TV-Produktionsbudgets erbracht werden können. Da es nur in absoluten Ausnahmefällen möglich ist, all diese Voraussetzungen gleichzeitig zu erfüllen, gibt es die früher so beliebten Vierteiler kaum mehr im deutschen Fernsehangebot.

2. Fernsehproduktionen funktionieren bei einem breiten Publikum heutzutage nur dann, wenn die Helden moralisch klar zugeordnet werden können. Die Zuschauer wollen gleich von

Beginn weg erkennen, wer die Guten und wer die Bösen sind, wer Protagonist und wer Antagonist ist. Diese beiden Eigenschaften dürfen keinesfalls in einzelnen Figuren des zentralen Casts zusammengefasst werden. Nur bei einfachen Charaktermustern fühlen sich die heutigen Zuschauer beim flüchtigen Fernsehkonsum geborgen, vor allem, weil es bei ARD und ZDF seit einigen Jahren kaum mehr eigenproduzierte Filme oder Serien mit vielschichtigen Erzählformen gibt. Nach diesem simplen Muster funktionieren denn auch Filme zu ernsthaften Themen, wie etwa Stoffe über die Nazizeit, etwa *Nicht alle waren Mörder*, *Neger, Neger Schornsteinfeger* oder *Die Flucht*, die in letzter Zeit ein großes Publikum fanden.

Bei *Blackout* hingegen findet der Zuschauer keine dieser eindeutig positiv positionierten Identifikationsfiguren. Die beiden Hauptdarsteller Boris und Paul sind extrem differenziert dargestellt und damit moralisch lange nicht fassbar. Boris wandelt sich vom Negativen zum Positiven, bei Paul ist es umgekehrt. Das ist das Besondere dieses Drehbuchs. Die Komplexität der Protagonisten, die mit ihren Abgründen der menschlichen Realität viel näher kommen als die sonst gewählten Auseinandersetzungen zwischen Heiligen und Schurken, ist für die breite Masse der Fernsehzuschauer in der aktuellen Fernsehlandschaft ein Fremdkörper, mit dem sie sich nicht befassen mögen. Zwar darf der Held in ambitionierten Programmen auch Ecken und Kanten haben. Dr. House ist in der gleichnamigen Serie ein Zyniker, doch in seinem Fach ein Genie. Deshalb akzeptiert man seine dunkle Seite als Preis, den er für seine berufliche Brillanz zu zahlen hat. Dies macht ihn unfassbarer, gleichzeitig aber auch faszinierender. Bei *Blackout* jedoch sind Boris und Paul korrupt, widersprüchlich, verletzt und verletzlich. Solche Figuren schaffen Distanz statt Nähe.

3. Serien mit komplexen, verschachtelten Erzählstrukturen schrecken ab. Die Zuschauer lieben es, wenn sie sich schnell in der Handlung zurechtfinden. Redundante Erzählstränge, die das simple Grundmuster immer wieder aufnehmen, erleichtern deshalb die Rezeption. Geschichten jedoch, die sich rasant weiter entwickeln, und Charaktere, die sich wandeln, sind nur dann begreifbar und werden als interessant empfunden, wenn man von der ersten Minute an konzentriert vor dem Fernseher sitzt. Doch Fernsehen ist in seiner Grundstruktur ein Flüchtigkeitsmedium, das von den meisten Zuschauern als solches genutzt wird.

4. Auch ein dramatischer Inhalt darf nicht allein als düster erlebt werden. Bereits in den Trailern muss gezeigt werden, dass es ebenfalls eine helle, positive und emotional beglückende Seite gibt. Dazu gehören einmal die Ansprüche an die Farbgebung, die in den letzten Jahren wegen der erfolgreichen amerikanischen Serien nochmals massiv angehoben wurden. Anderseits verlangt der Zuschauer jedes Mal eine spannende Liebesgeschichte, und dabei vorzugsweise den ewig gleichen Klassiker: die Dreiecksbeziehung. Die meisten großen Event-Zweiteiler der letzten Jahre wurden über solche Love Stories erzählt. Bei *Blackout* hingegen gibt es keine einzige romantische Szene zweier Liebender.

5. Bei Mehrteilern sollen vorzugsweise existenzielle Konfliktsituationen von epochaler Bedeutung wie Kriege oder Katastrophen gezeigt werden, in denen die Kraft der Liebe der Protagonisten alle Hindernisse überwinden hilft. Auf solchen simplen Folien funktionierten fast alle großen Event-Zweiteiler der letzten Jahre: *Die Luftbrücke* bei Sat.1, *Dresden* beim ZDF und *Die Sturmflut* bei RTL. Innere Konflikte, so spannend oder ungewöhnlich erzählt sie auch sein mögen, können diese äußeren und optisch hervorragend inszenierbaren Bedrohungen nicht ersetzen.

6. Intellektuelle und Menschen mit höherer Bildung haben dramaturgisch höhere Ansprüche und lechzen deshalb nach sperrigen Programmen, die sie nur selten im Fernsehangebot vorfinden. Doch da sie einen quantitativ unbedeutenden Teil des Gesamtpublikums darstellen, sind Sendungen in großen Sendern, die vorwiegend dieses Publikumssegment ansteuern, zum Scheitern verurteilt. Und da die Bildungsbürger in ihren Verhaltensmustern besonders konservativ sind – am Sonntag schaut man immer den *Tatort*, und das seit Jahrzehnten! – sind sie für neue Angebote nur sehr schwer zu gewinnen, wie die verheerende Quote der Abiturienten und Hochschulabsolventen bei *Blackout* aufzeigt. »Wir haben nur einen einzigen Fehler gemacht«, meinte Alicia Remirez schließlich, die von Beginn weg dieses Projekt befürwortet und mit viel Engagement betreut hatte. »Wir hätten diesen Stoff nie machen sollen.«

Weshalb aber nur war uns dieser im Nachhinein so klar erkennbare Grundlagenirrtum unterlaufen?

Prinzipiell gibt es immer zwei diametral entgegengesetzte Ansätze, wie man einen Sender programmieren kann: Entweder man hechelt dem gerade erfolgreichen Trend nach. Oder man versucht umgekehrt, neue Trends zu setzen, indem man sich in eine ganz andere Richtung bewegt. Beide Methoden haben ihre Fallstricke. Als Kopist kommt man oftmals mit einem suboptimalen Produkt verspätet auf den Markt. Außerdem bekleckert man sich nicht mit kreativem Ruhm. Sat.1 hatte in der Vergangenheit den Ruf, diesen Weg zu beschreiten, so dass RTL über »unser Kopierwerk in Berlin« lästern konnte. RTL machte *Deutschland sucht den Superstar*, Sat.1 hoppelte mit *Star Search* hinterher. RTL hatte *Wer wird Millionär?*, Sat.1 konterte mit der *Quiz Show*. Entsprechend war das Image von Sat.1 diffus und wenig attraktiv.

Als ich mein Amt antrat, verkündete ich lautstark, dass wir den umgekehrten Ansatz vertreten wollten. Sat.1 würde

Trends im Bereich der Qualität setzen, um auf diese Weise zu Quoten und Image zu gelangen. Diese Methode sei die riskantere, die schwierigere, aber auch die prestigeträchtigere. Was ich jedoch massiv unterschätzte, war die Gefahr, dass man sich auf diese Weise schnell zu weit vom bestehenden Markenkern, zu weit von seinem Stammpublikum entfernen kann.

Diese Haltung kann auch zu Hochmut bei den Verantwortlichen führen, wenn diese beginnen, gleichermaßen nach Fernsehpreisen wie nach Quotenerfolgen zu streben, auch wenn dies natürlich niemand so formulieren würde. Falls sich in den langwierigen Entstehungsprozessen deutscher Fiction-Produktionen – zwei Jahre sind eher die Regel als die Ausnahme – der Publikumsgeschmack so dramatisch verändert wie in den Jahren 2004 bis 2006, kann sich der Entscheid für ein solches Projekt im Nachhinein als katastrophaler Irrtum erweisen.

Mein Kampfruf war »Qualität« gewesen, als wir dieses Projekt angegangen waren, und dieser Ansatz hatte unser Urteilsvermögen getrübt. Ja, wir hatten Qualität geliefert, und das war uns von allen Fachleuten bestätigt worden. Wir waren dabei viel konsequenter vorgegangen als die Öffentlich-Rechtlichen, die in diesem Bereich seit Jahren immer mehr eingeknickt sind. Doch wir hatten zu wenig genau analysiert, ob wir mit einer Serie wie *Blackout* die richtige Ansprache für das Publikum von Sat.1 gewählt hatten. Wir waren auch deshalb so radikal vorgegangen, weil uns dieses Programm persönlich weit mehr ansprach als viele andere Sendungen, die ein privater Sender wie der unsrige im Laufe der täglichen 24 Stunden abspult, und mit denen wir unsere Quote und unsere Einnahmen erzielen.

Trotzig hatte ich in Interviews nach ersten Misserfolgen mit dieser Strategie verkündet: »Wenn ich mich irre, dann tue ich dies lieber auf der Seite der Qualität als beim Trash.« Es war ein eher hilfloser Versuch, tiefe Quoten mit einem Mäntelchen von Größe zu schmücken, wohl wissend, vom Feuilleton und von den Juroren der Fernsehpreise dafür Zustimmung zu erhalten. Wir waren mit wehenden Fahnen untergegangen, weil wir unser allerwichtigstes Ziel – Fernsehen für ein großes Publikum herzustellen – nicht zum alleinigen Fokus unserer Bemühungen gemacht hatten. Wir hatten gehofft, dass der Köder diesmal dem Fisch und dem Angler zugleich schmecken würde, aber wir Macher hatten den Schmaus vorwiegend mit unserem eigenen Gaumen abgeschmeckt. Das war eine Falle. Die nachträglichen Nominierungen sowohl für die Goldene Kamera wie auch für den Grimme-Preis bestätigten diesen Befund zusätzlich.

So wurde zu allem Übel unser Sendetitel noch zu unserem Omen. Sat.1 erlebte den totalen Blackout.

6. LIZENZ ZUM GELDDRUCKEN

Kommerzielles Fernsehen ist ein Geschäft, das mit allen Risiken der freien Marktwirtschaft behaftet ist. Dagegen ist im Prinzip nichts einzuwenden. Doch wer ein bisschen genauer hinschaut, stößt auf eine Gruppe von Fernseh-Unternehmern, die ihr Gewerbe ohne jegliche ökonomische Unsicherheiten betreiben und dabei gewaltige Gewinne einfahren. Verantwortlich für diese Anomalie ist der Staat, der damit hehre gesamtgesellschaftliche Ziele zu verfolgen sucht. Es geht um angeblich nicht weniger als die »Sicherung der Meinungsvielfalt.« Dass darüber selbst die kritischsten Medienjournalisten des Landes – vom *Spiegel* bis zur *Süddeutschen Zeitung* – nicht in ihrem üblichen Furor berichtet haben, mit dem sie sonst alle unhaltbaren Zustände im Medienbereich aufdecken, hat einen nachvollziehbaren Grund. Den möchte ich hier erläutern. Doch zuerst gilt es, sich mit den knochentrocken formulierten rechtlichen Rahmenbedingungen zu befassen.

Also: Der Rundfunkstaatsvertrag verlangt, dass innerhalb einer privaten Sendergruppe derjenige Sender, der mindestens 10% des Zuschauermarktanteils (ab 3 Jahren) erreicht, unabhängigen Dritten einen Teil seiner Sendezeit für Fensterprogramme zur Verfügung stellen muss. Als unabhängige Dritte gelten Veranstalter, die in eigener redaktioneller Verantwortung und rechtlicher Autonomie gegenüber dem Hauptprogramm Sendungen anbieten, die einen zusätzlichen Beitrag zur inhaltlichen Vielfalt im Fernsehen leisten. Schwerpunkte sollen Kultur, Bildung und Information sein. Auch die Dauer und Positionierung der Fensterprogramme sind vorgeschrieben: Wöchentlich 260 Minuten, davon mindestens 75 Minuten in der Sendezeit zwischen 19.00 Uhr und 23.30 Uhr. Regionalprogramme können mit bis zu 150 Minuten pro Woche auf die Gesamtsendezeit angerechnet werden.

Das Wichtigste aber: Die Sender müssen diese Drittprogramme voll finanzieren, und zwar zu Kosten, die faktisch vom

Staat festgelegt werden. Der Staat bestimmt gemäß einem komplizierten Verfahren auch in letzter Konsequenz die Lizenznehmer. Der Sender hat damit keinerlei Möglichkeiten, eine echte preisliche, qualitätsmäßige oder inhaltliche Konkurrenz spielen zu lassen. Das ist natürlich eine ideale Vorlage zur Schaffung von Pfründen mit allen Abgründen, die damit verbunden sind. Und genau so präsentiert sich dieses System heute.

Nehmen wir als erstes Beispiel die Regionalprogramme. Die jeweilige Landesmedienanstalt bestimmt, welcher lokale Unternehmer für eine tägliche Sendung von brutto dreißig Minuten eine langjährige Sendelizenz erhält. Sie legt auch die Kosten fest, die der Sender zu bezahlen hat und stützt sich dabei vor allem auf die Angaben der regionalen Interessenten. Ein Bieterverfahren auf Basis von konkret eingereichten Offerten findet nicht statt, da man sich nicht auf marktwirtschaftliche Kriterien stützen will. In der Praxis hat dies in den letzten Jahren dazu geführt, dass der Staat die Kosten auf der Basis des Jahres 2002 eingefroren hat, obwohl durch die Einführung von neuen Techniken mittels Videojournalisten in allen Bereichen des News-Gatherings enorme Kostensenkungen erzielt werden können. Deshalb sind heute die Kosten, welche die großen Sender für diese regionalen Magazine zu tragen haben, mindestens 30 % zu hoch. Der Staat sichert also genau ausgesuchten Unternehmern eine Monopolrente, und dies gleich für viele Jahre.

Wer einmal in Besitz einer solchen regionalen Senderlizenz ist, hat deshalb nur ein Ziel: Es ist nicht das Erreichen möglichst hoher Marktanteile, die mittlerweile nicht nur bei den privaten, sondern auch bei den öffentlich-rechtlichen Sendern zu einem zentralen Parameter geworden sind. Die Einnahmen bleiben ja vom Zuschauererfolg unberührt. Einige dieser Regionalprogramme sind von einer solch mangelhaften Qualität, dass sie trotz der Einbettung in ein attraktives Mantelprogramm nur wenige Zuschauer anziehen. Bei Sat.1 erzielt die gleichzeitig ausgestrahlte Sendung *Sat.1 am Abend*, die in allen Bundesländern, für die kein Regionalprogramm gesendet werden muss, zu sehen ist, viel höhere Quoten.

Es wird mit diesen Sendungen auch nicht versucht, eine bemerkenswerte journalistische Qualität anzustreben, denn dafür fehlen meist das notwendige Know-How und zudem jeglicher Ehrgeiz. Das entscheidende Ziel ist es einzig und allein, alles zu tun, um sich diese Pfründe möglichst langfristig zu erhalten. Und dazu gibt es eine besonders wirkungsvolle Methode: Man produziert Programme, die dem jeweiligen Landesfürsten, seiner Staatskanzlei und der von ihnen abhängigen Landesmedienanstalt Freude bereiten sollen. Am wirkungsvollsten sind dabei Beiträge, in denen der Ministerpräsident selbst möglichst ausführlich zu hören und zu sehen ist, und deshalb wird solches in vielen Regionalprogrammen im Übermaß angeboten. Kaum eine noch so beiläufige Veranstaltung wird übersprungen, um seine Brillanz und seine Volksverbundenheit in bunten Bildern zu dokumentieren. Geliefert wird also vielerorts ein meist langweiliges, gouvernementales Fernsehen. Denn nirgends ist der Eingriff der Politik direkter als im engen regionalen Bereich, viel effizienter jedenfalls als auf bundespolitischer Ebene.

Damit hat die Politik ihre staatspolitisch begründete Argumentation für die Schaffung von Regionalfenstern kompromittiert. Statt dass bei privaten Sendern durch diese staatlichen Auflagen für eine erhöhte Programmqualität gesorgt würde, findet eine gewisse Verluderung der journalistischen Sitten statt, welche von angeblich unabhängigen, genau ausgewählten lokalen Anbietern verursacht wird. Solange dieses System der Gratispromotion zum Nutzen der davon direkt profitierenden Politiker funktioniert, werden diese daran nichts ändern. Sie lassen sich in Form eines Gegengeschäfts umgekehrt von ihrem regionalen Lizenznehmer unter dem Kampfruf »Standortsicherung« instrumentalisieren, falls dieser einen klitzekleinen Aspekt seiner Privilegien gefährdet sieht. Dafür setzen sie ihre staatliche Autorität ein. So ist es eben bei einem Deal, bei dem sich zwei Parteien gegenseitig brauchen – und ein Dritter bezahlt.

Im TV-Alltag führt dies im Kontakt zwischen den zuständigen Nachrichtenleuten eines nationalen Senders und den Leitern der

Regionalprogramme oft zu grotesken Situationen. Journalistische Diskussionen über Sendeinhalte oder die Sendequalität werden von den Regionalfürsten jeweils brüsk abgebrochen: »Aber Sie wissen doch, dass Sie kein Recht haben, sich zu unseren Sendungen zu äußern«, heißt es jeweils. Oder wenn etwa aufgrund einer Meldung über eine Katastrophe der schnelle Einsatz eines Regionalreporters vor Ort sinnvoll wäre, heißt es hie und da: »Wir entscheiden allein, über welche Ereignisse wir berichten. Wenn ihr das unbedingt für eure Sendung wollt, dann kostet es extra.« Dabei ist kaum vorstellbar, dass es eine Geschichte gibt, die in einem nationalen Programm Eingang findet, welche im engeren regionalen Rahmen nicht von Interesse ist.

Neben den Regionalprogrammen hat man den Privaten zusätzlich die Drittsendeverpflichtungen im Hauptabendprogramm aufs Auge gedrückt. Hier hat sich die Firma DCTP des früheren Autorenfilmers Alexander Kluge von Anfang an die Pole-Position geholt und sie seither nie mehr abgegeben. Dieses taktische Meisterstück gelang ihm dank seinem Renommee und seiner formidablen Vernetzung in der Politik. Und das lief so ab: Der Anwalt Paul Leo Giani war Chef der Staatskanzlei in Wiesbaden und damit offiziell zuständig für die Medienpolitik. Er war aber gleichzeitig auch Kopf und Lenker, d.h., er war nicht nur »zuständig«, sondern er bestimmte sie auch. Und da Hessen das Bundesland war, das sich am längsten dem privaten Rundfunk widersetzte, hatte er damit eine Schlüsselfunktion. Wie kein anderer verkörperte er die restriktive SPD-Medienpolitik auch dann noch, als andere SPD-Länder schon längst ihren Frieden mit den Privaten geschlossen hatten. Sein Preis für eine gewisse grundsätzliche Flexibilität war die Regelung über die Drittsendeverpflichtungen.

Im nächsten Schritt half Giani dann aktiv mit, dass sein Freund und Partner Alexander Kluge die fettesten Beuteteile für sich und seine Firma sicherte. In der Folge erhielt Kluge Sendeplätze gleich bei mehreren Sendern, außer bei Sat.1 und RTL auch noch bei VOX, wo er sich auf anderem Weg als Gesellschafter einbringen konnte. Diese multiple Präsenz auf mehreren Kanälen widersprach zwar von Anfang an der postulierten Meinungsvielfalt. Trotzdem hat sie bis heute Bestand.

Als nächstes verbündete sich Kluge mit Stefan Aust von *Spiegel TV*, da er aus eigener Kraft gar nicht in der Lage war, alle ihm zugeteilten Sendeplätze zu bespielen. Heute dominiert er mit Sendungen wie *Spiegel TV*, *Spiegel TV Reportage*, *News&Stories* und *Focus TV* einen wichtigen Teil des deutschen Fernsehens, ohne einen Sender besitzen oder finanzieren zu müssen. Im Gegenteil: Die Sender müssen ihn bezahlen. Die Kriegsbeute ist jedenfalls so beträchtlich, dass sich viele Firmen unter der Aufsicht des Duos Kluge/Giani daran gütlich tun können. Er ist der private Profiteur einer Regelung, die angeblich die Meinungsvielfalt sichern soll.

Im Falle von Sat.1 sicherte sich Kluge von der zuständigen Landesmedienanstalt Rheinland-Pfalz zwei Drittsendeplätze, einen für seine eigene Firma *News&Stories*, einen für *Spiegel TV*. So muss Sat.1 jeden Montag um 22.45 Uhr die halbstündige *Spie-*

Der kultivierte und sympathische Alexander Kluge frönt seinen Hobbys und liefert Sendungen, die sonst nirgendwo zu finden sind.

gel TV Reportage ausstrahlen, wobei der Sender sich strikt an die festgelegte Sendezeit zu halten hat, da er sonst mit einer Abmahnung der Landesmedienanstalt rechnen muss. Für diese Reportage hat Sat.1 Woche für Woche einen grotesk überhöhten, absolut nicht marktkonformen Betrag zu bezahlen, den ihr faktisch die Behörde vorgeschrieben hat. *Spiegel TV Reportage* wählt gemäß der gesetzlichen Grundlage die Themen selbst, der Sender hat überhaupt keine Mitsprache bei den Inhalten.

Wie geht *Spiegel TV* vor? Einerseits will man die Sendung als Werbeplattform für das eigene Magazin positionieren. Dann zeigt man Beiträge, die auch in anderen Teilen des respektablen *Spiegel-TV*-Imperiums nutzbar sind. So findet man immer wieder hochwertige historische Dokumentationen, die in gleicher oder ähnlicher Form in anderen Sendern abgespielt werden. Auch gestaltet man mit zwei, drei Griffen ins beeindruckende Archiv Reportagen, die mit weitgehend gleichem Material schon früher bei Sat.1 zu sehen waren. Dann produziert man auch einfach gestrickte Sozialreportagen, wie sie auf vielen Sendern zu sehen sind, etwa – dies ist ein reales Beispiel – einen Bericht über randständige Jugendliche, die Schiller spielen. Und damit man dies richtig vertieft tun kann und mit wenig Aufwand viel Sendefläche locker füllt, macht man es gleich richtig mit zwei Reportagen an zwei sich folgenden Montagen zu diesem einen Thema, die natürlich deplorable Einschaltquoten liefern. Da man jedoch keine Quotenvorgaben erfüllen muss und den Auftrag auf Jahre hinaus gesichert hat, muss dies die Macher von *Spiegel TV Reportage* nicht im Geringsten beunruhigen.

Die Lizenz für ein solches Fenster ist also eine Lizenz zum Gelddrucken. Dies war *Focus TV*, dem Erzrivalen von *Spiegel TV*, seit Jahren ein Dorn im Auge. Deshalb drohte *Focus TV* mit einer Klage wegen Benachteiligung, da *Spiegel TV* auch Sendungen für RTL produziert und damit das Prinzip der Meinungsvielfalt verletzt sei. Vor dieser Klage fürchteten sich Kluge und Aust so sehr, dass sie nach längerem Zögern widerwillig in einen Kompromiss einstimmten. Sie konzedierten *Focus TV* das Recht, jede zweite Sendung auf dem Sat.1-Programmplatz am späten Montagabend bestreiten zu können. Das heißt, *Spiegel TV* musste zum leicht nachvollziehbaren Unmut von Stefan Aust die Hälfte seiner lukrativen Sendeplätze bei Sat.1 abgeben, um seine Pfründe bei RTL zu sichern. Sat.1 stimmte diesem seltsamen Kuhhandel zu, weil die Landesmedienanstalt über die üblichen verschlungenen Kanäle signalisierte, dass sie bei einer Nichteinigung den Druck auf Sat.1 in anderen Bereichen massiv erhöhen würde.

Ursprünglich war von Aust und Kluge angedacht, Montag für Montag den Sendetitel und den Absender zu wechseln, was ich für kompletten Unfug hielt. Schließlich einigten wir uns auf eine jeweils halbjährliche Rochade zwischen *Spiegel TV* und *Focus TV* – eine im modernen Fernsehen nur etwas weniger groteske Lösung, welche als politischer Kompromiss als das kleinste der denkbaren Übel übrig blieb.

Dieser Kampf wird deshalb so knüppelhart geführt, weil es um sehr viel Geld geht. Ich wollte genau wissen, um wieviel. Deshalb gab ich den Auftrag, eine Vielzahl solcher Reportagen im freien Markt einzukaufen, sogar bei Produzenten des Drittsendefensters selbst. Wir gaben die Themen und die Machart vor und verglichen den Production-Value mit dem Durchschnitt der Sendungen von *Spiegel TV* und *Focus TV*. Erstes Resultat: Wir erhielten ähnlich aufwendig produzierte Sendungen. Zweites Resultat: Die erzielten Marktanteile waren deutlich höher als bei den behördlich verordneten Zwangseinkäufen. Noch größer aber waren die Unterschiede im Preis. Resultat Nummer drei: Wir kauften die Reportagen für etwa einen Drittel des Preises ein, den wir *Spiegel TV* und *Focus TV* zu bezahlen hatten. Das war deshalb besonders bemerkenswert, da davon auszugehen ist, dass die von uns beauftragten Produzenten auch bei diesem tieferen Ansatz einen handelsüblichen Gewinn erzielen. Und manchmal erhielten wir für diesen Betrag nicht nur ein Programm von dreißig, sondern gleich eines von doppelter Sendelänge, das heißt der Minutenpreis halbierte sich nochmals.

Nun war es definitiv klar, weshalb sich der smarte Stefan Aust dieses Bombengeschäft nicht ausgerechnet mit seinem Erzkonkurrenten aus München teilen wollte. Sat.1 ist nur einer seiner Kunden, den er mit behördlichem Segen elegant melken darf. Sie alle zusammen finanzierten ihm sein Lieblingskind, den Sender *XXP*, den er wegen der obskuren Gesellschafterstruktur des *Spiegels* an *Discovery Channel* verkaufte. *Discovery Channel* lancierte ihn im Herbst 2006 unter dem Namen *DMax* neu. Die von Stefan Aust persönlich in den USA ausgehandelten mindestens 50 Millionen Euro waren immerhin ein gewisses Trostpflaster. Noch berauschender war wohl der Gedanke, auf welch geniale Weise das Ganze finanziert worden war. Und mit seinen nur leicht zurückgestutzten Drittsende-Programmen auf mehreren Kanälen kann er weiter Geld für *Spiegel TV* scheffeln.

Noch spezieller ist der Ansatz von Alexander Kluge. Sat.1 hat seine Sendung *News & Stories* als Drittsendeverpflichtung am späten Sonntagabend um 23.30 Uhr auszustrahlen. Der verdiente,

Stefan Aust, langjähriger Chefredakteur des *Spiegels* und Gründer von *Spiegel-TV*: Dank den Drittsendeverpflichtungen und seiner Kooperation mit Kluge baute er zielstrebig sein TV-Imperium auf.

äußerst kultivierte und sympathische Alexander Kluge frönt hier offen seinen privaten Hobbys und liefert Sendungen, die sich sonst im gesamten deutschen Fernsehen nirgendwo finden, in ihrer Radikalität nicht einmal bei 3sat oder Arte. So würde kein gebührenfinanzierter Sender je daran denken – mit Sicherheit auch nicht das ZDF oder die ARD –, einen japanischen Literaten langfädig Fragen beantworten zu lassen, auf japanisch natürlich, neben ihm sein Übersetzer, der sie ebenso ausführlich und langfädig in Deutsch vorträgt, dreißig Minuten lang. Die ganze Zeit über ist eine einzige Kamera auf die beiden gerichtet und schwenkt alle paar Minuten zwischen ihnen hin und her. Die Quote bewegte sich bei diesem Programm natürlich gegen Null, und das tut sie bei fast allen Sendungen von Kluge. Damit wird jedoch die Intention des Gesetzgebers ad absurdum geführt. Kulturelle Inhalte, die keine Adressaten finden, sind wirkungslos und können die Meinungsvielfalt wegen Nichtbeachtung gar nicht vergrößern. Sie befriedigen kein relevantes öffentliches Bedürfnis. Im Gesetz ist jedoch nicht vorgesehen, die Qualität, die Wirkung oder den Erfolg dieser Sendungen zu bewerten, weshalb sich die Produzenten dieser Programme wohl als einzige ihrer Branche ohne jede Kontrolle oder Überwachung austoben können. Doch dies scheint niemanden zu stören, solange die Privatsender aus Angst vor Repressalien durch die Landesmedienbehörden brav mitspielen.

Alexander Kluge hat mit seinen Partnern – zu denen man auch das zuvor ungeliebte *Focus TV* ins Boot geholt hat – auch bei der letzten Ausschreibung der Drittsendelizenzen im Jahr 2007 das Rennen gemacht, selbst gegen eine inhaltlich ausgewiesene Konkurrenz wie Discovery Channel, die sich erstmals bewarb. Zusammen war man zu stark und zu gut verdrahtet, als dass eine andere Gruppierung ernsthaft dagegen hätte antreten können. Und diese Truppe hat dafür gesorgt, dass eine Abschaffung dieses unsinnigen Gesetzes auf längere Zeit verunmöglicht wird, welches seine Daseinsberechtigung in einer Medienlandschaft mit laufend mehr Kanälen immer weniger glaubhaft mit dem Postulat der »Sicherung der Meinungsvielfalt« verteidigen kann.

Neben der DCTP und ihren Trabanten gibt es bei Sat.1 einen weiteren Hauptprofiteur dieser medienpolitisch geförderten Lizenz zum Gelddrucken. Josef Buchheit war jahrelang Angestellter bei Sat.1, unter anderem als Abteilungsleiter »Kooperation und Beteiligungen« in Mainz und Berlin. Sat.1 ernannte ihn zum Geschäftsführer und Programmverantwortlichen der Firma TV IIIa GmbH & Co. KG, damit man diese Mainzer Firma über einen Mann aus dem eigenen Haus kontrollieren konnte, die seit 1990 für Sat.1 das Regionalprogramm für Hessen und Rheinland-Pfalz herstellt. 1997 entschied Leo Kirch, dass Buchheit die Firma über ein Management-Buyout übernehmen solle. Gegen außen sollte der Eindruck erweckt werden, Buchheit sei unabhängig von Sat.1, so wie es das Gesetz fordert. Leo Kirchs Anwalt Dr. Joachim Theye diktierte Buchheit einen äußerst ungewöhnlichen Vertrag, mit dem sich Kirch weiterhin ein gewisses Zugriffsrecht sicherte. So wurde beispielsweise stipuliert, dass Buchheit seine Firma nicht frei an einen Dritten verkaufen könne. In den folgenden Jahren gründete Buchheit zusammen mit der Kirch-Gruppe weitere Firmen.

Spätestens bei der Kirch-Pleite hatte sich Buchheit vom untergehenden Mutterhaus freigeschwommen. Dies gelang ihm vor allem dank seinen jahrelang intensiv gepflegten Kontakten zur Mainzer Staatskanzlei, unter anderem mittels seines besonders regierungstreuen Regionalprogramms und seiner permanenten Drohung, dass er den Standort Mainz ohne diese Unterstützung nicht halten könne. Da Sat.1 auch nach dem Wegzug von Mainz nach Berlin weiterhin in Rheinland-Pfalz lizenziert blieb, waren diese Verbindungen zur Politik nun Gold wert. So wurden ihm als einzig namhaftem regionalem Fernsehunternehmer quasi automatisch alle geeigneten Sendeplätze im Rahmen der Drittsendeverpflichtungen von Sat.1 zugeschlagen.

Da ist einmal die Sendung *Weck-Up* am Sonntagmorgen von 8 bis 9 Uhr. Alle privaten Stationen nutzen den Sonntagvormittag, um kostenfreie Wiederholungen von Programmen abzunudeln und erreichen damit zum Teil beachtliche Quoten. *Weck-Up* ist ein langatmiges, wenig aktuelles Informationsmagazin mit klar unterdurchschnittlichen Quoten im sonntäglichen Vormittagsprogramm von Sat.1. Die Sendung hat keine besonderen gesamtgesellschaftlichen Werte, zumindest keine, die über jene hinausgehen, die sich in allen Infotainment-Programmen auf vielen Kanälen finden lassen. Ein Beitrag zur Sicherung der Meinungsvielfalt ist auch mit der Lupe nicht zu erkennen. Die Kosten, die Josef Buchheit Sat.1 mit staatlicher Genehmigung verrechnen darf, sind das einzig Bemerkenswerte dieses Programms. Sie sind vergleichsweise so hoch, dass das viereinhalbstündige *Frühstücksfernsehen* bei Sat.1, mit dem an Werktagen rund doppelt so hohe Quoten erzielt werden wie mit *Weck Up*, nur etwas mehr als halb so teuer ist wie eine einzige Sonntagsstunde von Buchheit.

Ein zweites medienpolitisches Geschenk an Buchheit ist die Sendung *Planetopia*, die Sat.1 am Sonntag um 22.45 Uhr auszustrahlen hat. Das Programm ist bieder, ohne journalistische Ambitionen, schwach moderiert und erzielt einen bloss knapp zweistelligen Marktanteil. Auch hier muss Sat.1 einen Preis bezahlen, der meilenweit von einem marktüblichen abweicht, wie etwa ein Vergleich mit der Sendung *Akte* von Ulrich Meyer aufzeigt, die zudem noch 15 Minuten länger ist. Der Grund dafür ist, dass die real anfallenden Kosten bei der *Akte* durch die Sat.1-Herstellungsleitung detailliert überprüft werden, wie dies bei jeder normalen Sendung geschieht. Bei Drittsendeverpflichtungen ist dies nicht erlaubt.

Doch die staatlich gesicherte Pfründe geht noch viel weiter. So ist Sat.1 verpflichtet, *Planetopia* punkt 22.45 Uhr einzustarten. Jede Minute, die Planetopia später beginnt, wird Josef Buchheit gutgeschrieben. Wenn 45 dieser Strafminuten erreicht sind, erhält er das Recht, bei Sat.1 eine weitere Sendung zum überhöhten Preis auszustrahlen. Er erhält also einen zusätzlichen lukrativen Auftrag, ohne etwas dafür tun zu müssen. Und wenn Sat.1 den Einstart einmal gar nach 23.00 Uhr vornimmt, darf Buchheit für dieses grobe Vergehen gleich eine ganze weitere Sendung herstellen. So kann also ein Privatunternehmer die vom Staat verfügten Bußgelder in die eigene Tasche stecken – ein wahrhaft bemerkenswertes Prozedere.

Dies war für Sat.1 während Jahren ein reales Problem. Die programmierten Spielfilme ließen sich nicht immer so schneiden, dass man die 22.45-Uhr-Zeitguillotine auf die Minute traf. Und bei Livesendungen wie *Star Search* war es noch schwieriger, genau zu timen. Buchheit freute sich jedesmal darüber. Er notierte fleißig mit und legte die Rechnung vor. In den meisten Jahren kamen für ihn so sieben zusätzliche Sendungen zum vollen Folgenpreis zusammen, die Sat.1 irgendwo programmieren musste. Dies war der einzige Grund, weshalb die Sendung *Planetopia Online* das Licht der Fernsehwelt erblickte, um so das Bußgeld an Herrn Buchheit zu entrichten. Dazu musste ein Sendeplatz gefunden werden, und zwar möglichst am Rande der Hauptsendezeit, um den Schaden in Grenzen zu halten. Gewählt wurde schließlich ein Sendestart um 23.15 Uhr, in einer Zeitzone, in der Sat.1 mit keinem anderen Programm auch nur annähernd so viel Geld ausgibt, weil die potenziellen Werbeeinnahmen begrenzt sind. Und so wurde *Planetopia Online* für Sat.1 ein weiteres katastrophales, behördlich angeordnetes Verlustgeschäft.

Und dann gibt es noch das *Automagazin*. Beim Wegzug von Mainz nach Berlin hatte Leo Kirch der Regierung von Rheinland-Pfalz zur politischen Klimaverbesserung zugesagt, Buchheit eine zusätzliche Sendung zuzuhalten, die nicht durch medienrechtliche Auflagen abgedeckt worden war. So entstand das *Automagazin*, für das ein unkündbarer Vertrag bis 2006 abgeschlossen wurde. Nach Ablauf dieser Frist würden wir frei sein, zu handeln – dachte ich mir.

Das war naiv. Ohne größere Umschweife ermahnten uns die leitenden Mitglieder der Landesmedienanstalt, dass wir zur Sicherung von Arbeitsplätzen in Rheinland-Pfalz den Vertrag mit Buchheit gefälligst verlängern sollten. Und selbst Landesfürst Kurt Beck erklärte uns bei einer Audienz in seinem Amtssitz, dass auch er dasselbe von uns erwarte, auch wenn er sich natürlich nicht in privatwirtschaftliche Verträge einmischen wolle, wie er wortreich erklärte.

Meine Position war klar: Wir würden verschiedene Offerten einholen und Buchheit sollte im Sinne eines Entgegenkommens das Recht einer *matching offer* erhalten, das heißt, er konnte sein Angebot nachträglich anpassen, um so den Auftrag zu erhalten.

Die aufwendig erstellten Angebote trafen ein – und Buchheit war mit Abstand der teuerste, so wie er mit Billigung der Landesmedienanstalt Rheinland-Pfalz auch für sein Regionalprogramm die mit Abstand höchsten Kosten aller Regionalprogramme in Rechnung stellen kann. Dies schien ihn nicht im Geringsten zu beunruhigen. Auch nicht, dass einer der Mitbewerber in Kenntnis der politischen Verhältnisse sogar angeboten hatte, einen Großteil seiner Produktion und damit der Arbeitsplätze nach Rheinland-Pfalz zu verlegen. Und schon bald glaubte ich zu wissen, weshalb er so gelassen war.

Der erste Schuss vor unseren Bug kam anfangs September 2006. Der Vorsitzende der Medienkommission des SPD-Parteivorstands Rheinland-Pfalz, Marc Jan Eumann, entsetzte sich in einer bundesweit verbreiteten Presseerklärung über einen neuen »Schleichwerbungsskandal« bei Sat.1, der im Nachgang von kurz zuvor bereinigten Verfehlungen des Senders »besonders unappetitlich« sei. Da sich der »senderintern erlassene Verhaltenskodex als Papiertiger erwiesen« habe, forderte er gleich strengere europäische Regeln zur Trennung von Programm und Werbung. Er schloss mit der Aufforderung: »Wer den Zuschauer täuscht, darf nicht ungeschoren davon kommen.«

Eumanns Aufschrei bezog sich auf einen goldenen Osterhasen, der Monate zuvor mit dem Schriftzug eines bekannten Süßwarenherstellers in einer Sendung zu sehen war, die als öffentliche Veranstaltung in einem Stadion aufgezeichnet worden war. Der Tatbestand war banal und entsprach den gängigen Regelungen bei allen Sendern. Aber uns allen war klar: Jemand wollte uns ins Bockshorn jagen, und dazu ließ er uns denunzieren.

Einige Wochen später eröffnete die Landesmedienanstalt Rheinland-Pfalz urplötzlich ein weiteres Verfahren gegen Sat. 1, das eine für uns bedrohliche Grundstimmung beinhaltete. Einige anschließend geführte informelle Gespräche erhellten diesen seltsamen Vorgang. Man raunte uns aus Kreisen der zuständigen Gremien zu, dass man dieses Verfahren ebenso wie die Geschichte mit der Schleichwerbung kulant behandeln würde, wenn wir uns mit Buchheit in Sachen *Automagazin* einigen würden.

Ich war wie vor den Kopf geschlagen. Das konnte einfach nicht wahr sein! Die Vermengung von völlig sachfremden Tatbeständen würde eine gravierende Verletzung rechtsstaatlicher Prinzipien darstellen, waren wir uns alle einig. Wie aber konnte ich feststellen, ob wir uns da nicht gründlich verhört hatten? Ich musste die Probe aufs Exempel machen. Deshalb lud ich Josef Buchheit zu einem Gespräch nach Berlin ein. Ich wollte ihn allein unter vier Augen treffen, denn seine Tiraden, Beschimpfungen und Unterstellungen gegen Sat. 1 kamen umso heftiger, je

Josef Buchheit: Neben der DCTP und deren Trabanten ein weiterer Hauptprofiteur der medienpolitisch geförderten Lizenz zum Gelddrucken.

größer sein Publikum war, vor dem er sich produzieren konnte. Und wirklich, zum ersten Mal erschien er selbst ohne seine Geschäftsführerin Dagmar Krause, die sonst immer an seiner Seite klebt.

Wir trafen uns im Restaurant Brasserie am Gendarmenmarkt, plauderten zuerst freundlich über dies und das, um dann zur entscheidenden Frage vorzustoßen. Buchheit hatte wie immer seine Pfeife angezündet, mit der er jeden Raum innerhalb von Minuten mit einer penetranten Duftwolke usurpiert. Ich legte nochmals die drei Offerten für das *Automagazin* vor, die er schon kannte, und bat ihn, seinen Preis anzupassen. Nein, er müsse nicht so weit gehen wie die tiefste Offerte, sagte ich ihm, aber wie wäre es, wenn er einen Schritt in Richtung der zweitteuersten Offerte machen würde?

Buchheit grinste mich an: »Sie müssen meine Offerte nicht annehmen«, meinte er. »Sie sind völlig frei.«

Das war's. Kein normaler Geschäftsmann würde davon ausgehen, dass ein Kunde bei vergleichbarer Qualität das am weitaus teuerste Angebot annehmen würde. Aber Buchheit wusste, dass ich keine Wahl hatte. Er hatte den Auftrag in der Tasche, unabhängig von den konkreten Zahlen.

Als seine Mitkonkurrenten von diesem Ablauf erfuhren, waren sie zu Recht erbittert. »Ich habe meinen Glauben an unsere Politik verloren«, sagte mir einer, der sich ganz besonders ins Zeug gelegt hatte.

In der Schweiz bin ich als Besitzer der größten privaten Radio- und der wichtigsten Fernsehstation während vieler Jahren in einem öffentlich ausgetragenen Konflikt mit der Aufsichtsbehörde Bakom gelegen. So hatte ich mir den Ruf eines Enfant terrible verschafft. Dies alles aber hatte mich nicht im Geringsten auf das vorbereitet, was ich in diesem Lande in Sachen Medienbehörden erleben würde: Haarsträubende, unsinnige Vorschriften, den direkten, ungebremsten Durchgriff der Politik ins Medienwesen, eine Kultur der Kollusion und das Heranzüchten staatlich beschützter Krypto-Unternehmer, die in der real existierenden Wirtschaft kein einziges Jahr überleben würden. Es ist ein System, das die deklarierten medienpolitischen Zielsetzungen pervertiert.

Weil jedoch – wie eingangs erwähnt – viele der größten Verlage des Landes selbst Profiteure dieser Misswirtschaft sind, wird dies in ihren Publikationen nie thematisiert. Die Kontrollfunktion der Medien wird immer dann außer Kraft gesetzt, wenn die Medien nicht nur Beobachter, sondern aktive Teilnehmer sind, die etwas zu verlieren haben. Dann spielen selbst die kritischsten Journalisten brav mit. Dies ist ein weiterer, höchst negativer Aspekt dieses gesamten medienpolitischen Konstrukts, den man auf keinen Fall unterschätzen sollte.

Und die Sender, weshalb setzen sie sich nicht zur Wehr, weshalb treten sie mit ihren Anliegen nicht an die Öffentlichkeit? Der Grund ist evident: Sie ducken sich aus Angst vor politischen Retourkutschen und versuchen antichambrierend die gravierendsten Missstände abzufedern, um so ihre Lizenzen und ihre Belange in vielen anderen Bereichen nicht zu gefährden und sich die Gunst der jeweiligen Landesmedienbehörde und der Staatskanzlei zu erhalten.

Haim Saban hatte sich schon bei seinem ersten öffentlichen Auftritt in Deutschland an den Münchner Medientagen 2003 sehr verwundert über diese deutsche Rechtslage geäußert. In der Folge wurde alles versucht, um die Bedingungen zu verbessern. Doch vor einer direkten Konfrontation schreckte man immer wieder zurück. Die Devise, die wiederholt angegeben wurde, hieß *peace in the valley*. In der Schweiz hatte ich das duale Fernsehsystem Deutschlands als leuchtendes Beispiel und Vorbild gelobt, das so viel besser sei als die weit weniger liberale schweizerische Gesetzgebung. Aus der Nähe betrachtet erschien mir nun vieles weniger stringent und attraktiv. Die Lizenz zum Gelddrucken ist wohl das deutlichste Zeichen für diese Fehlentwicklung.

7. DIE HARTEN KÄMPFE IM TV-DSCHUNGEL

Ein erfolgreiches Programm ist viel mehr als eine Abfolge erfolgreicher Sendungen. Ebenso wichtig ist die eigentliche Alchemie des Fernsehmachens, nämlich die Kunst des Programmierens. Dies ist eine Fertigkeit mit einer Vielzahl von Ingredienzien, Mixturen und zeitlich gestaffelten Beischütt- und Umrührabläufen, deren wichtigste Elemente ich hier vorstellen möchte. Doch im Gegensatz zum Kochprozess ist ein TV-Programm ein äußerst labiles Gesamtkunstwerk, das jederzeit von allen Seiten attackiert wird. Und wer umgekehrt andere nicht ständig angreift, bringt sich auf diese Weise um Kopf und Kragen. Willkommen im TV-Programmierungs-Dschungel!

Beginnen wir unsere Einführung in diese geheimnisvolle innere Welt des Fernsehens mit einer simplen Frage: An welchem Tag wird am meisten ferngesehen? Die Antwort ist deshalb relevant, weil mehr Zuschauer für die Privaten mehr Einnahmen über teurere Werbespots bedeuten. Daher ist es von höchster Wichtigkeit, gerade in diesen Zeitzonen richtig zuzuschlagen. Nur an diesen Tagen kann man die Big Points machen.

Also: Es ist nicht der Samstag mit seinen großen Shows für die ganze Familie, wie vielfach vermutet wird. Aber dieser Tag liegt mit 15% des gesamten wöchentlichen Fernsehkonsums sowohl bei allen Zuschauern ab 3 Jahren als auch bei den 14- bis 49-Jährigen an zweiter Stelle der Rangliste. Da aber am darauffolgenden Sonntag die meisten Geschäfte geschlossen sind und die gesendeten Werbespots also nicht unmittelbare Kaufentscheide auslösen können, werden die hier erzielten Werte aus kommerzieller Sicht tendenziell eher untergewichtet. Die Wochentage Montag bis Freitag sind beinahe gleich stark mit 14% des Wochenkonsums. Nur der Donnerstag liegt etwas tiefer bei 13% – aber an diesem Tag kurz vor dem intensiven Shopping-Wochenende wird besonders viel Werbung für die so wichtigen FMCG geschaltet, also die Fast-Moving-Consumer-Goods. Das sind vor allem Lebensmittel, Waschmittel, Kosmetika und andere Verbrauchsgüter. Und damit ist der aus Marktanteils-Sicht etwas schwächelnde Donnerstag kommerziell wichtig.

Klar am höchsten ist die TV-Nutzung mit 18% des gesamten wöchentlichen Konsums am Sonntag. Wer also am Sonntag mit guten Sendungen und hohen Marktanteilen punktet, der profitiert überproportional. Damit ist der Sonntag automatisch die am leidenschaftlichsten umkämpfte Zeitzone der Woche, in der man seine wertvollsten und meist auch teuersten Programmwaffen einsetzt. Dies betrifft vor allem die Primetime zwischen 20 Uhr und 23 Uhr. Dies gilt nicht nur für die Privatsender, denn außer Werbeeinnahmen kann man hier auch hohe Zuschauerzahlen generieren, und darauf sind vor allem die Öffentlich-Rechtlichen aus. Das heißt: Gute Marktanteile hier haben ein besonderes Gewicht – ebenso natürlich auch schlechte.

In der für die Werbung entscheidenden Zielgruppe wurde der Sonntags-Slot nach 20.15 Uhr während vieler Jahren von nur drei Sendern dominiert: von RTL und Pro7 mit ihren Blockbusters und der ARD mit dem *Tatort*. Das ZDF konzentriert sich mit einer Rosamunde-Pilcher-Inga-Lindström-Melange allein auf ältere Zuschauer und erzielt in diesem Segment mit einem Herz-Schmerz-Angebot tolle Quoten, während die Jüngeren weitgehend wegsehen.

Was aber sollte Sat.1 in diesem Kampf der Giganten zu Wege bringen? Seit Jahren behalf man sich ebenfalls mit Spielfilmen, aber die meist schon etwas abgehangenen oder kommerziell wenig erfolgsversprechenden Werke aus der konzerneigenen Schatztruhe – fast alle Topfilme werden traditionsgemäß Pro7 zugeschlagen – brachten meist bloß einstellige Marktanteile und damit nur mickrige Einnahmen. Und das am wichtigsten Abend der Woche.

Wie konnten wir nur dagegen halten? Sollten wir den Abend als verloren abhaken, weil uns schlicht die notwendigen Mittel fehlten, um gegen die geballte Konkurrenz anzukommen? Diese defätistische Haltung konnten wir uns ausgerechnet an dieser strategischen Programmstelle nicht leisten, wenn wir die Entwicklung des Senders nicht langfristig limitieren wollten.

In meiner Not kam ich schließlich auf die Idee, unsere Shows auf den Sonntag zu verlegen, um so an diesem Abend eine zusätzliche Farbe ins TV-Angebot zu bringen, die es viele Jahre zuvor etwa mit der *Traumhochzeit* bei RTL gegeben hatte. Mit einigen unserer glitzernden Studioproduktionen erzielten wir leidliche Quoten, mit anderen weniger. Doch die Werbeindustrie zeigte uns weiterhin die kalte Schulter. Man warf uns mit diesem im Wechsel mit unseren Spielfilmen gezeigten Show-Angebot mangelnde Verlässlichkeit vor und ließ uns monetär am ausgestreckten Arm verhungern. Mit einem Wort: Wir waren kein Stück vorangekommen. Noch schlimmer war, dass wir die Kosten der Shows bei weitem nicht refinanzieren konnten. Damit verloren wir auf einem Sendeplatz viel Geld, wo unsere Konkurrenz ihre Millionen-Gewinne verbuchte.

Dies war ein Problem, das uns lange umtrieb, ohne dass wir einer Lösung näher kamen. Doch eines Morgens hatte ich plötzlich eine Eingebung: Wie wäre es, wenn wir unsere beiden stärksten amerikanischen Serien auf diesen Platz legen würden?

Dies war in der Welt des Programmierens ein subversiver Gedanke. Am Sonntagabend, das war in allen Köpfen zementiert, will der deutsche Zuschauer etwas Besonderes sehen, etwa einen tollen, neuen Spielfilm, und zwar mindestens über zwei volle Stunden. Oder dann den *Tatort*, an den er sich seit weit über dreißig Jahren gewöhnt hat. US-Stundenserien mögen an Wochentagen wunderbar funktionieren, aber niemals am wichtigsten Platz der Woche, das war die unerschütterliche *conventional wisdom* zu dieser Frage.

Meine Mitarbeiter waren es gewohnt, dass ich sie immer wieder mit ungewöhnlichen Vorschlägen konfrontierte. Doch sie hörten genau hin, als ich ihnen diese bizarre Idee erläuterte: Die Zuschauer würden bei uns nicht wie bei der gesamten Konkurrenz gezwungen sein, punkt 20.15 Uhr einzuschalten, wenn sie nicht den ganzen Fernsehabend gefährden wollten, argumentierte ich. Sie würden noch ohne Hast ihre Kinder zu Bett bringen können, denn es gab ja einen zweiten Einstiegspunkt eine Stunde später. Und zudem bestand die Möglichkeit, von einem als langweilig empfundenen Film bei RTL oder Pro7 um 21.15 Uhr auf den Anfang eines neuen Programms bei Sat.1 umzusteigen.

Zu meiner Überraschung schlugen nicht alle meiner engsten Mitarbeiter die Hände über dem Kopf zusammen wie bei einigen meiner früheren ausgefallenen Vorschläge. Weshalb sollten wir es nicht zumindest versuchen, meinten sie nach kurzem Nachdenken? Bei den aktuell katastrophal tiefen Quoten und Einnahmen auf diesem zentralen Sendeplatz hatten wir ja kaum etwas zu verlieren.

Als wir einige Wochen später unsere neue Sonntags-Programmierung öffentlich verkündeten, brandete mir eine Welle von Skepsis entgegen. Die meisten Branchenkenner waren sicher, dass meine Strategie nie aufgehen würde. Otto Steiner, einer der Chefs der großen TV-Produktionsfirma Constantin Entertainment, bot mir gar eine Wette an: »Wenn ihr mehr als 9% holt, dann gewinnst du«, meinte er selbstsicher.

Mein Plan sah so aus: Wir würden um 20.15 Uhr mit unserer einzigen erfolgreichen US-Serie *Navy CIS* beginnen, die bisher mit wachsendem Erfolg am Donnerstag gelaufen war. Dann sollte *Criminal Minds* folgen. Diese Serie hatten unser Lizenzprogramm-Mann Frank Schnelle und ich im Vorjahr bei den »May Screenings« in Los Angeles als potenziellen Hit identifiziert und nach einigen konzerninternen Rangeleien für unseren Sender sichern können. Als Einstart wählte ich den 21. August 2006. Ich entschied mich bewusst für diesen Termin mitten im Sommer. Bis anfangs Oktober sind bei RTL und Pro7 nicht die ganz großen Film-Knaller zu sehen, da noch zu wenig Werbegeld im Markt ist. Die Konkurrenz war also verhältnismäßig schwach, was unserem Experiment in den ersten Wochen den Weg ebnen sollte.

Die Quote am ersten Sonntag verblüffte selbst die extremsten Optimisten. Wir holten 21% und 19% für die beiden Serien und waren auf Anhieb Marktführer in der Zielgruppe geworden. In den folgenden Wochen gingen die Quoten nur sanft zurück, und selbst gegen die stärksten Filme wie *Harry Potter* holte *Navy CIS* 16% und mehr. Nach einigen Wochen zog die Werbung stetig nach und erreichte Höchstwerte, von denen niemand zuvor je auch nur hätte träumen können. Wir hatten unsere Einnahmen gegenüber der vorherigen Programmierung vervielfacht, und dies zu Kosten, die viel tiefer waren als bei der früheren Programmierung. Mit einem Wort: Wir erzielten zum ersten Mal in der Geschichte von Sat.1 am wichtigsten Abend der Woche tolle Marktanteile und gleichzeitig tolle Renditen, und das risikolos Woche für Woche, solange wir in Erstausstrahlung senden konnten. Der so wichtige Sonntag war mit einem Schlag vom schwächsten zum stärksten Abend der ganzen Woche mutiert!

Ich habe das Beispiel deshalb in einer gewissen Breite dargestellt, weil es auf exemplarische Weise zeigt, wie der Wettbewerb zwischen den Sendern ebenso auf der Ebene der Programmierung spielen kann wie auf derjenigen der Programme. Programmieren ist ein äußerst wichtiger Aspekt des Fernsehgeschäfts. Und dabei ist es entscheidend, dass man hie und da Risiken nimmt und allgemeine Glaubenssätze auf den Prüfstand stellt. Das haben wir auch in einem zweiten Fall mit überraschendem Erfolg erlebt.

Der Samstagnachmittag bei Sat.1 war mit seinen alten, abgenudelten Serien und Filmen während Jahren ein einziges trostloses Quotendesaster. Aus unserem Programmstock hatten wir nichts Attraktiveres anzubieten, und Geld für frische Programme war für diese Zeitzone mit seinem tiefen Werbeinnahmen-Potenzial nicht budgetiert. Was also konnten wir tun?

Da kam mir der Gedanke, es mit der Programmierung unserer Talkshows, Gerichtsshows und Crime Docus wie *Britt, Zwei bei Kallwass, Barbara Salesch, Alexander Hold, Niedrig & Kuhnt* und *Lenßen und Partner* zu versuchen, mit denen wir den Nachmittag während der Woche mit herausragenden Quoten bespielten. Als ich den Vorschlag lancierte, befragten wir zuerst unser hausinternes Orakel, das glaubt, die Zukunft auf quasi wissenschaftliche Weise voraussehen zu können: die Marktforschungsabteilung. Die lieferte uns aufgrund ihrer komplizierten mathematischen Modelle bald eine Antwort: Nein, das würde nicht funktionieren. Wir würden mit diesen Sendungen keine ausreichenden Quoten erreichen. Lasst es bleiben, war die Botschaft. Das Resultat entsprach einem ehernen Grundprinzip der Fernsehbranche, das lautete: Wochentags- und Wochenend-Programmierungen unterscheiden sich grundsätzlich, da das Sehverhalten jeweils ein anderes ist.

Wir versuchten es trotzdem – und auch hier war es vom ersten Tag an ein Erfolg. Wir konnten unsere Marktanteile während mehrerer Jahre glatt verdoppeln. Kurze Zeit später zog Marktführer RTL mit seinen Gerichtsshows nach und kopierte damit unser Konzept, doch der Erfolg hielt sich in Grenzen. Der *first mover advantage* hatte sich diesmal für uns ausgezahlt. Unter dem Titel *Kupferstecher* mokierte sich die *Frankfurter Allgemeine Zeitung* über die sehr durchsichtige RTL-Programmierungspolitik. Es fiel offenbar auf, dass jetzt wir die Innovatoren waren und nicht mehr unsere große Konkurrenz.

Diese beiden für uns erfolgreichen Beispiele lehren uns einige der wichtigsten Prinzipien des Programmierens: Es gibt keine ehernen, unverrückbaren Gesetze. Manchmal ist es geradezu zwingend, neu, anders, eben *out of the box* zu denken, um zu Lösungen zu gelangen und um die Konkurrenz zu überraschen. »Television is an art, it's not a science«, erklärte Haim Saban jeweils treffend. Es gibt keine Formeln, nach denen man vorgehen kann, nichts, das in Lehrbüchern nachzulesen ist, um kopiert zu werden. Alles ist *trial and error*, Bauchgefühl und Glück. Und hie und da wird man für eine risikoreiche Entscheidung belohnt.

Wenn man ein Programmierungsproblem gelöst hat, steht schon das nächste ins Haus. Denn im gesetzlosen TV-Programmierungs-Dschungel äugt die versammelte Konkurrenz neidisch auf diese Entwicklung und hat bloß ein einziges Ziel: Wie kann ich mir die verlorenen Marktanteile zurückholen? Was muss ich in meinem Schema verändern, um richtig zu punkten? Denn die Programmierungen der wichtigeren Sender ist ein System der kommunizierenden Röhren. Ein Nullsummenspiel: was der eine gewinnt, verliert der andere. Und der wird alles tun, um so schnell als möglich zurückzuschlagen.

Auch dazu ein Beispiel: Anfangs 2004 brach unser zuvor recht flotter Donnerstag ein. Die alten Erfolgsserien wie *Stefanie* und *Kommissar Rex* dümpelten plötzlich mit inakzeptablen Quoten im einstelligen Bereich. Aus diesem Grund blieb uns nichts anderes übrig, als diese Programme ganz aus der Primetime auszusortieren. Wir legten die kurz zuvor lancierte *Schillerstraße* auf 20.15 Uhr, *Navy CIS* folgte eine Stunde später, und auf 22.15 packten wir Ulli Meyers *Akte* hinten drauf. Innerhalb kürzester Zeit wurde so der Donnerstag zum erfolgreichsten Abend der Woche. Das musste natürlich unsere Hauptkonkurrenten provozieren, von denen wir die zusätzlichen Marktanteile geholt hatten. Lange fanden diese kein Konzept, uns ernsthaft anzugreifen. Doch Mitte 2006 ging es Schlag auf Schlag. Zuerst kam ausgerechnet der Schwestersender Pro7 mit der fünften Staffel von *Popstars*, die zu aller Überraschung mit über 20% Marktanteil viel besser performte als die früheren Staffeln. Dann folgte RTL mit *CSI* und weiteren Lizenzserien – und unser ganzer schöner Sat.1-Donnerstag war im Eimer, so dass er wieder vollständig umprogrammiert werden musste.

Doch auch dieser Dschungel hat gewisse Gesetze. Deshalb möchte ich hier die wichtigsten auflisten.

1. Um 20.15 Uhr werden die Karten neu gemischt
Die Besonderheit des deutschen Fernsehens ist der Beginn der Primetime um 20.15 Uhr. Das Ende der *Tagesschau* im Ersten ist der Zeitpunkt, wo die Karten neu gemischt werden. Alle Vorabendprogramme enden hier und alle Primetime-Sendun-

gen beginnen. An dieser Stelle spielt der Audience-Flow am wenigsten, also der Fluss von einer Sendung auf einem Kanal zur nächsten. 20.15 Uhr ist damit der wichtigste Umschaltpunkt. Die dann ausgestrahlte Sendung erhält deshalb eine überproportional große Bedeutung, denn sie ist auch das Trampolin für die darauf folgende zuschauerstärkste Stunde des ganzen Tages, nämlich die Zeit zwischen 21 und 22 Uhr. Jeder Sender setzt daher seine zugkräftigsten Lokomotiven vorzugsweise um 20.15 Uhr ein.

Auch in dieser Disziplin ist RTL seit vielen Jahren in einer Pole-Position. Dreimal die Woche – Montag, Freitag und Samstag – stellt hier Günther Jauch in *Wer wird Millionär?* seine Fragen. Auch wenn die Quoten tendenziell sinken und sich von den alten Höchstwerten immer weiter entfernen, bilden die erzielten Marktanteile weiterhin ein recht solides Fundament für die RTL-Primetime. Mit der Programmierung von *CSI* am Dienstag hat sich RTL einen weiteren erprobten 20.15 Uhr-Quotenknaller gesichert. Diese wenigen Programme am Beginn der Primetime bilden die Basis für die Dominanz von RTL, der kein anderer Sender Vergleichbares entgegensetzen kann. Anderseits läuft RTL ein gewaltiges Risiko, wenn etwa Günther Jauch entscheiden sollte, seine Quizsendung nicht weiter zu machen und gleich drei 20.15-Uhr-Leuchttürme gleichzeitig wegbrechen könnten. Die Auswirkungen aufs RTL-Gesamtprogramm wäre ein Erdbeben mit Stärke 9. Deshalb werden die Verantwortlichen in Köln alles Erdenkliche tun, diesen Zeitpunkt so weit als möglich hinauszuschieben.

2. Audience Flow

Der Zuschauerfluss von einer Sendung zur nächsten – der Audience-Flow – ist ein zentraler Aspekt jeder Programmierung. Je höher der Prozentsatz der Zuschauer, die am Ende eines Programms die nächste Sendung auf demselben Kanal wählen, desto optimaler ist das Resultat. Die wichtigste Regel ist, dass der Audience-Flow höher ist, wenn es keinen Genrewechsel zwischen den Sendungen gibt. Beispielhaft ist die Programmierung von VOX am Montag und am Mittwoch mit bis zu vier amerikanischen Serien hintereinander, alle also im gleichen Genre. VOX erzielt dabei Audience-Flows von bis zu 60%, was unerreicht hoch ist. Auf diese Weise erhalten auch schwächere Serien im Anschluss von Top-Produkten tolle Quoten. Dieses VOX-Konzept hat RTL am Dienstag übernommen und erzielt an diesem Abend die höchsten Quoten der ganzen Woche, natürlich mit *CSI* in der Pole-Position um 20.15 Uhr.

Ein Genrewechsel bringt hingegen generell schwächere Audience-Flows, wie Sat.1 etwa am Mittwoch schmerzlich erleben musste, wo der Zuschauerfluss vom Unterhaltungsformat *Clever* auf ein Fiction-Format wie *Stadt, Land, Mord* nur bei 22% lag, was diese neue Reihe arg beschädigte. Und bei RTL konnte selbst ein robuster *Millionär* ein schwächelndes *Hinter Gittern* nicht retten. Aus diesem Grund suchen die Programmplaner in allen Sendern nach optimalen Audience-Flows innerhalb von Genres oder dann mit kongenialen Genres, was jedoch aufgrund des eigenen Portfolios und/oder der Konkurrenz-Programmierung nicht immer möglich ist.

Es wird heute alles unternommen, um den Audience-Flow durch On-air-Maßnahmen zu unterstützen. So versuchen die Sender mit immer raffinierteren Methoden, den Übergang von einer Sendung zur nächsten so gut als möglich zu verschleiern, um die Zuschauer quasi subkutan ins nächste Programm hinüber zu ziehen.

3. Relevant Set

Der Audience-Flow wirkt nicht nur in eine Richtung. Eine starke Sendung wirkt auch im Vorfeld. So hatte *Verliebt in Berlin* in seinen besten Zeiten Auswirkungen auf Sendungen im gesamten Vorabend, auch weit im Vorfeld dieser Sendung. Mit *VIB* gehörte Sat.1 für diese wichtige Zeitzone zum *rele-*

vant set, zu einem der Sender, der im Augenmerk sehr vieler Zuschauer war, die sich deshalb auch für andere Sendungen stärker interessierten.

Dieser Effekt spielt auch bei absoluten Highlights in der Primetime. In diesen Fällen ist oft bereits früh am Sendetag ein verstärktes Grundrauschen in Form erhöhter Quoten zu verspüren, als ob sich Zuschauer für den Abend frühzeitig einklinken oder sich instinktiv in den Magazin-Sendungen mittels Promotionsberichten und Hintergrundstorys vorinformieren und einstimmen wollten.

Starke Quoten in der einen Sendung liefern zudem perfekte Promotionsflächen für die Bewerbung weiterer Sendungen. Es werden hier mehr Zuschauer erreicht, die aufgrund von Trailern effizient weitergereicht werden können. Man erzielt auf diese Weise höhere GRPs (»Gross-Rating-Points«), die Maßeinheit für die Werbereichweiten. So ist der Erfolg eine der wirkungsvollsten Grundlagen für weiteren Erfolg: *success breeds success*. Wer einen Platz im Relevant Set mit guten Quoten hält, hat deshalb viel bessere Chancen, dort zu verbleiben als andere Sender, selbst wenn diese attraktivere Programme anbieten.

4. Programmieren als Gruppe

In der Zielgruppe 14 bis 49 Jahre gibt es nicht nur einen Kampf um die Gunst des Zuschauers zwischen einzelnen Sendern, ökonomisch relevanter ist der Wettbewerb zwischen den beiden großen Gruppen ProSiebenSat.1 und RTL. In der einen Gruppe sind es drei Sender, nämlich Pro7, Sat.1 und Kabel 1, deren Programme untereinander abgestimmt werden müssen, in der anderen sind es zwei, RTL und VOX. Dies sind permanente, äußerst komplexe Verfahren, die je nach den persönlichen Affinitäten der Spitzenleute der einzelnen Sender eher freundschaftlich oder verbissen ablaufen. Die Ausgangssituation ist ziemlich vertrackt: Einerseits ist man innerhalb der Gruppe untereinander verbunden, anderseits kämpft jeder

Sender für sich um die höchstmöglichen Marktanteile – auch gegen die konzerninternen Schwesterstationen. Diese Konstellation führt sehr oft zu konkreten Programmierungs-Konflikten, in denen der eine oder der andere Sender nach Entscheidungen der Konzernspitze nachzugeben hat.

Einige Beispiele: Es ist nicht sinnvoll, wenn zwei Sender einer Gruppe gleichzeitig Shows anbieten. Ebenso sollte vermieden werden, dass beide im selben Slot eigenproduzierte Fiction programmieren. Auch ist es nicht optimal, wenn mehrere Sender einer Gruppe am selben Abend die gleiche Zielgruppe avisieren, etwa Frauen über dreißig. Mit diesem Ansatz jagt man sich gegenseitig die Zuschauer ab und erleichtert die Aufgabe für die Konkurrenz, die sich über solche Vorgänge jeweils schlapp lacht. Wie aber soll entschieden werden, wenn zwei Sender einer Gruppe aus ihrer konkreten Sicht heraus gerade diese eine Programmierung als optimal beurteilen, weil sich andere Tage dafür weniger eignen? Oder wenn eine Sendung kurzfristig einbricht und händeringend und ohne Verzug ein quotenträchtiger Ersatz herbeigeschafft werden muss? Dann kommt der Blick auf die Befindlichkeit des konzerninternen Konkurrenten erst in zweiter Linie, denn in der Not ist sich auch im harten Fernsehgeschäft jeder selbst der nächste.

In der ProSiebenSat.1-Gruppe mit gleich drei Sendern, von denen zwei in der ersten Liga auf gleicher Augenhöhe operieren, sind diese Abgrenzungen oft nur sehr schwer zu treffen. Bei RTL ist hingegen der eine Sender ganz klar die Nr.1, und damit ist die Hierarchie geklärt. Dass Anke Schäferkordt Chefin der ganzen Gruppe gleichzeitig auch Chefin des Senders RTL ist, vereinfacht solche Diskussionen zusätzlich.

5. Gegenprogrammierung

Damit stoßen wir ins Zentrum des Programmierungsdschungels. Es geht nämlich nicht allein darum, möglichst hohe eigene Quoten zu erzielen, sondern manchmal will man vor allem die Quoten der Konkurrenz beschädigen. Für diese Destruktiv-Aktionen bieten sich besonders die wichtigen Einstart-Sendungen auf einem anderen Kanal an. Die erste Folge ist nämlich jeweils von besonderem Gewicht, weil ein guter Einstart einer neuen Serie oder einer Reihe mehr ist als ein Indiz für den Erfolg des ganzen Programms. Es ist die halbe Miete! Denn die ganze Kraft der Promotion liegt meist auf dieser ersten Folge. Wenn die nicht funktioniert, ist der gesamte Werbeeffekt weg. Wenn also der Einstart durch eine sehr starke Gegenprogrammierung beschädigt wird, erzielt man oft einen Effekt, der weit über den einzelnen Tag hinausreicht.

Als Sat.1 im Herbst 2006 seine Castingshow *You can dance* ankündigte, setzte RTL gegen die erste Folge ein Doppelpack von *Wer wird Millionär?* und auf die zweite Folge den *Domino Day*, um so das Programm nachhaltig zu beschädigen – was auch gelang. Dann platzierte Sat.1 anfangs 2007 die US-Serie *Without a Trace* auf Donnerstag 20.15 Uhr, und subito setzte RTL zweimal Doppelfolgen ihrer Allzweckwaffe *CSI* in einer evidenten Kampfprogrammierung dagegen – ebenfalls mit Erfolg.

Gerade bei Serien, bei denen es aus inhaltlichen Gründen sinnvoll oder gar notwendig ist, von der ersten Folge an dabei zu sein, ist die Bekämpfung durch wirkungsvolle Gegenprogrammierung eine schnittige Machete im Konkurrenzdschungel. Den Einstart der amerikanischen Serie *Alles Betty* konterte RTL im April 2007 deshalb wieder mit einem *Wer wird Millionär*-Special. Diese Methode kann jedoch beinahe nur vom Martkleader genutzt werden, der ausreichend zerstörerische Programm-Munition in seinem Arsenal hat, während andere Sender ihre Quotenperlen sparsamer einsetzen müssen.

Beim Gegenprogrammieren wird zum Teil auch mit Tricks und Finten gearbeitet, und das geht so: Die meisten Programmentscheide gelangen im so genannten Sechswochen-Vorlauf an die Öffentlichkeit. Das ist der Zeitraum, der von den zweiwöchigen Programmzeitschriften benötigt wird, um eine Sendung in gepflegter und ausführlicher Form in die eigene Publikation aufzunehmen. Diese Informationen gelangen natürlich zu diesem Zeitpunkt sofort an alle anderen Stationen. Die meisten Sender geben deshalb ihre Entscheidungen erst im letztmöglichen Moment bekannt. Hie und da wird sogar bewusst ein falsches Programm, z.B. ein falscher Spielfilm angekündigt, womit man dann ein, zwei Wochen später via Programmänderung den Gegner mit einem stärkeren (schwächeren) Programm düpiert, der dann nicht mehr reagieren kann. Dabei nimmt man zuweilen sogar in Kauf, dass die Berichterstattung in den Programmzeitschriften über das eigene Programm nicht optimal sein wird.

6. *Gelernter Sendeplatz*

Zuschauer lieben nichts so sehr als Verlässlichkeit der Programmierung. Je länger eine Sendung auf einem Platz liegt, desto instinktiver und zuverlässiger wird sie vom Zuschauer angepeilt. Sie benötigen dann nicht einmal mehr den Blick in die Programmzeitschrift oder die Tageszeitung. Manchmal organisieren sie sogar ihr Leben rund um diese Sendung, um ja keine Folge zu verpassen. Das heißt, sie haben den Sendeplatz gelernt, ihn internalisiert. Dieser Mechanismus wertet jedes Programm auf und verschafft ihm zusätzliche Marktanteile.

Die Verlegung einer solchen Sendung auf einen anderen Programmplatz ist also ein gravierender Einschnitt für die Gruppe der Kernzuschauer. Doch das Programmieren eines Senders ist ein hochkomplexes Mosaik, bei dem die Veränderung eines einzelnen Steins Veränderungen an mehreren Stellen hervorrufen kann. Deshalb nimmt man das Verlassen eines »gelernten Sendeplatzes« manchmal in Kauf, weil man sich davon gesamthaft eine Verbesserung des Angebots verspricht. Eine solche Entscheidung ist meist ein Produkt langer Abwägungen, der nur unternommen wird, wenn man mit einiger Sicherheit davon ausgeht, mit diesem Schritt den Sender per Saldo zu stärken und nicht zu schwächen.

Auch hier liefert die Marktforschung jeweils Antworten aufgrund komplizierter Modelle. Der Program-Builder simuliert die Auswirkungen der Verschiebung eines Programms nicht nur für das Gesamtpublikum, sondern auch für die einzelnen soziologischen Untergruppen. Er versucht ebenfalls aufzuzeigen, welche neue Audience Flows sich einstellen würden. Diese Daten sind meist bloß ein Baustein der Entscheidungsfindung, denn auch hier zeigt sich das grundsätzliche Problem jeder Marktforschung: Mit Werten aus der Vergangenheit soll zukünftiges Verhalten simuliert werden – und das schafft man mit diesen Methoden nur unzulänglich. Meine Erfahrung weist darauf hin, dass das Bauchgefühl von routinierten Fernsehleuten der Realität oft näher kommt als die mathematisch erarbeiteten Resultate.

7. Tagesmarktanteil

Der Tag wird in verschiedene Zonen mit unterschiedlicher Gewichtung aufgeteilt. Der Fernsehkonsum steigt vom Morgen an kontinuierlich, ab 18 Uhr nimmt er massiv zu, um zwischen 21 Uhr und 22 Uhr den Höhepunkt zu erreichen. Danach flacht er ab. Das ist banal und entspricht dem Allgemeinwissen. Ein detaillierter Blick auf die einzelnen Zeitzonen ergibt aber einige überraschende Werte. Der gesamte Tagesmarktanteil verteilt sich so auf die einzelnen Zonen:

03 bis 06 Uhr 3 %
06 bis 09 Uhr 4 %
09 bis 13 Uhr 10 %
13 bis 17 Uhr 17 %
17 bis 20 Uhr 20 %
20 bis 23 Uhr 32 %
23 bis 01 Uhr 11 %
01 bis 03 Uhr 4 %

52 % des gesamten Konsums findet damit in nur sechs Stunden zwischen 17 und 23 Uhr statt. Das entspricht wohl den

meisten Erwartungen. Eher überraschend ist aber die hohe Nutzung in den zwei späten Stunden zwischen 23 und 01 Uhr mit 11 %, also mehr als in den vier Stunden zwischen 9 und 13 Uhr (10 %). Und der TV-Konsum ist am Nachmittag zwischen 13 und 17 Uhr mit 17 % beinahe ebenso hoch wie in der so hart umkämpften Access-Primetime zwischen 17 und 20 Uhr mit 20 %.

Jede Programmplanung muss diese Werte berücksichtigen, denn je größer die Nutzung, desto höher sind die potenziellen Einnahmen. Die Entscheidung, in welchen Stunden wie viel Geld für die Programme ausgegeben werden soll, erfolgt nach solchen Erwägungen. Dabei muss zusätzlich berücksichtigt werden, dass in der Daytime weniger hohe Tausend-Kontakt-Preise (TKPs) erzielt werden können als in der Primetime, d. h. pro Tausend Zuschauer wird am Nachmittag weniger bezahlt als am Abend. Dies reduziert den kommerziellen Wert dieser Zonen mehr, als es aufgrund der Marktanteile logisch wäre.

Programmerfolge in verschiedenen Zeitzonen haben daher ganz unterschiedliche Effekte auf die Tages- und damit auch auf die Monats- und Jahresmarktanteile. Der alleinige Blick auf den Vorabend und den Hauptabend genügt nicht, nur weil hier die höchsten Werte erzielt werden. Ein Beispiel: Unterdurchschnittliche Werte in der Late-Night nach 23 Uhr, die nicht so stark im Fokus der Öffentlichkeit steht, können gravierende Folgen auf den Tagesmarktanteil haben, wie Sat.1 in den letzten Jahren an mehreren Wochentagen erfahren musste. Anderseits kann eine stark programmierte Late-Schiene Wundersames bewirken, wie es etwa Pro7 mit der Programmierung von gleich drei starken Spielfilmen am Sonntagabend seit längerem vormacht.

8. Werbeblocks

Eine der schwierigsten Aufgaben der Programmmacher ist die Platzierung der Werbeblocks. Die Ausgangslage sieht so aus: Pro Stunde darf ein Sender gemäß geltendem Recht zwölf

Minuten Werbung schalten. Dies wird von den Landesmedienanstalten akribisch überprüft. Nun haben findige TV-Profis herausgefunden, dass sie die Zahl der Spots erhöhen können, wenn sie sich nicht auf die tatsächlichen Stunden stützen, sondern den Beginn der Stunde an jedem Tag individuell bestimmen. Das war die Erfindung der »flexiblen Stunde«, was der Gesetzgeber nicht verbietet.

Das klingt komplizierter als es ist. Ein Beispiel: Die »flexible Stunde« beginnt an einem Tag jeweils um vierzig nach, d.h. um 6.40 Uhr, 7.40 Uhr usw. Am nächsten Tag verschiebt man eventuell die »flexible Stunde« um einige Minuten nach vorne oder nach hinten, um so die Zahl der Spots in den teuersten Zeitzonen und damit die Gesamteinnahmen zu optimieren. In der Sprache der Fernsehverkäufer wird das Inventory erhöht, was vor allem in den am meisten nachgefragten und meist auch ausgebuchten Werbemonaten zu erheblichen Mehreinnahmen führen kann.

Im Tagesgeschäft kann diese Regelung zu seltsamen Situationen führen. Um die Begrenzung der »flexiblen Stunde« nicht zu verletzen, kommt es vor, dass der Regisseur der Moderatorin einer Live-Sendung über den Kopfhörer zuruft: »Sprich zehn Sekunden länger als vorgesehen, sonst gibt es Probleme mit der Landesmedienanstalt.«

Doch es wird noch etwas komplizierter. Im Rahmen dieser Beschränkungen kann die Positionierung von Werbeblocks variiert werden. Bereits in den Achtzigerjahren begannen mehrere Sender die Werbung zwischen den Sendungen abzuschaffen. Diese »Scharnierwerbung« hat den evidenten Nachteil, dass sie die Zuschauer nicht von einem Programm ins nächste mitnimmt, also einen miserablen Audience-Flow auslöst. Um diesen zu erhöhen, muss die Werbung innerhalb der Sendungen positioniert werden.

Wann ist dazu der beste Zeitpunkt? Hier gibt es verschiedene Ansätze. So wünscht sich jeder Sendungsverantwortliche eines halbstündigen Magazins den Werbeblock möglichst nahe am Ende seiner Sendung, weil er so eine längere Strecke hat, um mit seinem Programm neue Zuschauer zu gewinnen, und weil er auf diese Weise die quotenschädigende Wirkung des Werbeblocks minimiert. Dass der kurze Schluss seines Programms nach Ende des Werbeblocks die Quote kaum mehr nach oben bewegen wird, nimmt er achselzuckend in Kauf, weil es ihn kaum mehr berührt. Und es kümmert ihn nur sekundär, dass er damit das Problem auf das folgende Programm verlagert, das mit einer tiefen Quote einsteigt, die von dieser Sendung wieder aufgebaut werden muss. Eine gute Programmplanung verhindert diesen Drang einzelner Sendeleiter, den schwarzen Peter einfach weiterzugeben und fordert sie auf, die Werbeblocks früher zu setzen, damit die Übergabe von einer Sendung zur anderen und damit das Gesamtprogramm optimiert wird.

Neben diesen Platzierungskriterien innerhalb des Senders gibt es vor allem den direkten Vergleich mit der Konkurrenz – und hier beginnt die hohe Kunst der Werbeblock-Positionierung. Auf den detailliert analysierten Minutenschritten ist deutlich erkennbar, wie sich die Zuschauerströme zwischen den wichtigen Sendern bewegen. Mit einem optisch raffinierten Computerprogramm, mit dem sich die Quotenkurven direkt über die Wiedergabe einer Sendung des Vortags legen lassen, kann man sekundengenau erkennen, wie viele Zuschauer am Beginn des Werbeblocks zu welchem der anderen Sender wandern, und umgekehrt, wie viele Zuschauer man herüberlotsen kann, wenn die Konkurrenz in die Werbung geht.

Deshalb hat ein Sendeleiter permanent abzuwägen, wie er unter Berücksichtigung all dieser Effekte den Werbeblock setzt. Er kann diese Entscheidung zusätzlich mit inhaltlichen Maßnahmen unterstützen. Beispiel: Wenn in einer Stunde RTL für Sat.1 die Hauptkonkurrenz ist, so kann der Leiter des Sat.1-Magazins sein stärkstes Stück genau dann platzieren, wenn RTL in die Werbung geht. Und er hofft natürlich, dass diese Zuschauer bei seiner Sendung verbleiben, auch dann, wenn die gefühlte Länge des RTL-Blocks zu Ende geht.

So beäugen sich die Chefs direkt konkurrierender Sendungen der größeren Sender täglich und verlegen manchmal kurzfristig und überraschend die Platzierung ihrer Werbeblocks, um so den Gegner zu düpieren und um sich zusätzliche Vorteile zu verschaffen. Der Kampf im Dschungel ist voller Tücken …

Und als ob dies nicht genug wäre, gilt es noch die verschiedenen Tarifstufen zu beachten. Ein achtminütiger Werbeblock, der um 19.59 Uhr einstartet, fällt in seiner vollen Länge in eine tiefere Tarifstufe als einer, der zwei Minuten später, um 20.01 Uhr, beginnt. Deshalb wird aus einsehbaren Gründen immer versucht, den für den Sender ertragreichsten Zeitpunkt für den Beginn eines Werbeblocks zu wählen.

Die Kombination von »flexibler Stunde«, optimaler Übergabe an die nachfolgende Sendung, teurere Tarifstufe und das Ausnützen von genau getimten inhaltlichen Stärken machen das richtige Setzen der Werbeblocks zu einer wichtigen, höchst komplexen Aufgabe der Sendeleiter, die einen bedeutenden Teil ihrer Aufmerksamkeit beansprucht.

Das Programmieren von Fernsehsendern verläuft nach ähnlichen Regeln wie das Überleben im Dschungel. Es gibt keinen einzigen Moment, in dem man sich entspannen kann. Der Kampf ums Überleben wird mit ständig verfeinerten Methoden geführt, um sich in einer feindlichen Umwelt selbst kleinste Vorteile zu verschaffen. Daran arbeitet eine große Zahl von intelligenten, gut geschulten und motivierten Mitarbeitern rund um die Uhr, ohne dass dies je ein Zuschauer bewusst wahrnehmen wird.

8. ÖFFENTLICH, RECHTLICH UND REDLICH?

Ich war bereit, ins Risiko zu gehen. Dies war nun endlich wieder einmal eine Gelegenheit, internationalen Fußball bei Sat.1 zu zeigen, nachdem wir uns zuvor aus Kostengründen von der Bundesliga und anschließend auch noch von der Champions League verabschieden mussten.

Es war im Spätsommer 2006, und das Angebot war reizvoll. Der HSV stand als Drittplatzierter der letzten Meisterschaft in der Qualifikation für die Champions League. Bereits bekannt waren die Daten der beiden Spiele, noch nicht aber der Gegner der Hamburger, der erst ausgelost werden musste. Eine solche Entscheidung für den Kauf von Fußball ist ein Spiel mit vielen Unbekannten, bei dem entweder ein Klub mit klingendem Namen aus einer der Topligen Europas oder ein obskurer Verein aus irgendeiner osteuropäischen Provinz herausspringen kann, bei dem die Einschaltquoten und damit auch die Werbeeinnahmen im Keller sein werden. Nach einigem Überlegen sagte ich zu, denn es war für längere Zeit unsere letzte Chance, eine unserer früheren Kernkompetenzen wieder etwas aufscheinen zu lassen. Und zudem wurde ein Preis gefordert, den wir in diesen werbeträgen Augustwochen mit einigem Losglück knapp wieder einspielen konnten, wie unsere Werbeabteilung berechnete. Gefordert wurden 375000 Euro pro Spiel, für das ganze Paket also 750000 Euro.

Kurz vor dem Unterschreiben kam der Rechteinhaber, die Firma Sportfive, mit einem ungewöhnlichen Vorschlag. Würden wir einer zusätzlichen Klausel zustimmen, gemäß der sie die Spiele gegen eine Entschädigung von 250000 Euro von uns zurückkaufen konnten, und zwar bis einen Tag nach der Auslosung des Gegners der Hamburger? Wir stimmten etwas überrascht zu, da wir für uns keinen Nachteil erkennen konnten, und so wurde dieser etwas seltsame Vertrag unterschrieben.

Gespannt warteten wir auf den Tag X – und freuten uns dann über die sehr attraktive Paarung HSV gegen den FC Sevilla. Am nächsten Tag kam der Anruf von Sportfive. Ein anderer Sender hätte viel mehr geboten als wir, weshalb nun diese ominöse Klausel in Kraft trete. Sofort begannen wir zu recherchieren. Wir erfuhren, dass die ARD für das Paket genau das Doppelte geboten hatte als wir, nämlich 1,5 Millionen Euro. Der ARD-Sportkoordinator äußerte sich öffentlich erfreut über dieses »Schnäppchen«, zu dem man so kurzfristig gekommen sei. Und wirklich hatte die ARD kurz darauf die beiden Spiele mit guten Quoten im Primetime-Programm. Wir hingegen erhielten für das Nichtsenden von Fußball vom öffentlich-rechtlichen Sender erstmals und indirekt Gebührengelder in der Höhe von 250 000 Euro.

Dieses Beispiel zeigt die grundsätzlichen Verhältnisse zwischen den Privaten und den Öffentlich-Rechtlichen. Was für die einen nicht refinanzierbar ist, stellt für die Gegenseite ein »Schnäppchen« dar. Zwar werden die Unterschiede nur selten so transparent wie in diesem konkreten Fall, aber das Prinzip ist klar: ARD und ZDF können für jeden Sendeplatz viel höhere Mittel einsetzen als die Privaten. Ohne den Zwang, Sendungen refinanzieren zu müssen und mit einem gesicherten Gebührenpolster von mehr als sieben Milliarden Euro im Jahr sind sie blind in der Lage, die private Konkurrenz nach Gutdünken finanziell um Längen zu übertrumpfen.

Dies betrifft beileibe nicht nur den Sportbereich, der in jüngster Zeit im Zentrum der Diskussion steht, etwa wenn es um die Vergabe der Rechte für die großen internationalen Turniere wie Fußball-WM oder -EM geht. Aus politischen Erwägungen werden hier den Privaten bestenfalls Häppchen zugeworfen, um ein glaubwürdiges Alibi zur Vertuschung der wahren Verhältnisse zu kreieren. Bei der letzten Fußball-WM war ein Mini-Paket von acht Spielen auf dem Markt, das sich RTL aus Image- und Quotengründen schnappte, wobei man bewusst gewaltige finanzielle Verluste in Kauf nahm. An der eigentlichen Dominanz von ARD und ZDF, die sich die meisten Spiele teilten – und zumal natürlich die wertvollsten – änderte dies nichts. Bei der EM 2008 werden die Privaten praktisch wieder ausgesperrt, weil man ihnen nicht einmal die Brosamen gönnen will.

Die Intendanten der öffentlich-rechtlichen Anstalten wissen, dass sie ohne diese todsicheren Quotengaranten – die sie sich faktisch ohne größere kreative Eigenleistungen sichern – in Erklärungsnotstände geraten würden. Und deshalb sind sie bereit, jeden von der Konkurrenz gebotenen Preis locker zu überbieten. Sie handeln wie früher Leo Kirch, der bereit war, immer einen höheren Preis als die Konkurrenz für die Bundesliga zu bezahlen, nur mit zwei klitzekleinen Unterschieden: ARD und ZDF müssen nicht nur die Bundesliga haben, sondern auch die WM, die EM, die Qualifikationsspiele der Nationalmannschaft, die Freundschaftsspiele der Nationalmannschaft, die Pokalspiele, Teile des UEFA-Cups, die Olympischen Sommer- und Winterspiele, den Biathlon-Weltcup und vieles mehr – koste es, was es wolle. Und die zweite kleine Differenz zu Leo Kirch besteht darin, dass sie selbst bei den fantastischsten Preissteigerungen nie Gefahr laufen, Pleite zu gehen wie er, sondern via Gebührenerhöhungen auch die schlimmsten Exzesse wieder ins Lot bringen.

Diese Ausgangslage geht weit über den Sportbereich hinaus. Zwar können die Privaten beim Verkauf der großen Hollywood-Filmpakete teilweise noch mithalten und sich attraktive Stücke des jährlichen Blockbuster-Angebots sichern. Dass aber auch hier nicht mit ähnlich langen Spießen gefochten wird, zeigt ein Blick auf die Programmierung dieser Sende-Highlights. Während die Privaten diese Perlen gezielt einsetzen und die wertvollsten von ihnen mit einem Höchstmaß an werblicher Unterstützung begleiten, werden sie bei ARD und ZDF teilweise regelrecht verschleudert. Vor allem ins Auge springt die Programmierung beim ZDF in den letzten zehn Tagen des Jahres. Dort versucht man mit einer unsinnigen Kavalkade von Blockbustern den Hauptkonkurrenten ARD in letzter Minute in der Jahreswertung niederzuringen. Dieses alljährliche millionenteure Macho-Gehabe um die Marktführerschaft wird ohne Rücksicht auf Verluste allein mit dem verschwenderischen Einsatz von Gebührengeldern bestritten.

Im Rahmen dieser Strategie des Überflusses werden selbst teuer eingekaufte Topfilme in Randzeiten verlegt, die bei den Privaten auch in mehrfacher Wiederholung Primetime-Highlights wären. So sendete die ARD sogar die Free-TV-Premiere des internationalen Blockbusters *Shrek – der tollkühne Held* bloß am Vorabend um 17.50 Uhr und nicht zur besten Sendezeit, ebenso die Wiederholungen der *Sissi*-Filme. Oscar-Gewinner und Publikumsrenner *A Beautiful Mind* wurde um 22.35 Uhr ausgestrahlt. Das ZDF programmierte *Sister Act 2* und *Schlaflos in Seattle* um 17.20 Uhr, *Notting Hill* um 21.45 Uhr, *Billy Elliot* als Free-TV-Premiere um 22.15 Uhr. Bei jedem Privatsender wäre jeder dieser Filme fraglos um 20.15 Uhr eingesetzt worden.

Ohne all diese teuer gekauften Marktanteile sähen die Jahresbilanzen von ARD und ZDF pitoyabel aus, nicht allein beim Gesamtpublikum, sondern mehr noch bei der Zielgruppe der Privaten, den 14- bis 49-Jährigen, also dem bedeutendsten Teil der aktiven Bevölkerung. Hier erzielen sie trotz all dieser Sportevents mit den absoluten Jahres-Rekordquoten nur noch Werte der Privatsender der zweiten Liga wie VOX oder RTL2. Ohne Sport, *Wetten dass …?*, die *Tagesschau* und einige Soaps wären sie definitiv als Spartensender für ein älteres Publikum enttarnt und kämen damit in einen erheblichen Erklärungsnotstand.

Natürlich wird diese Betrachtungsweise von den Vertretern der Öffentlich-Rechtlichen ignoriert – und das aus gutem Grund. Es genügt ein einziger Blick auf die Quoten der politischen Vorzeigesendungen von ARD und ZDF wie *Sabine Christiansen* oder *Maybrit Illner*, die in der Zielgruppe im Durchschnitt weniger als 6% Marktanteil erzielen. Das heißt, dass diese als politisch und gesellschaftlich relevant eingestuften Diskussionen zu gesellschaftspolitischen Themen von 94% der zu diesem Zeitpunkt fernsehenden Menschen im Altersspektrum zwischen 14 und 49 Jahren ignoriert werden. Ihr Publikum finden sie beinahe ausschließlich bei den über 50-Jährigen. Aber es kommt noch schlimmer: Die *Tagesschau* gilt seit Jahrzehnten als das unange-fochtene Flaggschiff des öffentlich-rechtlichen Fernsehens. Da-bei findet ein Prozess statt, der dieses Denkmal immer weiter unterspült. So holen die gleichzeitig ausgestrahlten boulevardes-ken Nachrichten von RTL II mittlerweile nicht nur bei der ganz jungen Gruppe der 14- bis 29-Jährigen regelmäßig höhere Quo-ten. Selbst bei den 14- bis 49-Jährigen liegt die Sendung inzwi-schen manchmal ganz nahe bei den Werten der *Tagesschau*. Das heißt, selbst bei der absoluten Kernkompetenz der ARD bricht der Zugang zum größten Teil der aktiven Bevölkerung weg.

In mehreren Podiumsdiskussionen mit den Spitzenvertretern von ARD und ZDF habe ich auf diesen Mechanismus hingewie-sen und gefragt, ob es die Intendanten nicht ernsthaft umtreibe, dass sie durch ihr offensichtliches Versagen in diesem Bereich ihre eigene Argumentation zugunsten des Status als gebührenfinan-zierte Sender untergraben. Die Reaktion war jeweils betretenes Schweigen oder bestand aus einigen scherzhaft gemeinten Be-merkungen, um vom Thema abzulenken. Nein, das ist definitiv nichts, zu dem man sich öffentlich äußern möchte. Auf jeden Fall will man verhindern, dass dieses Versagen ins Bewusstsein eines größeren Teils der Bevölkerung gelangt.

Die monatelangen Verhandlungen mit Deutschlands größtem Fernsehstar standen kurz vor dem Abschluss. Der ARD war der sensationelle Coup gelungen, Günther Jauch als Nachfolger für die trudelnde Paradesendung *Sabine Christiansen* zu gewinnen. Dazu befand der neue ARD-Vorsitzende Fritz Raff in einem kurzen *Spiegel*-Interview zur Causa: »Ohne Jauch geht die ARD-Welt nicht unter.«

Drei Tage darauf zog sich Jauch zurück, und Deutschland hatte seine spannendste Personalie seit der Absage von Jürgen Klinsmann als Bundestrainer. Dabei hatte Fritz Raff – im Haupt-beruf Intendant des ARD-Kleinstsenders Saarländischer Rund-funk – in einem einzigen Einzeiler präzis das Selbstverständnis der ARD beschrieben. Ein Weltreich wie die Sowjetunion kann implodieren. Einem Firmenchef drohen bei Fehlverhalten öffentliche Prozesse und Gefängnis. Bundeskanzler werden abgewählt und Fußballtrainer geschasst – doch die Welt der ARD kann nicht untergehen, komme was oder wer wolle. Diese Institution ist unsinkbar, solange sie jährlich mit Milliarden von Gebührengeldern gespeist wird. Und dass dies so bleibt, dafür sorgen die engen persönlichen Kontakte der ARD-Führungstruppe zur Spitze der Politik.

Raffs saloppe Bemerkung decouvrierte die Innensicht dieser Institution. Im Zentrum des unzerstörbaren Universums stehen nicht die Stars, also die prägenden Sendergesichter wie bei den Privatsendern. Die werden dort gehegt, gepflegt und gehätschelt, weil sie es sind, die für Quote und Renommee sorgen. Bei den Öffentlich-Rechtlichen sind es die selbstverliebten Intendanten mit ihren langjährigen, unkündbaren Verträgen, die sich selbst als die wahren Stars, die echten Leistungsträger ihrer Institution sehen. Deshalb verhalten sie sich so arrogant wie im Falle von Günther Jauch. »Ohne Jauch geht's auch«, kartete SWR-Intendant Peter Voß nach dem Eclat mit wenig Gefühl für die Grundstimmung in der Bevölkerung nach. Zwar sind die Spitzenleute der ARD beim Platzen jedes neuen Skandals – und von denen gab es in letzter Zeit einige deftige – gerne bereit, die »Verantwortung« zu übernehmen. Doch das sind Worthülsen, die nur deshalb abgesondert werden, um das Thema möglichst schnell vom Tisch zu bringen.

Um sich in diesem Bereich nach einer Serie von Fehlleistungen neu zu positionieren, erklärte der selbstbewusste ARD-Programmdirektor Günter Struve am 3. Dezember 2006 in einem Interview im *Tagesspiegel*: »Was ich absolut ausschließen kann, ist, dass es bei Günther Jauch zu einem Problem kommen wird. Wenn es aber doch zu einem Problem kommen sollte, würde ich sofort das Handtuch werfen. Aber sofort.«

Als dann wider Erwarten der Ernstfall eintrat, war von Struve zu diesem Thema nichts mehr zu vernehmen. So war es »vom habituellen Schurken der ARD« (Hans Leyendecker in der *Süddeutschen Zeitung*) ja auch nicht gemeint gewesen. Die Übernahme von persönlichen Konsequenzen ist kein Teil der Welt, in der sich diese TV-Götter bewegen, die sich für bedeutender und unantastbarer halten als selbst die wichtigsten Politiker des Landes. Struves Imponiergehabe beweist, dass erstens selbst der alte ARD-Fuchs die zerstörerische Wirkung seiner eigenen Institution unterschätzt hatte, und dass er sich zweitens nur allzu gerne und ohne das Eingehen von echtem Risiko das Mäntelchen des harten, klaren und ehrenhaften Managers umgelegt hätte.

Die *Süddeutsche Zeitung* beschrieb die ARD als »die letzte graue Räterepublik Deutschlands«. Das Bild ist mit Bedacht gewählt. Denn der Fall Jauch war ein Aufprall eines selbstreferenziellen Rätesystems mit der freien Marktwirtschaft, dem das erstere nicht im Entferntesten gewachsen war. Aber im Gegensatz zum Ausgang der Auseinandersetzung zwischen Sozialismus und Kapitalismus kann die ARD eben nicht untergehen, wie nicht nur Fritz Raff, sondern alle Granden seiner Anstalt wissen.

Die designierte WDR-Chefin Monika Piel hat in einem Interview die Basis des bereits ausgehandelten Vertrags in Frage ge-

ARD-Programmdirektor Günter Struve: »Wenn es (mit Günther Jauch) doch zu einem Problem kommen sollte, würde ich sofort das Handtuch werfen.«

stellt und verstieß damit gegen Treu und Glauben. Wie in der ARD üblich brachte sie sich per Interview ein. »Entweder ist er bei uns oder bei den Kommerziellen«, forderte sie in der *Zeit*. Jauch hätte also seine Sendungen bei RTL aufgeben müssen, was nie Gegenstand der Verhandlungen gewesen war.

Nach dem Jauch-Debakel äußerten sich ARD-Spitzenleute wie sonst nur die schärfsten Kritiker der Öffentlich-Rechtlichen. So zeigte NDR-Intendant Jobst Plog öffentlich Verständnis für Jauch – und diskreditierte damit das Verhalten der vielen Bedenkenträger seines Senderverbunds. Die RBB-Intendantin Dagmar Reim erklärte entnervt in ihrem eigenen Inforadio: »Wenn die ARD die trübsten Klischees erfüllt, die über sie in Umlauf sind, dann wird die Verhandlungsposition, die solch ein Senderverbund einnimmt, nicht gerade besser.« Und auch Jauch selbst hieb im *Spiegel* nach Ablauf einer nur kurzen Anstandsfrist mit einem Invektiven-Feuerwerk auf seine Fast-Arbeitgeber ein.

Bei jedem Privatsender wäre innerhalb von Tagen das passiert, was Programmdirektor Struve angekündigt hätte. Dort sind die Senderchefs verantwortlich für ihr Tun und Lassen und werden dafür zur Rechenschaft gezogen. Bei der ARD hingegen hat man selbst diese gigantische öffentliche Blamage wie immer bewältigt: indem man sie aussitzt. Nun war er eben weg. Aber davon geht die Welt der ARD nicht unter.

Die internen Nachbeben hatten Monate später zumindest einen spürbaren Effekt: Sie ebneten Frank Plasberg mit seiner Sendung *Hart aber Fair* den Weg ins Erste, den man ihm zuvor jahrelang vernagelt hatte. Noch mehr als die Talkrunden sind die politischen Magazine während Jahrzehnten die journalistischen Vorzeigesendungen von ARD und ZDF. Doch deren Bedeutung schmilzt seit langem unaufhaltsam dahin. Statt diesen Defekt zu beheben, werden diese Sendungen bei der ARD komprimiert und damit marginalisiert. Für diese Rückwärtsstrategie in einer der zentralen und unerlässlichen Kernkompetenzen jedes öffentlich-rechtlichen Senders werden unterschiedliche Zwänge ins Feld geführt. In Wirklichkeit ist es nur ein wenig kreativer, mutloser Reflex, den Effekt der sinkenden Einschaltquoten so weit als möglich einzudämmen. Dabei beweisen gerade die viel gescholtenen amerikanischen Networks, wie man erfolgreiche Informationsmagazine von höchster Qualität gestalten kann. *60 Minutes* (CBS), *Dateline NBC* und die ABC-Programme *20/20* und *Nightline* werden von engagierten Journalisten produziert und sind der Beweis dafür, dass man mit journalistisch gemachten und zumindest teilweise politisch ausgerichteten Magazinen sogar in einer fast vollständig kommerzialisierten Fernsehlandschaft erfolgreich sein kann.

Der galoppierende Verlust einer gewissen Fernsehkultur bei ARD und ZDF, die unter dem Titel »Qualität« immer als Argument gegen das Angebot der Privaten ins Feld geführt wird, findet seinen Niederschlag in einer Vielzahl von Publikationen. Der ehemalige langjährige ARD-Redakteur, Auslandskorrespondent und Autor Jürgen Bertram beschreibt in seinem anklagenden Buch *Mattscheibe* mit vielen Beispielen diesen Niedergang in allen Programmbereichen, nicht allein bei der Information. Auch die wichtigsten Medienjournalisten greifen dieses Thema mit laufend neuen aktuellen Beispielen immer wieder auf. Die gesammelte Wirkung dieser zum Teil detaillierten Analysen: Zero. Die durch ihre Gremien für viele Jahre fest gewählten Intendanten wissen, dass sie jede Kritik spielend aussitzen können. Erst die Jauch-Affäre brachte einen Hauch von Dynamik in die zuvor nie öffentlich geführte Diskussion. Vor allem Programmdirektor Günter Struve – interner Spitzname »Mister Süßstoff« – geriet im Kreise der Intendanten für seine Politik der Verflachung der Programme in die Kritik. So berichtete die TV-Zeitschrift *Gong* von internen Diskussionen, in denen einzelne ARD-Sendungen als »Beleidigung der Zuschauer« bezeichnet wurden.

Trotz dieser Negativspirale holen sich die Öffentlich-Rechtlichen Jahr für Jahr die meisten Preise für ihre Sendungen ab. Dies gilt nicht nur für den Grimme-Preis, dessen Kriterienkatalog millimetergenau zum Wunschprofil von ARD und ZDF passt. Auch beim Deutschen Fernsehpreis, der von ARD, ZDF, RTL und Sat. 1 gemeinsam ausgerichtet und finanziert wird, gewinnen sie in den meisten der zu vielen Kategorien, vor allem in denen, die weitgehend auf ihr Angebot angepasst sind, wie etwa Dokumentation und Reportagen. Nur im Bereich Fiction und Unterhaltung kommen die Privatsender mit ihren Produktionen zu Nominierungen und Auszeichnungen. Für die Verantwortlichen von ARD und ZDF ist dieser Medaillenspiegel ein sichtbarer Beweis für ihre weiterhin nicht ernsthaft bedrohte Qualitätsdominanz, auch wenn sie sich teilweise auf Domänen beschränkt, in denen sie keine echte Konkurrenz haben.

Sehr erhellend ist auch die Analyse des Nachmittagsprogramms. Als einzige Sender programmieren hier ARD und ZDF seit 2004 kaskadenweise Telenovelas. Dies ist unter mehreren Aspekten eine bemerkenswerte Entwicklung. Zum einen handelt es sich beim Genre der Telenovela um eines der weltweit kommerziellsten Formate, das von Privatsendern in Lateinamerika seit Jahrzehnten als Hauptteil ihres Programms genutzt wird. Die melodramatische Grundstruktur ist für das Publikum dieser Stationen besonders geeignet. Es ist überraschend, dass sich in Deutschland gerade die Gebührensender ARD und ZDF mit Vehemenz auf diese Erzählform gestürzt haben.

Aber das ist noch nicht alles. Man hätte zumindest annehmen dürfen, dass sich diese Sender, nachdem sie sich einmal für Telenovelas entschieden hatten, versuchen würden, diese Form im Sinne des öffentlich-rechtlichen Auftrags zu veredeln. Denkbar wären Konstellationen und Fragestellungen gewesen, die einen Bogen zum Alltag der Zuschauer schlagen würden. Doch passiert ist genau das Gegenteil. Die kitschigsten, eskapistischsten Telenovelas finden sich bei ARD und ZDF. Ohne das geringste Feigenblatt von Relevanz werden die seichtesten Geschichten im gesamten deutschen Fernsehen erzählt, während umgekehrt Sat. 1 mit *Verliebt in Berlin* Themen wie Hartz IV, Arbeitslosigkeit oder Mobbing am Arbeitsplatz anspricht.

Die Telenovelas bei ARD und ZDF sind in den Slots zwischen 14 und 17 Uhr konkurrenzlos – wobei präzisiert werden muss:

konkurrenzlos in Bezug auf die Privaten. Denn die Gier, von diesem neuen Boom zu profitieren, ist so groß, dass die beiden Gebührensender mit ihren Telenovelas einander auch schon direkt angegriffen haben. Der Grund für diese Konstellation ist leicht ersichtlich: ARD und ZDF haben auch für ihre Nachmittagssendungen viel mehr Geld als die Privaten. Eine einstündige Telenovela kostet in der Herstellung gegen 100 000 Euro. Selbst die großen Privatsender wie RTL, Pro7 oder Sat.1 können sich anders als ARD und ZDF solch teure Sendungen am Nachmittag nicht leisten. Ihre Programme dürfen nicht einmal die Hälfte davon kosten, um rentabel zu sein. Und so ermöglicht das duale Rundfunksystem, dass allein die öffentlich-rechtlichen Sender das hochkommerzielle Genre Telenovela in dieser Zeitzone einsetzen können.

Am Vorabend nach 17 Uhr legen ARD und ZDF schon seit vielen Jahren jedes noch so dünne Mäntelchen öffentlich-rechtlicher Inhalte ab. Hier lautet das Argument, dass sie in dieser Zeitzone ihre Werbeeinnahmen erzielen müssen und dass sie sich deshalb wie Privatsender mit ihrer Ausrichtung auf die Zielgruppe 14 bis 49 Jahre zu verhalten haben. Dies tut man ohne den geringsten Anstrich von besonderen qualitativen Ambitionen und steuert allein auf den größtmöglichen gemeinsamen Nenner zu. Es gibt hier zuhauf Tiersendungen, mit denen man sich gegenseitig hemmungslos kopiert, Boulevard-Magazine, Quizprogramme und dazu ein breites Angebot von Daily Soaps. Daily Soaps sind verfilmte Groschenromane, das kommerzielle Schwesterformat der Telenovela, welches die amerikanischen Privatstationen in den fünfziger Jahren entwickelt haben und sich von Firmen wie Procter & Gamble mit ihren Waschmitteln sponsern ließen, was zum etwas seltsamen Gattungsnamen geführt hat.

Die vor vielen Jahren eingeführten Formate wie *Marienhof* und *Verbotene Liebe* erzielen die erhofften Quoten im zweistelligen Bereich, die der Werbeindustrie zupasskommen. Dagegen ist man bei der Ausweitung der kommerziellen Kampfzone auf den gesamten Vorabend mit den meisten jüngeren Versuchen wie *Das Geheimnis meines Vaters*, *Braut wider Willen* oder *Zwei Engel für Amor* und Marktanteilen meist in der 5 %-Zone böse gescheitert. Und auch Harald Schmidts verunglücktes Achtzigerjahre-Remake von *Psst … * fand nur ein kleines Publikum. Das zeigt, dass ARD und ZDF sich mit ihren für ein jüngeres Publikum angedachten Kommerzangeboten dort besonders schwer tun, wo sie in direkter Konkurrenz zu Programmen der Privaten stehen, wie das am Vorabend – im Gegensatz zum Nachmittag – der Fall ist. Der Journalist Bernd Gäbler beschrieb das gesamte ARD-Programm zwischen 14 und 19 Uhr treffend als »Dr. Struves Triumph des Trivialen, finanziert von uns allen.«

Auch in der Primetime scheuen sich die Gebührensender nicht, ein ständiges umfassend plattes Kitschangebot ohne besondere Ansprüche anzubieten. So gehört der Rosamunde-Pilcher-Inga-Lindström-Sonntag zum Selbstverständnis des ZDF. Ohne Wenn und Aber ist hier Schmalz Programm, ist der billige Herzschmerz-Roman Vorbild – hemmungsloses Kommerzfernsehen, wie es sich die Kommerziellen nicht anzubieten getrauen. Zusätzlich kupfert man bei den Privaten erfolgreiche Rezepte ab. So zeigt Sat.1 seit Jahren in seinem *Großen Sat.1-Film* am Dienstag vor allem romantische Komödien und leichtverdauliche Thriller. Das ZDF hat diese Art von TV-Movies für den Montag kopiert und tut dies mit wachsendem Erfolg. Die ARD programmiert am Mittwoch und Freitag solch leichtgewichtige Fiction-Angebote. Bei den am Mittwoch angebotenen Filmen besteht zumindest hie und da ein gewisser Gehaltsverdacht, während die ganz platten Produktionen konsequent am Freitag eingesetzt werden. Da werden Sat.1-Erfolge mit Millionärs-Affichen wie *Ein Millionär zum Frühstück* oder *Zimmermädchen und Millionär* glatt kopiert. Bei der ARD heißt dies dann *Zwei Millionen suchen einen Vater* und *Unser Kindermädchen ist ein Millionär*. Der ehemalige WDR-Dramaturg Martin Wiebel bezeichnete es als »die Rutsche des Marktes«, auf der man laufend an Tempo gewinnt, ohne dass sich auch nur ein einziger Verantwortlicher ernsthaft zu grämen scheint.

Neben dem Gebührenmonopol besitzen ARD und ZDF ein zweites, weniger klar ersichtliches Privileg gegenüber den Privaten, das ebenfalls stark zu Buche schlägt: Während sich jene unter dem Druck der Werbeindustrie um die Gunst der 14- bis 49-Jährigen bemühen müssen, können sie sich – außer am Vorabend – locker auf die über 50-jährigen Zuschauer konzentrieren. Dies ist in doppelter Hinsicht ein gewichtiger Wettbewerbsvorteil: Erstens ist die tägliche TV-Nutzung der über 50-Jährigen viel höher als diejenige der Jüngeren. Das heißt, sie produzieren ihre Ware für einen quantitativ viel größeren Markt, der zudem permanent wächst. Und zweitens ist die Konkurrenz um diese zahlenmäßig gewichtige ältere Altersgruppe viel geringer. Im Prinzip sind es nur die Öffentlich-Rechtlichen, d.h. die ARD mit ihren dritten Programmen und das ZDF, die Programme für diese Bevölkerungsgruppen anbieten. Ganz anders ist es bei den Jüngeren. Hier buhlen eine Vielzahl von privaten Sendern und zusätzlich die Öffentlich-Rechtlichen mit ihren Premium-Angeboten wie Sport oder Telenovelas/Daily Soaps um diese wegschmelzende Zielgruppe. Hohe Marktanteile bei diesen Gruppen sind deshalb viel schwerer zu erzielen und damit viel umkämpfter. So holte sich das ZDF im Jahr 1992 bei den 14- bis 49-Jährigen einen respektablen Marktanteil von 17 %. Der brach in den folgenden Jahren kontinuierlich ein. 1998 waren es 9 %, 2006 bloß noch 7, 8 %, und der bisherige Tiefpunkt war der Mai 2007 mit 5, 7 %. Damit hatte man im Vergleich zur alten Marke zwei Drittel aller jüngeren Zuschauer verscheucht. In der Welt der ARD und des ZDF kommt man auf einfachste Weise zu Traumquoten: Man bietet zum Beispiel volkstümliche oder schlagerorientierte Shows für ein ausschließlich älteres Publikum an. Man weiß, dass man auf diese Weise automatisch konkurrenzlos bleiben wird – außer dass sich die beiden Sender gegenseitig in die Parade fahren, was erstaunlich oft passiert. Dergestalt programmiert das ZDF auch mal Carmen Nebel gegen die ARD mit Frank Elstner und verursacht so in Millionen von Haushalten von älteren Mitbürgern Stresssituationen, während in den Chefetagen der beiden Sender die Verbitterung über das Vorgehen des politischen Gebühren-Mitstreiters und Sportrechte-Partners neue Spitzenwerte erreicht. Denn im Kern bekämpfen sich ARD und ZDF viel heftiger als die Privatsender, auch wenn man gegen außen alles tut, um diese Frontstellung zu vertuschen.

Mit einem solchen Angebot liefert man jedoch nicht das, was die definierte Aufgabe des öffentlich-rechtlichen Fernsehens ist, nämlich Programme zur Grundversorgung. Die häufige Programmierung für ein reines Alterspublikum führt dazu, dass man etwa am Samstagabend bei der Zielgruppe der 14- bis 49-Jährigen bewusst Marktanteile von vernachlässigbaren drei oder vier Prozent in Kauf nimmt. Das heißt im Klartext, dass man diese wichtige Bevölkerungsgruppe in einem zentralen Slot bewusst ignoriert. In der eigenen Quotenbilanz schlagen dafür die vielen Millionen älterer Zuschauer zu Buche, und mit diesen Zahlen brüstet man sich. Erst wenn sich die Werbeindustrie einmal dazu bequemen sollte, die rational immer schwerer zu vermittelnde Altersguillotine von 49 Jahren nach oben zu verschieben, wird sich der Wettbewerb um ältere Zuschauer verstärken. Erst dann wird sich die geschilderte äußerst komfortable Position von ARD und ZDF tendenziell abschwächen.

Die demographische Entwicklung verstärkt die grundlegende Entwicklung zugunsten von ARD und ZDF immer rasanter. Noch 1990 waren die besonders geburtenstarken Jahrgänge zwischen 1958 und 1969 21 bis 32 Jahre alt, also voll in der Zielgruppe der Privaten. Im Jahre 2006 war dieser Teil der Bevölkerung schon 37 bis 48 Jahre alt. Zehn Jahre später, im Jahre 2016, werden sie bereits 47 bis 58 Jahre alt sein – also fast vollständig außerhalb der Zielgruppe der Privatsender. Da gleichzeitig die Lebensdauer schnell zunimmt, erhöht sich das Kernpublikum der Öffentlich-Rechtlichen (Durchschnittsalter ZDF: 59 Jahre, ARD: 58 Jahre), ohne dass sie dafür eine zusätzliche Leistung erbringen müssen. Anderseits dünnt sich die Klientel der Privaten gefährlich aus.

Da ARD und ZDF in ihrem Programm kaum Werbeunterbrechungen haben – vor allem nicht in der alles überstrahlenden

Primetime – werden sie nicht durch das entsprechende Zapping-Verhalten berührt. Bei den Privaten zeigt die ausgewiesene Quote immer das Total von Sendung plus Werbeblocks an, wobei diese letzteren Segmente das Resultat stark negativ beeinflussen. Nicht so bei ARD und ZDF. Deshalb müsste ein echter Leistungsvergleich zwischen den beiden Systemen diesen Aspekt berücksichtigen. Es sind mir keine Studien bekannt, die dies auf glaubhafte Weise tun. Aufgrund von Annahmen kann man aber davon ausgehen, dass die Privaten bei einem echten Vergleich und unter dem Wegrechnen der Werbebreaks eine etwa 5% höhere Quote hätten. 5% ist ein beachtlicher Wert, der die Jahresmarktanteile der drei großen Privatsender um 0,6 bis 0,7% anheben würde.

Sehr aufschlussreich ist auch ein Vergleich der Jahresbudgets, wobei man sich zum Teil auf Schätzungen verlassen muss. So hatte das ZDF 2005 Gesamteinnahmen aus Gebühren und Werbung von etwa 1,8 Milliarden Euro. Das Jahresbudget bei RTL lag im selben Jahr bei etwa 1,1 Milliarden Euro, das von Sat.1 bei ca. 700 Millionen Euro. Das heißt, dass RTL und Sat.1 zusammen etwa gleich viel ausgeben wie das ZDF allein, mit diesem Geld aber massiv höhere Marktanteile erzielen. Dies betrifft nicht nur die Zielgruppe der 14- bis 49-Jährigen, wo jeder der privaten Sender bereits einzeln äußerst klar vor dem ZDF liegt. Zusammen holen sie sich in diesem Bereich etwa viermal (!) höhere Marktanteile als der öffentlich-rechtliche Sender. Dies gilt sogar für das von den Privatsendern nicht primär angepeilte Gesamtpublikum, wo man das eingesetzte Geld ebenfalls effizienter in Marktanteile umsetzt.[5]

ARD und ZDF profitieren zudem nach wie vor von der Gnade der frühen Geburt. So sind sie gemäß Studien beim Großteil der Zuschauer zuvorderst auf der Fernbedienung platziert. Im Alltag ist die Wirkungsweise dieser Tatsache nicht klar zu er-

---

5 Der Vollständigkeit halber soll erwähnt werden, dass alle diese Sender zusätzlich weitere Kanäle betreiben oder sich daran beteiligen. Beim ZDF sind das 3sat, Arte, Kika und Phoenix, bei den Privatsendern betrifft dies mehrere Digitalkanäle, so dass auch hier eine Vergleichbarkeit gegeben ist.

kennen. Dies ist nur in ganz besonderen Konstellationen möglich. Eine solche war die Übertragung des einzigen TV-Duells des Wahlkampfs 2005 zwischen Gerhard Schröder und Angela Merkel. Die Zuspitzung auf eine einzige Sendung führte anders als in früheren Bundestagswahlkämpfen dazu, dass gleich alle vier Sender parallel übertragen wollten. Da es sich also um eine identische Sendung handelte, war die Analyse der Quotenunterschiede besonders interessant: Mit klarem Abstand siegte die ARD, die in den allermeisten Haushalten auf Position eins der Fernbedienung programmiert ist – und zwar mit größerem Vorsprung, als man es aufgrund der ausgewiesenen hervorragenden Informationskompetenz des Ersten hätte vermuten können. Es folgte weit abgeschlagen das ZDF (auf der Fernbedienung Platz zwei), dann kam mit beträchtlichem Abstand RTL und ganz zum Schluss Sat.1.

Damit wurde auf extremste Weise das Verhalten von Zuschauern abgebildet: Sie klinken sich beim Einschalten des Fernsehers jeweils beim Ersten auf Position eins ein, um sich dann je nach Attraktivität der Programme mit unterschiedlicher Geschwindigkeit nach hinten zu klicken. Dadurch besitzen die Stationen auf den allerersten Plätzen offensichtlich mehr Chancen, vom Zuschauer entdeckt und zumindest kurzzeitig zur Kenntnis genommen zu werden. Sie kommen deshalb wegen des GFK-Systems, bei dem alle 30 Sekunden die Wahl des Senders via Impuls abgefragt wird, kostenlos zu teilweise geschenkter, gemessener und später auch ausgewiesener Einschaltquote. Je weiter hinten ein Sender programmiert ist, desto weniger spielt dieser mechanistische Aspekt. ARD und ZDF profitieren daher automatisch am meisten.

Bemerkenswert sind auch die Unterschiede der Konstruktion der beiden Systeme. So unterstehen die Privatsender den Landesmedienanstalten, welche mit der Überwachung der Regeln beauftragt sind. Sie können jederzeit Kontrollen anordnen, Untersuchungen einleiten und bei Fehlverhalten Bußen ausssprechen. Im Extremfall ist sogar der Entzug der Sendelizenz möglich. Dieses System wurde aus einem grundsätzlichen Misstrauen gegenüber privaten Fernsehanbietern gewählt, die sich aus kommerziellen, also moralisch nicht sehr hoch bewerteten Motiven im Fernsehen engagieren.

Anders bei ARD und ZDF. Obwohl sie sich über Gebühren mit quasi öffentlichen Geldern finanzieren, unterstehen sie keiner Kontrolle von außen. Diese wird von internen Gremien ausgeübt, die sich zwar aus allen wichtigen gesellschaftlichen Gruppen zusammensetzen, aber durch ihre Einbindung in die eigene Institution keine unabhängige Kraft darstellen. Deshalb haben sich die Intendanten selbst bei groß publizierten Skandalen nicht vor persönlichen Konsequenzen zu fürchten. Sie sind Angeklagte und Richter in einer Person – ohne dass dies als ungerecht empfunden wird. Besonders heikle Fälle fordern ein Bauernopfer, wie etwa beim Schleichwerbe-Skandal rund um die Sendung *Marienhof*. Hier wurde der Chef der Produktionsfirma und ARD-Tochter Bavaria, Thilo Kleine, gefeuert, damit man einen Schuldigen präsentieren konnte. Und im Fall Jan Ullrich, dem die ARD für die Gewährung von Interviews Honorare zukommen ließ, geschah nichts. ARD-Programmdirektor Günter Struve, über dessen Schreibtisch der Vertrag gegangen war, streute zwar Asche auf sein Haupt und versprach öffentlich Besserung. Das war's dann schon.

Diese Rechtslage gerät nun ins Wanken. Bezeichnenderweise geschieht dies nicht durch führende Politiker hierzulande, die zumeist eng mit den öffentlich-rechtlichen Stationen verbunden sind, und die ihre persönliche Airtime nicht durch kritische Äußerungen gefährden wollen. Der Anstoß kommt aus Brüssel. Die aktive, aber vorsichtig formulierende EU-Kommissarin Viviane Reding sagte es in einem Interview in der *Süddeutschen Zeitung* so: »Die neue Richtlinie sieht unabhängige Medienaufsichtsbehörden vor. Hier geht es um echte Transparenz. In Deutschland gibt es immerhin Landesmedienanstalten für die Privatsender, und die Öffentlich-Rechtlichen kontrollieren sich selbst. Ich will aber für alle Staaten eine unabhängige Medienregulierung.« Es ist keine sehr schwierige Prognose, dass ARD und ZDF diese Änderung so lange als möglich hinauszögern werden. Die wissen besser als alle anderen, wie man nicht in Fallen gerät.

Das Beharrungsvermögen jedes Monopols ist unendlich groß, weil alle Beteiligten genau wissen, was sie zu verlieren haben. Es wird deshalb sehr viel dafür getan, dass über die Öffentlich-Rechtlichen vieles nicht öffentlich wird. Bei einigen Aspekten ist auch nicht klar, ob es rechtlich in Ordnung ist. Und wie hier aufgezeigt wurde, findet man einiges, das außerdem als wenig redlich erscheint, wenn man vom Grundprinzip des dualen Systems ausgeht, dessen Grundfesten schon über Gebühr geschwächt worden sind.

9. ACH, DIESE ZUSCHAUER!

Es war die ungewöhnlichste Marktforschungspräsentation in meiner ganzen Zeit als Geschäftsführer von Sat.1. Sie war so anders als der übliche Schwall an Informationen über Zuschauer und ihr minutengenau erfasstes Verhalten, der täglich von einer eifrigen hausinternen Marktforschungsabteilung schriftlich ausgespuckt wird und der in seiner Fülle kaum ganz verdaut werden kann. Sie hob sich auch grundsätzlich ab von den beinahe im Wochentakt erfolgenden Powerpoint-Darstellungen renommierter auswärtiger Marktforschungsinstitute, die im Auftrag jedes Senders des Landes zu ergründen versuchen, was die Zuschauer mögen und was nicht – und dann noch zusätzlich, weshalb.

Bei diesen Veranstaltungen liegt vor allem dann eine spürbare Spannung in der Luft, wenn die Resultate einer Fokusgruppen-Befragung über eine Sendung oder gar eine Serie vorgestellt werden, die kurz vor der Ausstrahlung steht. Es handelt sich oft um Programmprojekte, an denen viele Mitarbeiter über einen längeren Zeitraum – einige Monate, vielleicht ein Jahr oder mehr – engagiert waren. Die erste Reaktion von »echten« Zuschauern erhält dadurch ein besonderes Gewicht. Im Raum sind jeweils Mitglieder der Geschäftsleitung, der betroffenen Redaktionen und die Leiter der Marketing- und Presseabteilungen. Sie alle erhoffen sich Informationen, wie mit dem nun beurteilten Produkt umgegangen werden soll. Wie ist die grundsätzliche Benotung? Wie stehen seine Chancen? Wo und wann kann die Sendung programmiert werden? Und gibt es noch Hinweise auf mögliche Verbesserungen?

Diesmal war alles anders. Die Stimmung war gelöst, beinahe fröhlich. Wir erwarteten nicht ein Schulzeugnis für unsere Leistungen, auch keine datengespickte Powerpoint-Präsentation. Diesmal sollten wir uns bloß Videoaufnahmen ansehen.

Das Projekt war schnell und einleuchtend erklärt. Unsere üblichen Messmethoden liefern uns pausenlos detaillierte Daten über alles, was uns zu interessieren hat: Wir erfahren, wer wann zuschaut. Das ergibt die Quote, wie sie publiziert wird. Wir wissen aber auch alles über Alter, Geschlecht, Berufsgattung, Schulbildung, Zugehörigkeit zu einer soziologischen Gruppe und Einkommen unserer Zuschauer. Wir können Tag für Tag verfolgen, welche Zuschauer welcher Gruppe in welcher Minute zu- und abschalten. Wir erkennen, von welchen Sendern die Zuschauer zu uns wechseln und wo und wann sie weiterwandern. Wir erfahren, ob die Affinitäten der Zuschauer alle bei uns gedeckt werden oder bei der Konkurrenz. Wir werden informiert, wie viele neue Zuschauer wir mit jeder Folge einer Serie hinzugewinnen und wie viele wir verlieren. Wir wissen noch viel, viel mehr. Nur etwas ist nicht bekannt: Wie schauen sich die Zuschauer unsere Sendungen an?

Im Gegensatz zu den elektronisch erfassten objektiven Daten, welche die GFK erhebt, muss man bei dieser Fragestellung einen ganz anderen Weg gehen. Hier gibt es eigentlich nur die Möglichkeit der direkten Beobachtung mittels einer Videokamera, die für einmal auf die Adressaten und nicht die Absender von Fernsehen gerichtet wird. In dieser Betrachtung sind sie die wahren Protagonisten.

Für dieses Projekt suchte das Forschungsinstitut Personen, die sich selbst als Stammzuschauer von Sat.1 bezeichnen und ihren Fernseher vier Stunden und mehr pro Tag eingeschaltet haben. Diese Leute mussten bereit sein, sich für einen Eingriff in ihre Privatsphäre zu öffnen. Natürlich handelt es sich dabei bloß um eine Annäherung an die reale Situation des Fernsehkonsums, denn die Präsenz von Drittpersonen in der eigenen Wohnung, zumal hinter einer laufenden Kamera, dürfte das übliche Verhalten beeinflussen. Bei Befragungen von Lesern und Zuschauern über ihre bevorzugten Medienthemen liefern diese immer gesellschaftlich positiv gefärbte Antworten, die vom tatsächlichen messbaren Verhalten massiv abweichen. In einer Situation mit der laufenden Videokamera in der eigenen Wohnstube entsteht eine ähnliche Unschärfe, weil durch die Präsenz von Dritten ein sozial tendenziell weniger verhaltensauffälliges Auftreten erwartet werden darf als im unbeobachteten Normalfall.

Die Bilder, die wir dann trotz diesen Einschränkungen vorgeführt bekamen, waren für mich schockierend, beinahe brutal. Zum ersten Mal sahen wir das Objekt unserer Begierde – den Zuschauer – dem unser ganzes Denken und Wirken gehört, in Fleisch und Blut, wie er sich konkret mit unserem Programm auseinandersetzt. Ich fühlte mich wie ein Voyeur, der in einen Bereich vorgedrungen war, den er sich bisher nur schemenhaft vorgestellt hatte, und dies nie als schmerzhaften Mangel empfunden hatte. Die nun erlebte und wahrscheinlich noch geschönte Realität konfrontierte uns mit Bildern, die in ihrer Direktheit und Ungeschminktheit selbst den letzten Rest von Glamour zerstörten, mit der wir unsere von uns selbst als so bedeutend eingestufte Tätigkeit gerne umfloren. Zwar war uns allen bewusst, dass Fernsehen vorwiegend als Flüchtigkeitsmedium wahrgenommen wird, schließlich sind wir Fernsehmacher auch Fernsehkonsumenten. Die Konfrontation mit unserer wichtigsten Zielgruppe traf uns in ihrer Radikalität dann doch völlig unvorbereitet.

Eine Szene: Eine Familie sitzt am Tisch in der Wohnstube und isst. Im Hintergrund läuft halblaut der Fernseher. Hie und da blickt jemand zum Bild, manchmal wird das Programm kurz kommentiert oder es wird gelacht. Alles verläuft parallel. Offensichtlich ist dies eine Form des Lebens, die man bewusst gewählt hat. Es ist die Normalität. Dann klingelt es an der Tür. Besuch kommt. Dieser wird hereingebeten und er setzt sich an den Tisch. Der Fernseher läuft weiter, ohne dass dies von jemandem als störend empfunden wird. Dann wird von jemandem kurz etwas über die laufende Sendung gesagt, darauf geht das Gespräch zurück zu persönlichen Belangen. Und so vergeht die Zeit, einige Sekunden Aufmerksamkeit für eine Sequenz im Fernsehen, dann wird wieder miteinander geredet. Das ist das Prinzip, vom Morgen bis am Abend. Der laufende Fernseher ist irgendwie immer dabei, wie ein zusätzliches Familienmitglied. Und falls diese Familie ein GFK-Gerät hätte, würde dieses detailliert die Nutzung einzelner Sendungen registrieren, würde festhalten, wie viele und welche Zuschauer im Raum präsent gewesen waren. Und alles würde später in der Hochrechnung einen Teil der ausgewiesenen Einschaltquote darstellen.

Eine zweite Szene: Die Mutter in Joggingkleidung hat sich mit ihrem etwa zehnjährigen Sohn aufs Sofa gefläzt. Der Fernseher läuft. Gemeinsam sehen sie ein Programm, doch gleichzeitig gibt es eine andere Form der Kommunikation. Die Mutter versucht, mit ihrem Sohn körperlichen Kontakt aufzunehmen. Sie nutzt diese Situation der Ablenkung durch den Fernseher, um ihre mütterlichen Bedürfnisse abzudecken. Der Sohn weist diese Versuche mit Bewegungen immer wieder ab. Erst als ihn eine Szene besonders zu faszinieren scheint, gelingt es seiner Mutter, seine Hand länger als nur einige Sekunden halten zu können.

Oder: Mann und Frau im Zimmer. Der Fernseher ist eingeschaltet, an der gegenüberliegenden Wand auch ein eingeschalteter Computer, vor dem der Mann sitzt. Während sich die Frau dem Fernsehprogramm widmet, wandert der Blick des Mannes ständig zwischen den beiden Geräten hin und her.

All die uns gezeigten Sequenzen unterschieden sich diametral von den Situationen, in denen wir als Macher unsere Sendungen jeweils beurteilen oder beurteilen lassen. Bei den Fokusgruppen schauen sich die Testpersonen konzentriert und weitgehend schweigend gemeinsam eine Sendung an, wobei sie genau wissen, dass sie im Anschluss über ihre Beurteilung befragt werden. Da spielen viele situationsbedingte Faktoren mit, welche die Resultate beeinflussen können, bis hin zu einem Verhalten, von dem man glaubt, dass es von der Gruppe oder den Gruppenleitern positiv sanktioniert wird.

Doch die Probleme gehen tiefer. Wenn jemand in einer realen Zuschauersituation zuhause auf dem Sofa die Sendung nach fünf Minuten weggeschaltet hätte, so besitzt er diese Möglichkeit in der Testanordnung nicht. Er ist verpflichtet, bis zum Ende bei diesem Programm zu verharren. Falls sich nun im weiteren Verlauf seine Beurteilung der visionierten Sendung tendenziell positiv entwickeln sollte, so äußert er am Ende ein Urteil über eine Sendung, die er sich zuhause nie angeschaut hätte. Dieses erzielte Resultat wird also die Marktforscher und die Macher zu falschen Schlüssen über die Wirkungsweise ihrer Sendung verleiten.

Auch bei den Visionierungen im auftraggebenden Sender wird eine künstliche Situation geschaffen, die sich von der Realität der tatsächlichen TV-Rezeption durch die Zuschauer massiv unterscheidet. Bei der Abnahme einer Sendung in einem abgedunkelten Raum sitzen jeweils die Produzenten des zu beurteilenden Werkes und die Verantwortlichen des Senders konzentriert zusammen. Jedes Lachen, jedes Räuspern und jeder Griff zu den bereitgelegten Schnittchen oder zur Wasserflasche werden registriert – und alle sind sich dieser lückenlosen, oft nur schemenhaft zu erfassenden Beobachtung bewusst und verhalten sich dementsprechend. Die kleinste Regung wird als Fingerzeig für die nachfolgende Bewertung der Sendung gedeutet.

Etwas weniger künstlich ist das Ambiente, wenn eine neue Sendung allein oder mit Mitarbeitern im Büro visioniert wird, was im Leben eines Senderchefs beinahe täglich vorkommt, da es ständig eine große Zahl neuer Programme oder Programmvorschläge zu beurteilen gilt. Hier geht es meist deutlich lockerer und weniger blutleer zu. Es wird kommentiert, auch mal gefrotzelt, und die Konzentration ist in der Regel geringer als bei einer formellen Abnahme. Aber selbst mit dieser Form der Rezeption ist man noch äonenweit entfernt von der einzig relevanten Situation für jede Sendung: der Ausstrahlung am Sender.

Ich habe es immer wieder mit Erstaunen zur Kenntnis genommen, wie völlig anders jede Sendung daherkommt, wenn man sie sich wie alle anderen Zuschauer zuhause in der gewohnten Umgebung auf dem Sofa anschaut. Und aus diesem Grund habe ich es mir zur Gewohnheit gemacht, wichtige neue Programme in dieser Form zu beurteilen, auch wenn ich sie bereits zuvor visioniert hatte. Erst hier spüre ich den eigentlichen Charakter eines Programms, nur hier kann ich erahnen, wie es beim Publikum ankommt. Aber dann ist es naturgemäß bereits zu spät, um Maßnahmen zu ergreifen.

Schon die äußeren Unterschiede sind evident. Anders als in Testsituationen bin nicht ich es, der entscheiden kann, wann ich ein Programm sehen will, da beim traditionellen Fernsehkonsum der feste Zeitrahmen von außen vorgegeben ist. Noch wichtiger ist aber die omnipräsente Fernbedienung, die in jeder Sekunde mit dem Versprechen lockt, dass auf anderen Kanälen genau in diesem Moment spannendere, attraktivere Programme zu sehen wären, die man auf keinen Fall verpassen sollte. Das können Sendungen sein, die man seit Jahren kennt und liebt. Oder es sind neue Programme, die mit auffallenden Plakatkampagnen angekündigt und in wochenlangen Trailerorgien angepriesen wurden. Andernfalls ist es ein Fußballspiel, das man unbedingt sehen will. Diese Verlockungen – die Essenz eines hart umkämpften Fernsehmarktes, wie ihn Deutschland hat – verändert die Zuwendung zu einer Sendung und beeinflusst daher deren Beurteilung grundsätzlich.

Doch es kommt noch schlimmer: In allen Testsituationen werden Sendungen ohne Unterbruch gezeigt. Die Realität des privaten Fernsehens ist jedoch geprägt durch Sendehäppchen, die durch achtminütige Werbe- und Trailerstrecken zerlegt werden, zu denen die Zuschauer nach zwischenzeitlichem Wegschalten nur dann zurückfinden, wenn sie am weiteren Ablauf einer Sendung so intensiv interessiert sind, dass sie sogar diese wiederholten, publikumsfeindlichen Hürden in Kauf nehmen.

Nur in der Echtzeitsituation erfahre ich zusätzlich, ob eine neue Sendung die fast allein entscheidende Eigenschaft besitzt, die über ihren Erfolg entscheidet: den Einschaltimpuls. Nur wenn dieser stark genug ist, besteht die Chance, ein größeres Publikum zu finden. Ohne Einschaltimpuls habe ich keine Möglichkeit, die Qualitäten eines Programms vorzuführen. Dieser Impuls, ausgelöst durch eine Vielzahl von Faktoren wie das Genre und die grundsätzliche Attraktivität einer neuen Sendung, das Lead-in-Programm, die Vorwerbung in all ihren Formen, die Kritiken und die Konkurrenz-Programmation, kann in keiner Testsituation simuliert werden. Selbst die Hollywood-Studios kämpfen auch mit ihren teuersten Filmen mit diesem Problem. Die Auswertungen ihrer Testvorführungen geben keine zuverlässige Antwort auf die Frage aller Fragen: Wie viele Menschen werden am alles entscheidenden ersten Wochenende an der Kasse anstehen, um ein Ticket zu kaufen.

Als ob diese Unterschiede zwischen den Tests im Vorfeld und der Realität der Ausstrahlung nicht schlimm genug wären, kranken die Beurteilungen der Fernsehmacher zusätzlich an einem weiteren Nachteil: Es handelt sich bei ihnen um Menschen aus dem Kreis des Bildungsbürgertums, die sich dank ihrer beruflichen und/oder akademischen Erfolge einen Platz an einer entscheidenden Position eines Fernsehsenders gesichert haben. Damit sind sie soziologisch Mitglieder eines gesellschaftlichen Minderheitenklubs, der für die Höhe der Einschaltquote weitgehend vernachlässigbar ist. Und bei Privatsendern gehören sie auch altermäßig meist nicht zum Kern ihrer Zielgruppe.

Auch wenn es die meisten Fernsehmacher weit von sich weisen würden, beurteilen sie Fernsehsendungen weitgehend nach dem eigenen Geschmack. Dies ist nachvollziehbar, wenn man sich vertieft mit diesem besonders heiklen Aspekt befasst. Bei Visionierungen lachen sie, wenn sie etwas lustig finden. Sie sind betroffen, wenn sie durch etwas berührt werden. Sie sind gelangweilt, wenn ihre Gedanken abschweifen. Sie finden Moderatoren toll, von denen sie selbst angesprochen sind, und andere lehnen sie ab, deren Witz und Intelligenz sie kaltlässt.

Die Transponierung der Beurteilung einer Sendung im Privatfernsehen auf die Sicht des Kernpublikums, das vorwiegend aus jüngeren Menschen der unteren Bildungs- und Einkommensschichten besteht, ist in der Praxis viel schwieriger, als es vielen Fernsehleuten lieb ist. Helmut Thomas legendärer Ausspruch, dass der Köder dem Fisch schmecken muss und nicht dem Angler, ist in seiner zynischen Stringenz richtig, nur: Wie kann man den Fisch fragen, was ihm schmeckt, wenn alle verfügbaren Methoden bestenfalls Annäherung an die wahren Köderpräferenzen liefern können?

Die Antwort eines selbstbewussten TV-Profis wie Helmut Thoma auf diese Frage ist simpel: es ist allein das Bauchgefühl eines begabten Fernsehmachers, mit dem dieses Problem zu lösen ist. Doch auch seine Leistungsbilanz zeigt, dass er mit seiner Rute weitgehend im Trüben fischte. Neben allen Erfolgen gab es bei seinem Abgang bei RTL einen bis an die Decke gefüllten Keller mit Kassetten von nicht ausgestrahlten, teuren Sendungen, die er in Auftrag gegeben hatte und die abgeschrieben werden mussten. Ein solches Vorgehen wäre im heutigen, kompetitiveren und kostengeprägten Umfeld nicht mehr denkbar und würde von den allgegenwärtigen und hyperaktiven Controllern aufs Schärfste zurückgewiesen.

Bei Sat.1 und wohl auch bei anderen Sendern müssen heute Programme gesendet werden, bei denen die Marktforschungsresultate und die Beurteilung durch die Senderverantwortlichen mittelmäßig oder gar noch negativer ausgefallen sind. Deshalb ist heute die sogenannte »Floprate« bei allen Sendern generell recht hoch. Sie ist nicht vorwiegend ein Produkt von Leuten, die einen weniger zureichenden Zugang zu den Bedürfnissen und dem Geschmack ihres Publikums haben als ihre Vorgänger aus den Neunzigerjahren. Wenn auch nur ein Fünkchen Hoffnung besteht, dass man das für eine abgedrehte Sendung bereits ausgegebene Geld zumindest teilweise wieder einspielen kann, wird gesendet. Und so ist es neben Erfahrung, Know-How und Bauchgefühl vor allem auch Fortüne, das eben immer unerlässliche Quäntchen Glück, das entscheidet, ob eine Sendung ein Erfolg oder ein Flop wird.

Marktforschungsresultate können auch tückisch sein und müssen sehr sorgfältig gelesen werden, damit man aus ihnen nicht falsche Schlüsse zieht, wie wir mehrfach erlebt haben. So versuchten wir anfangs 2006 mittels Fokusgruppen herauszufinden,

wie wir den schwächelnden Einschaltquoten unserer Wissens-
show *Clever* begegnen sollten. Befragt wurden Gruppen von Light
Usern und Heavy Usern dieser Sendung, wie es der üblichen
Anordnung entspricht. Meist wählt man Untergruppen von Zuschauern, zum Beispiel eine Gruppe von Frauen in der Altersgruppe 14 bis 29 Jahre, eine zweite Frauengruppe, 30 bis 49 Jahre,
und dasselbe nochmals auf der Männerseite. Die Resultate der
einzelnen Gruppen werden dann einzeln und in ihrer Gesamtheit
ausgewiesen.

Zu unserer Verblüffung waren die Urteile positiv bis sehr positiv. Auch die beiden Moderatoren Wigald Boning und Barbara
Eligmann erhielten durchwegs tolle Noten. Nur ein negativer
Aspekt zog sich durch die ganze Befragung: In der Sendung tra-
ten jeweils zwei Prominente gegeneinander an, die Fragen zu beantworten hatten, und diese Personen stießen auf weitgehende
Ablehnung. Wir wollten Genaueres wissen. Waren es die Prominenten aus der B- oder gar der C-Klasse, die auf diese Weise abgestraft wurden? Hieß es, dass wir die Qualität der prominenten

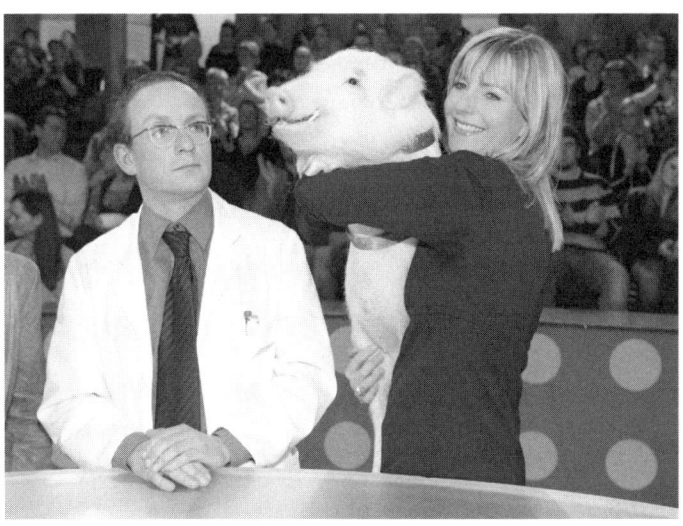

Barbara Eligmann und Wigald Boning in *Clever*: Es gab in der Sendung niemanden mehr, über
den man sich maßlos ärgern konnte.

Spielpartner erhöhen mussten? Die Marktforscher verneinten und lieferten uns die entsprechenden Daten, gemäß denen einige der A-Promis die schlechtesten Benotungen erhalten hatten.

Was sollten wir tun? Wir diskutierten mehrere Konzeptänderungen, um diesem Problem zu begegnen. Schließlich setzte sich nach Würdigung aller Varianten die Lösung durch, dass wir die Prominenten durch Normalos ersetzen würden, Menschen aus dem Publikum, bei denen die monierten Irritationen nicht befürchtet werden mussten. Also produzierten wir im Sommer 2006 eine Staffel von zehn Folgen nach dieser Vorlage – und die Quoten sausten ungebremst weiter in die Tiefe und erreichten gar einstellige Bereiche. Die weiteren Veränderungen und Verbesserungen, wie die Erhöhung der Zahl der attraktiven und teuer zu produzierenden Experimente, schienen wirkungslos zu verpuffen.

Schnell erkannten wir als Zuschauer und ohne jegliche Hilfe von Marktforschung, dass wir völlig falsch entschieden hatten. Zuvor hatte man sich zwar über die teils unbedarften, teils arroganten Promis geärgert, nun ließ das Abschneiden der Normalos die Zuschauer völlig kalt. Der Sendung war ein entscheidender Kitzel entzogen worden, was ihre Attraktivität massiv reduzierte. Es gab in der Sendung niemanden mehr, mit dem man sich kritisch auseinandersetzen beziehungsweise über den man sich maßlos ärgern konnte, oder über den man sich voller Schadenfreude delektieren konnte.

Was war nun zu tun, um den von uns selbst angerichteten Schaden in Grenzen zu halten, der durch eine falsche Interpretation der erforschten Zuschauerreaktionen ausgelöst worden war, weil wir an der Oberfläche kleben geblieben waren? Die Antwort war evident: Nichts, zumindest kurzfristig! Wir mussten die restlichen Folgen der Staffel abnudeln, weil erst im folgenden Jahr eine neue Produktion möglich sein würde und keine andere geeignete Sendung auf die Schnelle verfügbar war. Als man zum alten Konzept zurückfand, stiegen die Quoten in die erhofften Sphären.

Ein ähnliches, noch viel folgenschwereres Interpretations-Desaster erlebten wir bei diversen Marktforschungen zum Thema

Telenovela. Die Befragungen von Zuschauern hatten gezeigt, dass vor allem der Humor und die Intrigen zwischen den Protagonisten für den Erfolg entscheidend seien. Die Komponente Romantik wurde hingegen viel weniger stark gewichtet, weshalb wir ihr bei der Kreation unserer nächsten Telenovelas weniger Aufmerksamkeit schenkten. Erst im Nachhinein wurde uns bewusst, dass die Zuschauer diesen Aspekt deshalb nicht explizit aufgeführt hatten, weil er für sie zum Grundkonzept dieser Erzählform gehört und sie deshalb davon ausgegangen waren, dass er von ihnen nicht besonders erwähnt werden müsse. Eine der heikelsten Aufgaben der Interpretation von Marktforschung ist es eben, die unterschwelligen und nicht allein die oberflächlichen Bedürfnisse und Wünsche der Zuschauer ans Tageslicht zu befördern.

Einfacher ist es, die Beurteilung einzelner Protagonisten einer Sendung zu erfassen. Die Zuschauer können sich direkt mit diesen Personen auseinandersetzen und äußern im Rahmen von Fokusgruppen und mittels standardisierten Fragebögen sehr oft erstaunlich differenzierte Meinungen. Als langjährige Konsumenten von Serien, Movies und Shows haben viele von ihnen ein feines Sensorium für Handlungsstränge erarbeitet. Auch kleinste inhaltliche Hinweise werden wahrgenommen und in Hinblick auf den möglichen Fortgang einer Story gedeutet. Viele Zuschauer können auch klare Forderungen formulieren, etwa wie sich eine Protagonistin weiterentwickeln sollte und wie nicht. Sie machen meist auch deutliche Aussagen über den Sender, zu dem ein vorgeführtes Programm passen würde und auf welchem Sendeplatz es dort zu platzieren wäre. Für die Macher von Sendungen sind diese Informationen aus Fokusgruppen zusammen mit den Meinungsäußerungen in den zahlreichen Internet-Communities von einiger Bedeutung. Sie liefern ihnen wichtige Hinweise für ihr weiteres Vorgehen. Es handelt sich mithin um die relevantesten der nicht rein quantitativen Marktforschungsresultate.

Viel weniger aussagekräftig sind gemäß meiner Erfahrung Fragen nach gewünschten künftigen Sendeinhalten. Die Zuschauer sind kaum fähig etwas zu beurteilen, bevor sie es sehen können. So ließen wir via Marktforschung erfragen, ob man an einer historischen Serie interessiert wäre, etwas, das es im deutschen Fernsehen seit vielen Jahren nicht mehr gegeben hat. Die Antworten waren mehrheitlich positiv, so dass wir uns entschlossen, die Serie *Unter den Linden* produzieren zu lassen, die Geschichte eines großbürgerlichen Hauses im Berlin des Jahres 1906.

Die Sets wurden mit viel Liebe zum Detail hergestellt, sowohl die herrschaftlichen Gemächer wie die Räumlichkeiten des Personals. Die Kleider waren originalgetreu, das Drehbuch stammte von einem der renommiertesten Leute seines Fachs, und der Cast war allererste Sahne. Als wir die ersten beiden Folgen einer Fokusgruppe vorführten, ernteten wir eine beinahe totale Ablehnung. Das Thema interessierte schlichtweg nicht. Man hatte überhaupt keine Lust, sich mit den Freuden und Nöten von Menschen auseinanderzusetzen, die vor hundert Jahren in einer völlig fremden Welt gelebt hatten, und die deshalb wenige oder keine Identifikationsflächen boten.

Die Marktforschung war also auch hier an ihre Grenze gestoßen, denn sie besitzt keine zuverlässigen Instrumente, um zu erfassen, wonach das Publikum verlangt. Dies bleibt im Vorfeld jedes Projekts ein Mysterium, das nicht durch wissenschaftliche Ansätze aufgehellt werden kann, auch wenn viele der durch millionenteure Rückschläge verunsicherten Fernsehmacher genau danach dürsten.

Und weil all dies so verflixt kompliziert ist, hört man von TV-Machern immer wieder den Stoßseufzer, dass Fernsehen eine so tolle Sache wäre, wenn es nur den Zuschauer nicht gäbe …

10. DAS TV-BUSINESS

Wie verdient man mit Medien möglichst viel Geld? Dies ist in einer rein ökonomischen Betrachtungsweise die einzig relevante Frage. Sie ist viel wichtiger als diejenige nach den in der Öffentlichkeit ständig kommentierten Marktanteilen. Die beiden Werte korrelieren längst nicht immer, so dass ein Sender mit weniger hoher Quote größere Gewinne abwerfen kann. Deshalb möchte ich an dieser Stelle aufführen, wie mit Programmentscheiden und Kostenmanagement eine Gewinnoptimierung angestrebt werden kann.

Weil die wirtschaftlichen Prinzipien in der Medienbranche während langer Zeit nur verbrämt und verschämt gelebt wurden, erstaunt es wenig, dass heute gerade sie ein gefundenes Fressen und damit eine leichte Beute für die »Heuschrecken« dieser Welt sind. Für die Private Equities gibt es keine anderen Ziele als Gewinnsteigerung und Wertschöpfung. Dies ist ein krasser Gegensatz zu der Sicht der traditionellen Verleger und Herausgeber, die auch sogenannt »höheren Werten« entgegenstreben und dies jeweils gerne in Reden und Festschriften festhalten. Diese Haltung mag für die deutsche Presselandschaft mit ihren meist mittelständischen Unternehmen in ihrem weitgehend abgeschotteten Umfeld auch heute noch vielerorts angehen, nicht aber für eine TV-Gruppe von der Größe und Bedeutung der ProSiebenSat.1 AG. Deshalb sind die Private Equity-Firmen hier gelandet – mittlerweile bereits zum zweiten Mal. Mit ihrer glasklaren, rein gewinnorientierten Optik sind sie traditionellen Besitzern in wirtschaftlicher Sicht um Längen überlegen.

Als ich Ende 2003 Sat.1 übernahm, wurde ein Jahresgewinn von 4 Millionen Euro ausgewiesen. 2004 wuchs dieser auf 89 Millionen, 2005 auf 161 Millionen und bei meinem Abgang am Ende des Jahres 2006 auf 204 Millionen Euro. Diese Erfolgsgeschichte löste jeweils dieselbe Frage aus: »Und, wie viele Leute hast du entlassen?« Dies ist die Wirtschaftslogik, mit der wir alle in den letzten Jahren infiziert worden sind: Um Erfolg zu haben, muss man die Mitarbeiterzahl brutal herunterfahren. Bei beinahe jedem Wechsel an der Spitze eines Unternehmens und besonders bei einem Besitzerwechsel folgen Meldungen über diese harten, leider aber unerlässlichen Schnitte, die allein im Interesse des Ganzen notwendig geworden seien …

Meine Antwort erstaunte immer: »Nein, Personal haben wir kaum reduziert. Denn dieser Aspekt ist für einen Sender wie Sat.1 eigentlich marginal.«

Sat.1 beschäftigte im Jahr 2006 nämlich nur etwa 270 feste Mitarbeiter. Die Personalkosten belaufen sich damit auf einen tiefen einstelligen Prozentsatz der Gesamtkosten. Einsparungen beim festen Personal können also gar keine maßgeblichen Kosteneffekte auslösen, um einen Turnaround herbeizuführen.[6]

In der Logik von Private Equities-Firmen, die sich stark am Finanzmarkt verschulden müssen, erhält die Zahl der Mitarbeiter aber eine zusätzliche Bedeutung, da der Umsatz pro Mitarbeiter als eines des wichtigsten Kriterien im internationalen Effizienzvergleich von Unternehmen einer Branche gilt. Diese Größe ist mitentscheidend für die Firmenbewertung durch die Rating-Agenturen und damit der Höhe der zu bezahlenden Schuldzinsen. Durch den Abbau von festen Mitarbeitern und die Auslagerung ganzer Bereiche kann man die Kennziffern relativ leicht erhöhen, ohne dass sich an der Kostenbasis automatisch etwas Grundsätzliches ändern muss. Genau dies ist in der Sendergruppe ProSiebenSat.1 im Juli 2007 geschehen, da durch den Kauf der Sendergruppe SBS eine gewaltige Verschuldung des Unternehmens nötig wurde. Deshalb wurde trotz Rekordergebnissen ein tiefer Schnitt beim festen Personal verfügt. Der

---

6 Der Personalbestand ist in den Jahren zuvor reduziert worden. Zum Vergleich: RTL produziert ein ähnliches Programm wie Sat.1, hat aber einen etwa vierfachen Personalbestand. Dieser soll nun tendenziell abgebaut werden. Allein das Hauptstadtstudio des ZDF, wo nur wenige Sendungen produziert werden, beschäftigt beträchtlich mehr Mitarbeiter als Sat.1. Der WDR als öffentlich-rechtlicher Sender hat etwa 4000 Mitarbeiter.

McKinsey-Gott fordert eben immer Menschenopfer auf seinem Altar, und dies auch als weithin sichtbares Zeichen seines Glaubensansatzes.

Das Fernsehgeschäft wird also immer komplexer, und die Erklärungen dafür sind daher nicht ganz so einfach.beginnen wir mit einem Beispiel. Die Kosten einer qualitativ hochwertigen Folge einer deutschen Stundenserie für die Primetime belaufen sich heute auf etwa 600000 Euro. Meist bestellt ein Sender gleich eine Staffel von dreizehn Folgen. Zu diesem hohen Kostenrisiko von 7,8 Millionen kommt jedoch ein zweites, beinahe noch größeres hinzu, nämlich das Risiko, dass die Serie von den Zuschauern nicht angenommen und zum Flop wird. Dieses Schicksal haben in den letzten drei Jahren fast alle deutschen Serien auf allen Kanälen erlitten. In diesem Fall gehen bei den Privaten die Werbeeinnahmen schnell in den Keller, und der Sender bleibt auf einem Großteil seiner gewaltigen Ausgaben sitzen.

Der Einkauf einer amerikanischen Lizenzserie kostet hingegen nur etwa 100000 Euro pro Folge, dazu kommen noch Synchronisationskosten von etwa 20000 Euro. Da in der Regel nur solche Serien eingekauft werden, die in den USA bereits erfolgreich eingestartet wurden, ist das Risiko eines Flops in diesem Fall also viel geringer. Durch den gewaltigen Zuspruch für amerikanische Serien in Deutschland wird sich der Einkaufspreis in einigen Jahren wohl erheblich verteuern, wobei die Sender zum Teil noch über längerfristige Verträge mit den Studios in Hollywood abgesichert sind.

Fazit: Wenn auf einem Sendeplatz eine deutsche Serie durch eine amerikanische ersetzt wird, erzielt der Sender sofort und automatisch gewaltige Kostenreduktionen. Gleichzeitig ist die Chance größer, höhere Einnahmen zu erzielen, weil das Risiko eines Quotenflops viel geringer ist. Diese doppelte Hebelwirkung – das Ersetzen von eigenproduzierten Serien durch eingekaufte Lizenzserien – führte in den letzten Jahren bei mehreren Sendern zu beträchtlichen Kostensenkungen und damit auch zu

Gewinnsteigerungen. Der Wandel im Publikumsgeschmack weg von deutschen Serien und hin zu amerikanischen Produkten war aus ökonomischer Sicht eine der glücklichsten Fügungen für all jene Sender, die gleich mehrere Primetime-Plätze entsprechend neu besetzen konnten.[7]

Meine eingangs gemachte Erklärung über den unter meiner Amtsführung nicht erfolgten Personalabbau muss also differenziert werden: Beim Sender wird auf der Personalseite durch den Wechsel von einer deutschen zu einer amerikanischen Serie nichts geschehen, dafür aber bei einheimischen Produzenten, denen die Aufträge für diese Sendeplätze verloren gehen. Anderseits erzielen amerikanische Studios über höhere Verkäufe zusätzliche Lizenzeinnahmen.

Viele Leistungen, welche die Sender zu erbringen haben, sind seit längerem ausgelagert. Effiziente, schlanke Privatsender arbeiten heute weitgehend mit Outsourcing. Sat.1 bezieht die News – gegen Übernahme der Kosten – vom hauseigenen Sender N24, die Technik von der konzerneigenen Firma PSP und die meisten Sendungen von Produzenten im In- und Ausland. Hier fallen die meisten Programmkosten an. Wenn Aufwendungen gekürzt und Arbeitsplätze abgebaut werden, dann betrifft dies zum überwiegenden Teil diese Firmen. Inhouse wurden nur folgende Programme hergestellt: *Frühstücksfernsehen, Sat.1 am Mittag, Sat.1 am Abend, Blitz, Sat.1 News* und *Sat.1 News (Die Nacht)* – also insgesamt sieben Stunden pro Tag. Alle anderen Sendungen werden entweder bei auswärtigen Produzenten beauftragt, oder, wie bei Spielfilmen und Lizenzserien, als vorgefertigte Produkte eingekauft.

Bei meinem Amtsantritt war ich verblüfft, dass es bei Sat.1 keinen einzigen ausgebildeten Videojournalisten gab. Diese effi-

---

7 Wie groß diese Effekte sein können, ersieht man an folgendem Beispiel: Wenn die Erstausstrahlung einer deutschen Serie, die mit 400 000 Euro berechnet wird, durch eine Erstausstrahlung einer Lizenzserie zu einem Ansatz von 60 000 Euro ersetzt wird, spart man bei einer einzigen Ausstrahlung 340 000 Euro. Wenn dies während vierzig Wochen im Jahr geschieht, so beläuft sich die Ersparnis auf 13,6 Millionen Euro. Falls dies auf drei Sendeplätzen gleichzeitig geschieht, ist die effektive Reduktion der Produktionskosten mehr als 40 Millionen Euro im Jahr – ein wahrhaft stolzer Betrag für jeden Sender.

ziente und kostengünstige Methode war vordergründig aus qualitativen Gründen abgelehnt worden. Zudem gab es niemanden, der sich wegen der dadurch notwendigen strukturellen Änderungen mit dem Betriebsrat anlegen wollte, der mit Argusaugen über alle technischen Innovationen wachte. Deshalb hatte man den Trend zur neuen Technologie total verschlafen. Da ich jedoch bei meinem Sender TeleZüri bereits zehn Jahre zuvor und als erster im deutschsprachigen Europa VJs eingeführt hatte, erkannte ich hier dringenden Handlungsbedarf. Der neue Chef der Magazine, Nik Niethammer, den ich aus der Schweiz geholt hatte, organisierte die Ausbildung. Drei Jahre später hatten wir mehr als hundert Videojournalisten in allen Inhouse-Redaktionen geschult, was zu Einsparungen von mehreren Millionen Euro pro Jahr führte und die Effizienz der Berichterstattung merkbar erhöhte. Sat.1 war in diesem Bereich damit weiter gekommen als alle anderen der großen Sender.

Die einzelnen Genres haben unterschiedliche Kosten pro Sendestunde. Recht preiswert für die Primetime sind neben den eingekauften Lizenzserien die Reality-Programme mit einem Stundenpreis zwischen 100000 und 200000 Euro. Kostenmäßig ähnlich tief liegen Quizsendungen, Impro-Comedies und in kleinen Studios produzierte Shows. Teurer sind Sitcoms und Sketch-Comedies mit Preisen von etwa 200000 Euro für die halbe Stunde. Bei den fiktionalen Programmen sind die Weeklys im Stil von *Hinter Gittern* am günstigsten. Die Stunde ist hier für knapp 400000 Euro zu haben. Stundenserien in der Primetime kosten etwa 600000 Euro die Stunde, wobei der Preis bei einer Action-Serie wie *Alarm für Cobra 11* bei RTL auch bei über einer Million Euro liegen kann. Bei zweistündigen TV-Movies ist der normale Preis unter 1,5 Millionen Euro. Wenn Special Effects oder teure Drehorte gewählt werden, steigt er auf zwei Millionen Euro und mehr. Telenovelas sind pro Folge für unter 100000 Euro zu haben, Richtershows und Talkshows im Tagesprogramm kosten 40–50000 Euro. Das also ist das Sortiment, aus dem man auswählen kann und eine optimale Mischung finden muss.

Die wohl wichtigste Aufgabe eines Senderchefs und seines engsten Teams im Privatfernsehen ist die eingehende Analyse jedes einzelnen Sendeplatzes. Und diese umfasst verschiedene Aspekte.

Es ist evident, dass es sinnvoll ist, teure Sendungen durch preiswertere zu ersetzen, wenn diese ähnlich hohe Einschaltquoten und damit vergleichbare Einnahmen generieren und dem Senderprofil nicht abträglich sind. Bei Sat.1 war die Ersetzung von mehreren Primetime-Sendeplätzen für deutsche Serien durch amerikanische Lizenzprodukte ein solcher Schritt mit gewaltigen positiven wirtschaftlichen Effekten. RTL machte es nicht anders und kegelte 2006 und 2007 eine deutsche Serie nach der anderen aus dem Programm, um diese Plätze mit amerikanischer Lizenzware zu füllen, mit der zudem dramatisch höhere Quoten erreicht wurden.

Dem aus wirtschaftlicher Sicht optimalen Programm nähert man sich am direktesten über den DB1-Wert, dem Deckungsbeitrag jeder Sendung. Dieser errechnet sich so: Man zieht von den in einer bestimmten Sendung erzielten Werbe- und sonstigen Einnahmen die direkten Herstellungskosten des Programms ab (oder den gemäß Abschreibungsschlüssel zugeordneten Teil davon). Der DB1-Wert in Euro (oder in Prozenten) ist eine Art Bruttogewinn, der auf diesem Sendeplatz erwirtschaftet wird. Davon abzuzählen sind die Allgemeinkosten des Senders, die vieles beinhalten: von den Kosten für Satelliten über Marketing, Verkauf, Konzernzentrale und vieles mehr, um so zum Nettogewinn zu gelangen. Da dieser letzte Schritt jedoch aus einem festen, für die meisten Sendungen identischen Prozentsatz besteht, bleibt der DB1-Wert der beste Gradmesser zur Beurteilung der Wirtschaftlichkeit einer Sendung und eines Sendeplatzes. Er wird täglich für jede einzelne Sendung ausgewiesen und ist damit ein wichtiges Führungsinstrument.

Um das Bewusstsein in den verschiedenen Redaktionen und Abteilungen für die Wirtschaftlichkeit ihrer Tätigkeit zu schärfen, führte ich ein, dass die Abteilungsleiter über die monatlich erzielten DB1-Werte aller Sendungen informiert werden. Diese analysierten wir gemeinsam an einer Sitzung, wobei wir uns vor allem auf jene Sendungen konzentrierten, bei denen die DB1-Werte ungenügend waren oder bei denen eine negative Tendenz festzustellen war. Wo gab es Handlungsbedarf? Waren es saisonale Schwankungen, die wir beobachteten? Lagen die Ursachen in einem besonders harten Gegenprogramm? Hatten wir eine Sendung falsch programmiert? Näherte man sich dem Ende des Lebenszyklus? Gab es Vorschläge zur Verbesserung der Qualität?

Diese ex-post-Betrachtungen kontrastierten oft sehr stark mit den Beurteilungen im Vorfeld der Beauftragung einer Sendung, welche über eine Investitionsrechnung erfolgt. Denn auch im Entstehungsprozess ist die DB1-Betrachtung das Maß aller Dinge. Folgende Aspekte gilt es in diesem Stadium zu berücksichtigen: Da sind einmal die Kosten, die man aufgrund von ausgehandelten Verträgen mit Produzenten klar definieren kann. Aufgrund des vorgesehenen Sendeplatzes schätzt man den dort realisierbaren Marktanteil. Der Sendeplatz und der Marktanteil sind zusammen die Basis für die Schätzung der zu erwartenden Einnahmen. Diese errechnen sich aus der Höhe der zu erzielenden Spotpreise, der erwarteten Auslastung der zur Verfügung stehenden Werbeblocks und der möglichen Zusatzeinnahmen. Die Differenz zwischen diesen geschätzten Einnahmen und den Kosten ergibt den DB1-Wert der Investitionsrechnung.

Wenn der so errechnete DB1-Wert eine gewisse Größe nicht erreicht, erhält ein Programm von der Konzernzentrale keine *Zulassung*, kann also nicht produziert werden. Diese DB1-Regeln werden nur dann relativiert, wenn ein Programm zwar als nicht ausreichend renditestark errechnet wurde, aber für den Sender als strategisch besonders wichtig eingeschätzt wird.

Bei Sat.1 waren dies während vielen Jahren die Sportrechte. Mit der Bundesliga holte man sich viel Prestige und hohe Einschaltquoten, doch die DB1-Werte waren katastrophal negativ. In der Kirch-Ära spielte dies keine Rolle. Bei meinem ersten Treffen mit Leo Kirch im Dezember 2001 – in den letzten Monaten seines Imperiums – sagte er zu mir: »Wir müssen die Bundesliga haben, koste es, was es wolle.«

Ich staunte. Diese Koste-es-was-es-wolle-Mentalität war eine Direttissima in die tiefroten Zahlen. Nach der Insolvenz entschied sich CEO Urs Rohner für den Ausstieg aus der viel zu teuren Bundesliga, sicherte sich dafür im Gegenzug die preiswerteren Rechte an der Champions League. Dies geschah in der durch Investitionsrechnungen abgesicherten Hoffnung, zumindest die Kosten decken zu können. Man wollte mit diesem Programm zudem hohe Quoten erzielen und die langjährige »Sportkompetenz« erhalten. Doch die deutschen Klubs, allen voran Bayern München, machten uns mit ihrem dreimaligen frühen Ausscheiden aus der Konkurrenz einen Strich durch die Rechnung – das im Gegensatz zur Bundesliga besondere Risiko für jeden TV-Veranstalter, der die Champions League-Rechte erworben hat –, so dass die Verluste immer weiter anstiegen. Als bei der nächsten Vergabe der Rechte der Pay-Sender anfangs 2006 Premiere eine noch höhere Lizenzsumme bot, passten wir bei Sat.1. In der Abwägung zwischen Prestige, hohen Einschaltquoten und der DB1-Betrachtung entschieden wir uns für das Letztere. Durch das Wegfallen dieses großen Verlustbringers bewegte sich der Gewinn von Sat.1 nach oben, während wir bei den Quoten Einbussen gewärtigen mussten – etwas, was wir bei unserer Entscheidung bewusst in Kauf nahmen.

Es gibt in einer Sendergruppe immer dann besonders emotional geführte Diskussionen, wenn eine Redaktion und/oder der Senderchef uneingeschränkt an das Potenzial eines neuen Programms glauben, die Zahlen jedoch eine andere Sprache sprechen. Dann werden alle Mittel und Wege gesucht, damit das Kind nicht in den Brunnen fällt. Können die Kosten auf irgendeine Weise weiter gesenkt werden? Und wie ist es mit einer schnellen Wiederholung der Sendung an einem Nachmittag, deren geschätzte Einnahmen zusätzlich Eingang in die Investitionsrechnung finden? Oder braucht man gar einen anderen, lukrativeren Sendeplatz, damit das Projekt nicht frühzeitig stirbt?

Dieser Aufprall zwischen Kreativität und Wirtschaftlichkeit ist ein Teil des Führungsprozederes eines privaten Fernsehsenders. Er ist geprägt von Hoffnungen und Enttäuschungen, von Prognosen und Überraschungen, von Bauchgefühl und Analysen, von Mut und Vorsicht, von neuen Ansätzen und Erfahrungswerten, von Alleingängen und Seilschaften.

Controller-Fernsehen

Diese Überlegungen waren erst die Phase eins des TV-Business. Der weitere Weg bringt uns in eine Welt, die immer umfassendere Bereiche unseres Lebens beherrscht: in die Welt der Controller.

Am besten beginnen wir mit einem bereits aufgeführten Beispiel: Nehmen wir an, dass ein Sender eine Serie mit dreizehn Folgen zu einem Folgenpreis von 600000 Euro bestellt. Bei den meisten Serien geht man davon aus, dass diese dreimal komplett ausgestrahlt werden können. Die Kosten müssen also auf diese drei Ausstrahlungen verteilt werden. Die erste Ausstrahlung ist klar die wertvollste. Beim drittenmal wird die Sendung hingegen mit Sicherheit weniger Einnahmen erwirtschaften können. Deshalb wird ein Schlüssel für die Kostenverteilung gewählt, z.B. 55% für die Erstausstrahlung, 30% für den zweiten »run« und 15% für den dritten.

Wenn die Erstausstrahlung die erhofften Marktanteile und Einnahmen erbringt, ist alles paletti. Im umgekehrten Fall entsteht ein Problem. Die Serie, die mit den restlichen 45% des Anschaffungswerts für die Zweit- und die Drittausstrahlung Teil des *Programmvermögens* geworden ist, hat faktisch an Wert verloren, ähnlich wie ein Buch, das verramscht werden muss, oder eine leicht verderbliche Ware, die kurz vor Ladenschluss zum halben Preis verkauft wird.

Der Sender hat jetzt mehrere Möglichkeiten. Er strahlt die Serie nach einer bestimmten Wartezeit nochmals am selben Sendeplatz aus, im Wissen, ungenügende Marktanteile und damit noch tiefere Einnahmen zu erzielen. Man beißt quasi in den sauren

Apfel, um die herumliegende Ware mit gewissen Verlusten loszuschlagen, damit sie nicht im Programmvermögen verbleibt. Denn je länger sie dort liegt, desto mehr verliert sie in der Regel an Wert. Buchhalterisch heißt dies, sie muss teilweise abgeschrieben werden. Abschreibungen aber sind Kosten und vermindern damit den Jahresgewinn.

Sogar noch schmerzlicher ist Methode zwei: Die Aussichten der Serie werden nach der ersten oder nach der zweiten Ausstrahlung als so negativ bewertet, dass sie nicht mehr als sendbar beurteilt wird. Dann muss sie in Form von *außerordentlichen Abschreibungen* ganz abgeschrieben werden und produziert damit direkt spürbare Verluste.

Die Kunst des Programmplaners besteht nun darin, diesen Weg wenn immer möglich zu vermeiden. Viel lieber wählt er Methode drei: die *On-air-Abschreibung.* In diesem Fall wird das Programm in einer Randstunde versendet, im vollen Wissen, tiefe Quoten und wenige oder auch gar keine Einnahmen zu erzielen. Deshalb werden etwa hochwertige Filme morgens um drei Uhr programmiert – nicht in der Hoffnung, damit irgendwelche Zuschauer zu erfreuen. Das Ganze erfolgt allein mit der Absicht, die hausinternen Controller zufrieden zu stellen. Damit wird nämlich erreicht, dass die Kosten der Sendung in Zukunft nicht mehr im Programmvermögen aufscheinen und deshalb auch kein zusätzlicher außerordentlicher Abschreibungsbedarf entsteht. Der Verlust fällt natürlich auch in dieser Variante an, kann aber in einem guten Geschäftsjahr besser verkraftet werden. Sat.1-Programmplaner Volker Szezinski nennt dies in seiner treffenden Sprache »die On-air-Beerdigung von Leichen« oder »Controller-Fernsehen«.

Das Programmvermögen

Das Programmvermögen eines Senders stellt das wichtigste Aktivum der Bilanz dar und wird deshalb von den Wirtschaftsprüfern besonders genau unter die Lupe genommen. Sie haben zu entscheiden, ob die im Keller eingelagerte Programmware noch den Wert hat, mit dem sie in den Büchern aufgeführt ist. Sie müssen die Frage beantworten, ob diese aufgeführten Buchwerte zu erwirtschaften sind oder nicht.

Da sich die Wirtschaftsprüfer nicht inhaltlich mit den einzelnen Programmen befassen können, brauchen sie ein Kriterium, um den realistischen Buchwert einer im Programmstock liegenden Sendung zu schätzen. Dazu fordern sie den Sender auf, den künftig vorgesehenen Programmplatz zu benennen. Indem sie dann festhalten, wie viel üblicherweise in diesem Slot erwirtschaftet wird, erhalten sie eine einigermaßen objektive Grundlage für ihre Beurteilung. Diese Größe nennt man *Referenzwert*.

Der definierte Referenzwert ist kein fester, stabiler Wert. Er verändert sich laufend, und zwar je nach dem aktuellen Geschäftsverlauf und dem Forecast für die kommenden Jahre. Nehmen die Einnahmen zu und erhöhen sich die Werte im Forecast, verändern sich die Referenzwerte entsprechend nach oben. Das heißt: Die für einen Sendeplatz vorgesehene Sendung, die im Programmvermögen liegt, gewinnt aus der Sicht der Controller an Wert, weil höhere Einnahmen erwartet werden können. Wenn dies über den ganzen Tag verteilt der Fall ist, wird das Programmvermögen gesamthaft aufgewertet. Gehen hingegen die Einnahmen zurück und ist der Forecast ebenfalls pessimistisch, verringert sich der Wert des Programmvermögens und führt in dieser Kettenreaktion zu einem höheren Abschreibungsbedarf und damit zu einem beträchtlich tieferen Jahresgewinn.

Das Programmvermögen ist auch von zentraler Bedeutung für die legale Steuerung des Jahresgewinns. Nehmen wir wieder ein Beispiel: Von einer TV-Serie liegen zehn Staffeln vor. Einige Staffeln wurden bereits drei-, andere zwei- und die jüngsten erst einmal wiederholt. Die erste Wiederholung ist gemäß allgemeinem Abschreibungsmodell die teuerste, die dritte die billigste, und die vierte ist bereits vollständig abgeschrieben – das heißt, sie ist gratis. Aus buchhalterischer Sicht ist sie ein Nullkostenprogramm. Die Kosten können also reduziert werden, wenn man

Zweitausstrahlungen durch ein Nullkostenprogramm ersetzt. Damit nimmt man zwar tiefere Quoten in Kauf, verbessert aber das Geschäftsergebnis des laufenden Jahres, wenn das aus übergeordneter Sicht wünschenswert ist. Umgekehrt kann man die Kosten erhöhen und den Gewinn reduzieren, wenn man statt der im Budget geplanten Drittausstrahlungen teurere Erstausstrahlungen sendet.

Der *Bulle von Tölz* war aus Controller-Sicht während Jahren das ideale Programm. Die meisten Folgen konnten wegen der konstant hohen Quoten bis zu fünfmal gesendet werden, das heißt, die letzten beiden Folgen waren Nullkostenprogramme mit einem automatischen DB1 von 100%. Die Gefahr aus der Perspektive des Geschäftsführers und des Künstlers war die Übernutzung dieser Marke, was meist zu einer verkürzten Lebensdauer führt. Der *Bulle* erwies sich jedoch erstaunlich lange als bemerkenswert quotenkonstant, so dass die kurzfristigen Controller-Aspekte die langfristigen Chancen dieses Programms nicht kompromittierten. Die Gefahr allerdings ist, dass bei scharfen Quotenrückgängen der große Programmstock von noch bewerteten Folgen massiv an Wert verliert.

Ähnliches gilt für Sendungen aus dem Tagesprogramm, bei denen die gesamten Herstellungskosten in Form einer Einmalabschreibung bereits auf die Erstausstrahlung gelegt werden. Wiederholungen sind also Nullkostenprogramme und werden so oft eingesetzt, wie es quotentechnisch sinnvoll erscheint.

Noch mehr freut sich der Programmplaner, wenn er im tiefen Programmkeller auf irgendeine Perle aus längst vergangenen Jahren stößt, bei der er Quotenpotenzial erschnüffeln kann. Der Sat.1-Guru in diesem Bereich ist der langjährige Programmplaner Volker Szezinski mit seinem lexikalischen Wissen über all die verborgenen Schätze, die er mit archäologischer Akribie periodisch ausgräbt. »Da habe ich mich an eine Sendung mit Hape Kerkeling erinnert«, erklärte er mir etwa strahlend. »Die lief bei uns vor vielen Jahren. Mit der können wir es wieder einmal versuchen.« Hape Kerkeling, seit Jahren ein großer Star von RTL, der zum beliebtesten Comedian Deutschlands avanciert ist, liefert so mit diesem Nullkostenprogramm einen dankbar empfangenen Beitrag zum Geschäftsergebnis von Sat.1.

Das Programmvermögen – das wichtigste Aktivum in der Bilanz jedes Senders – ist also auch bei besten Fachkenntnissen eine nur sehr schwierig zu definierende Größe. Die zum Teil grotesk divergierenden Bewertungen des legendären Filmlagers von Leo Kirch waren nur deshalb überhaupt möglich.

Meine Aufgabe als Geschäftsführer war es, in enger Absprache mit dem Programmplaner und den Controllern in Berlin und München die richtige Balance zu finden, um die verschiedensten Interessen unter einen Hut zu bringen. Manchmal neigte die Waagschale mehr in Richtung Quote, öfter jedoch zeigte sie hin zur Priorisierung der Bilanzinteressen – was im Jahr 2006 trotz sinkenden Marktanteilen zu einem neuen Rekordgewinn führte, ganz im Sinne der verkaufsbereiten Gesellschafter. Die beiden Methoden weisen nämlich zeitlich unterschiedliche Mechanismen auf. Controller-Fernsehen wirkt kurzfristig elektrisierend

Volker Szezinski, Sat.1-Programmplaner und stellvertretender Geschäftsführer: Der Herr über On-Air-Beerdigungen von Leichen und Autor einer großen Zahl von Filmtiteln.

auf die Gewinne, gefährdet jedoch langfristig die Quote und damit die Resultate in der Zukunft.

Aufgrund all dieser Maßnahmen – und vieler mehr – reduzierte Sat.1 seine Programmkosten zwischen 2002 und 2006 um nicht weniger als 30%. Der Abbau beim festen Personalbestand hatte daran nur einen unbedeutenden Einfluss, wie eingangs erwähnt wurde. Die konsequent und gezielt angesteuerten Kosteneffekte, von denen hier nur einige vorgestellt wurden, waren entscheidend für die dramatische Verbesserung der Geschäftsergebnisse. Und so wurde Sat.1, das zuvor immer mitleidsvoll als das »Sorgenkind« des Konzerns apostrophiert wurde, zur Cash-Cow – zur größten Gewinnquelle.

Leider ist ein direkter wirtschaftlicher Vergleich mit dem Erzkonkurrenten RTL nur bedingt möglich, da die RTL-Gruppe bloss Zahlen für all ihre Sender in Deutschland gemeinsam veröffentlicht. Es erscheint aber aufgrund eines publizierten Gewinns von 301 Millionen Euro und unter Berücksichtigung der Super-Performance von VOX als mehr als wahrscheinlich, dass Sat.1 im Jahre 2006 mit einem Gewinn von 204 Millionen und einem Ebitda von 24% der klar ertragsstärkste Sender des Landes war. Dabei hatte RTL in diesem Zeitraum um Längen höhere Marktanteile und deshalb auch beträchtlich höhere Einnahmen. Anderseits erzielte RTL diese Marktanteile auf der Basis eines unvergleichlich höheren Kostenfundaments.

Dieser Vergleich weist auf die bloß relative Aussagekraft von Einschaltquoten hin, die von einer ganzen Armada von Journalisten rund um die Uhr analysiert und kommentiert werden, während die Beurteilung der veröffentlichten wirtschaftlichen Daten meist nur als Momentaufnahmen wahrgenommen werden – wenn sie aufgrund der restriktiven Informationspolitik einzelner Konzerne überhaupt stattfinden kann.

In diesem Kapitel haben wir bisher fast ausschließlich eine Seite behandelt, diejenigen der Kosten. Nun wenden wir uns der zweiten, ebenso wichtigen zu. Und damit sind wir in der Welt des Spots.

11. DIE WELT DES SPOTS

Es ist wohl eine der kostspieligsten TV-Produktionen des Jahres, ähnlich teuer wie *Schlag den Raab, Deutschland sucht den Superstar* und sogar *Wetten dass …?* Doch etwas Entscheidendes ist anders. Hier schauen nicht Millionen von Zuschauern am Fernsehen zu. Die Einschaltquote liegt bei Null. Nullkommanull. Denn diese Show wird auf keinem Sender ausgestrahlt – und dies obwohl TV-Stars gleich rudelweise über eine riesige Bühne gejagt werden. Zusätzlich soll mit raffiniert geschnittenen Kurzfilmen, aufwendigen Lichteffekten und internationalen Musikacts ein Las-Vegas-Feeling geschaffen werden. Aus dem Rahmen fallen nur einige Herren in dunklen Anzügen, die kurz zwischen die Auftritte von Topcomedians geschoben werden, und die sich mit lächelnden Gesichtern krampfhaft bemühen, durch die Verbreitung ihrer kargen Informationen den Zuschauern nicht die Laune zu verderben.

Der Auftritt bei diesem Anlass gilt für jeden Sendergeschäftsführer als der wichtigste des Jahres. Die sommerliche Programmpräsentation vor Kunden und den mittleren und unteren Kadern der Medienagenturen hat zwei zentrale Funktionen: Erstens muss der Aha-Effekt des Vorjahres übertroffen werden, koste es was es wolle.

Und zweitens gilt es, die Show der Konkurrenz zu übertrumpfen. Für die ProSiebenSat.1-Gruppe ist dies allein RTL – und natürlich gilt dies auch umgekehrt.

Die Vorbereitungen für diesen Event beschäftigen die Mitarbeiter in vielen Bereichen des Konzerns während vieler Monate und beginnen bereits im Januar. »Big Picture«, so heißt das Ding in der ProSiebenSat.1-Gruppe, hat absolute Priorität. Und es ist immer auch ein interner Wettbewerb, dessen Ausgang von den Zuschauern mittels Fragebögen bestimmt wird: Welcher unserer Sender zeigte die besten Trailer? Welcher Geschäftsführer war am sympathischsten und überzeugendsten? Welche Comedians welches Senders hatten die besten Pointen? Und wie war die After-Party? Ganz am Rande geht es auch um die Vermittlung von Informationen, viel weniger jedenfalls als bei den Upfronts in New York, den Veranstaltungen der amerikanischen Networks, die man sich zum Vorbild genommen hat.

Nur auf eine Frage gibt es keine Antwort: Welche messbaren Resultate bringt dieser gigantische Aufwand? Erhält ein Sender mehr Werbeeinnahmen, weil seine Show gut angekommen ist? Und wird er umgekehrt abgestraft, weil sich der Geschäftsführer zweimal verhaspelt hat? Die Welt des Spots ist eine weithin geheimnisvolle. Deshalb unternehme ich hier den Versuch, mich ihr vorsichtig anzunähern.

Die Zielgruppe

Die zentrale Größe für die Bestimmung der Einnahmen eines Fernsehsenders sind die Einschaltquoten. Richtig? Im Prinzip ja. Doch das Prinzip allein führt in die Irre.

Die Quoten jeder Sendung werden Tag für Tag von Tausenden von Menschen in den Sendern selbst und in den Medienagenturen nicht nur festgehalten, sondern minutiös seziert. Dazu steht ein vielfältiges Instrumentarium zur Verfügung, das ständig ausgebaut und verfeinert wird. Ich möchte hier nur einige der Grundlagen aufführen.

Als Zielgruppe für die Werbung wird abermals die Altersgruppe zwischen 14 und 49 Jahren bezeichnet. Allein für diese Gruppe Menschen ist die Werbung bereit, Geld zu bezahlen. Deshalb publizieren die Privatsender auch nur die Einschaltquoten für diese Zielgruppe. Auf den Einwand, dass diese Regelung mit jedem Tag unsinniger wird, da die Menschen über Fünfzig immer zahlreicher und zusätzlich kaufkräftiger werden, gibt es von der Werbeindustrie verschiedene Antworten. Die eine lautet, dass man deshalb nicht bereit sei, für die Gruppe der über 50-Jährigen zu bezahlen, da deren Fernsehkonsum überdurchschnittlich hoch ist und sie damit bei jeder Sendung quasi kostenlos mitgeliefert wird. Schwieriger seien jüngere Alterskategorien zu erreichen, und hier vor allem die Gruppe der 14- bis 29-Jährigen mit ihrem klar unterdurchschnittlichen Fernsehkonsum. Eine zweite Antwort lautet: Man hat sich vor Jahren auf diese eine Währung festgelegt und will die Sache auch für die Kunden in der werbetreibenden Industrie nicht unnötig destabilisieren, ganz unabhängig von der demografischen Entwicklung. In den USA zeigt man sich flexibler. Dort werden bereits auch die Quoten für die Zielgruppe 25 bis 54 Jahre ausgewiesen, in einigen Fällen auch diejenigen bis 64 Jahre.

In der Praxis geht man auch hierzulande viel differenzierter ans Werk, als es die offizielle, etwas krude Theorie vermuten lässt. So interessiert sich der Anbieter eines Mittels zum Zähnebleichen sehr intensiv für die Zuschauer über 50 Jahre und klopft TV-Sendungen auch unter diesem Gesichtspunkt ab. Mit diesen zusätzlichen Werten kann also eine Sendung mit zu wenigen Zuschauern in der Zielgruppe für ein solches Produkt doch noch interessant werden. Dabei kann sich der Kunde über einen für ihn besonders angenehmen Effekt erfreuen, nämlich, dass er für einen maßgeblichen Teil seiner potenziellen Kundschaft nichts zu bezahlen hat, weil diese Zuschauer gemäß Tariflisten Nonvaleurs sind.

Diese künstliche Begrenzung der Zielgruppe wird man in den nächsten Jahren auch in Deutschland nach oben ausweiten, aber die Beharrungskräfte scheinen noch zu stark zu sein, weil sich keine der betroffenen Parteien davon einen klaren Vorteil verspricht, um sich heute dafür stark zu exponieren. Doch die tiefgreifenden demografischen Verschiebungen werden die Privatsender schon bald dazu zwingen, ihre schwindende Zuschauerbasis mittels dieser Maßnahme näher an die Realität heranzuführen.

Die Differenzierungen

Innerhalb der Zielgruppe gibt es eine Vielzahl von Differenzierungen: nach Alter, Geschlecht, Einkommen und Schulbildung – die Klassiker also. Aufgeführt wird auch die Zugehörigkeit zu soziologisch definierten Gruppen, wie etwa diejenige der Maximalisten, der DDR-Nostalgiker oder der Egozentriker. Ein anderes, sehr wichtiges Kriterium ist die Zugehörigkeit zur Gruppe der »Haushaltführenden Personen«, denn genau auf diese Subjekte, also Menschen, die das Geld faktisch ausgeben, haben es die Werber vor allem abgesehen. Sender und Sendungen mit einem hohen Anteil von Menschen dieser Gruppe werden stärker gewichtet, als es aufgrund der reinen Quote der Fall wäre – und davon profitiert unter anderem Sat.1, Pro7 weniger.

Die Genres

Die vollständig geröntgten objektiven Zuschauerdaten sind der wichtigste Teil des Entscheidungsprozesses, aber noch nicht dessen Ende. Wichtig sind auch die einzelnen Genres, deren Werbeaffinitäten unterschiedlich gewichtet werden. Dabei spielen subjektive Qualitätskriterien mit. Sendungen, deren thematisches Umfeld für Werbung als nicht sehr geeignet bewertet wird, erhalten deutlich weniger Einbuchungen, als es den statistisch erhobenen Werten entsprechen würde. Bei Sat.1 betrifft dies etwa die Crime-Docus am Vorabend, bei RTL war dies ein Absetzungsgrund für die quotenmäßig überrragende Sendung *Ich bin ein Star – holt mich hier raus*. Umgekehrt werden ambitiöse Fiction-Programme von den Media-Agenturen überproportional mit Werbung belegt.

Die persönlichen Vorlieben

In Diskussionen mit Media-Agenturen werden allein die detaillierten Quoten von Sendungen diskutiert und analysiert. Es wird der Anschein erweckt, als ob nur nach objektiven Kriterien entschieden werde, und dass die Resultate durch ausgeklügelte Computerprogramme ausgespuckt werden. Doch die Realität ist eine andere. Die meist jungen Planer und Planerinnen in den Medienagenturen bringen auch ihre persönlichen Vorlieben als Fernsehzuschauer bei ihrer Entscheidung mit ein, so dass gewisse Sendungen viel stärker (schwächer) gebucht werden, als es der objektiven Performance entsprechen würde. Damit kommt eine persönliche, menschliche Note in ihr quantitatives Arbeitsfeld. Und manchmal schien es mir gar, dass sie mit ihren zusätzlichen Buchungen einen Sender dazu bringen wollen, eine von ihnen konsumierte und geliebte, aber quotenmäßig nicht überzeugende Sendung nicht vorzeitig abzusetzen.

Nur keine Risiken

Alle Sendungen werden »gepricet«, das heißt, es wird im Vorfeld der Ausstrahlung ein bestimmter Marktanteil angenommen, auf den sich dann der konkrete Spotpreis stützt. Dieser Preis entspricht einem vom Sender gewählten TKP (Tausender-Kontakt-Preis), dem Preis für 1000 Werbekontakte. Im deutschen Werbemarkt gibt es in Sachen TKP mehrere Ligen. Die drei großen Sender RTL, ProSieben und Sat.1 sind in einer Liga und können wegen ihrer Marktabdeckung den höchsten TKP verlangen. Jeder dieser drei Sender achtet darauf, dass der eigene TKP nicht zu stark von den TKPs der beiden anderen abweicht. Wenn der TKP zu hoch ist, riskiert man, dass die Buchungen zurückgehen. Wenn der TKP zu niedrig ist, lässt man faktisch Geld auf der Straße liegen. Man hat dann zu billig verkauft. Beides ist unerwünscht, weshalb die Steuerung des richtigen TKPs via Preisanpassungen eine der wichtigsten Aufgaben der Verkaufsabteilungen ist.

Die Sender der zweiten Generation, RTL2, VOX und Kabel 1, können ihre Sendungen nur zu einem massiv tieferen TKP verkaufen. Das führt etwa zur grotesken Situation, dass die Sendung *CSI* bei VOX zu einem erheblich günstigeren TKP gebucht werden kann als bei RTL. Bei den ganz kleinen Sendern ist der TKP noch niedriger, und die offen und versteckt gewährten Rabatte und Boni sind beträchtlich höher.

Auf der Einkaufsseite sucht man vor allem verlässliche TKPs. Am einfachsten geschieht dies, wenn man sich auf erprobte Sendungen auf gelernten Sendeplätzen konzentriert. Aus diesem Grund erhalten diese Programme überproportional viel Werbung zugeschaufelt, mehr, als es sich allein aufgrund der Marktanteile errechnen ließe. Deshalb verdienen die Sender einen gewichtigen Teil ihres Geldes mit solchen Programmen und tun alles, um möglichst viele von ihnen anbieten zu können.

Eine Besonderheit ergibt sich bei den ganz großen Blockbusters, bei den Kinofilmen mit Marktanteilen von 35% und mehr. Hier werden die einzelnen Spots aufgrund der erwarteten Quoten so teuer angeboten, dass es sich viele Kunden aufgrund ihrer Budgets gar nicht leisten können, ihre Werbung in diesem Umfeld zu platzieren. Die Werbeblocks bei diesen Filmen, welche die Sender für fünf und mehr Millionen Euro eingekauft haben, sind dann trotz gewaltigem Publikumserfolg manchmal nicht ausgebucht und die Filme damit oft nicht zu refinanzieren.

Noch dramatischer für die Sender ist, dass neue Programme oder gar Einzelsendungen besonders hohe Hürden zu nehmen haben. Sie werden von den Kunden meist zurückhaltend oder gar nicht berücksichtigt, da man zuerst Erfahrungswerte sammeln will – und dieses Zuwarten kann manchmal ziemlich lange dauern. Die Sender gehen bei neuen Sendungen also nicht nur ein bereits beträchtliches Quotenrisiko ein, sondern sie müssen zudem selbst bei erfolgreichen Sendungen eine einnahmenmäßige Durststrecke in Kauf nehmen. Noch schwieriger haben es Shows, die nur einmal gesendet werden. Wegen der geschilderten, weitgehend nachvollziehbaren konservativen Haltung der Medienagenturen erleiden sie fast immer massive finanzielle Verluste und kommen deshalb nur noch in Ausnahmefällen ins Programm. Das heißt im Klartext, dass die Mechanismen der werbetreibenden Industrie die Programmentscheide der Privatsender massiv beeinflussen und ihre Innovationsfreudigkeit behindern. Öffentlich-rechtliche Sender, die diesen Aspekt ausblenden können, weil sie Sendungen nicht refinanzieren müssen, wären also von ihrer Finanzierungsstruktur her eher geeignet, Programmexperimente einzugehen.

Um die Agenturen trotzdem zu ermuntern, bei neuen Sendungen zu buchen, bieten die Sender manchmal – wenn auch widerwillig – TKP-Garantien an. Diese Garantie funktioniert so: Wenn der TKP wegen zu tiefen Marktanteilen eine bestimmte Höhe überschreitet, erhält der Kunde zur Abdeckung seines Verlusts Freispots zugesprochen. Damit wird das Marktanteils-Risiko vom Kunden auf den Sender übertragen. Diese Methode ist jedoch ein zweischneidiges Schwert, weil das Angebot für TKP-Garantien den Kunden signalisiert, dass man beim Verkauf einer Sendung Schwierigkeiten hat und dass andere potenzielle Kunden wegbleiben. Und da Medienagenturen ähnlich wie Lemminge funktionieren, kann dies dazu führen, dass sie diese Sendung gerade aus diesem Grund meiden, weil sie annehmen, dass andere Spezialisten mehr wissen als sie. Dann zucken sie lieber zurück, um sich bei einem Quotenflop nicht bei ihrem Kunden zu blamieren.

Zapping

Der Marktanteil einer Sendung, so wie er in vielen Medien veröffentlicht und kommentiert wird, ist nicht der relevante Wert für die Medienagenturen. Sie blicken nicht auf die Quote einer Sendung, sondern auf diejenige der Werbeblocks innerhalb der Sendung, und die sind in der Regel 20–30% tiefer als der durchschnittliche Marktanteil einer Sendung. Das *Zapping-Verhalten* – so nennt man das Wegschalten am Anfang und das Zuschalten am Ende des Werbeblocks – ist je nach Sendung unterschiedlich. Auch kommen nicht alle Zuschauer am Ende des Blocks zurück, und dieses Zurückschalten erfolgt auch nicht immer gleich schnell. Jede Sendung muss am Ende des Werbeblocks wieder Quote aufbauen, die verloren gegangen ist. Als Regel gilt: Je stärker eine Sendung fasziniert, desto geringer das Zapping-Verhalten.

Aber grundsätzlich ist der Zwang, Werbung zu schalten, ein markanter Nachteil der Privatsender gegenüber den Öffentlich-Rechtlichen, vor allem, wenn die Marktanteile von Sendungen beider Systeme 1:1 verglichen werden. So sind rund 15% des Gesamtangebots eines Privatsenders durch Werbeblocks gefüllt, 5% durch Trailer und nur 80% durch Programm. Ein echter Vergleich der Zuschauerakzeptanz von Sendungen beider Systeme müsste diesen Faktor berücksichtigen. Die Bilanz für die Privatsender sähe in dieser realistischeren Betrachtung weitaus besser aus, als sie aus den publizierten Statistiken hervorgeht.

Marketing und Verkauf

Alle TV-Sender betreiben einen gewaltigen Aufwand, um die Medienagenturen bei Laune zu halten. Deren wichtigste Mitarbeiter werden gehätschelt, beschenkt, unterhalten, an tolle Orte geflogen, aufs Feinste verköstigt und in Luxushotels untergebracht. Ja, und hie und da werden sie auch über künftige Programmvorhaben informiert.

Dabei springen folgende Besonderheiten ins Auge: Erstens sind es bloß fünf Medienagenturen, die etwa 80% der TV-Budgets Deutschlands kontrollieren. Dieser sehr starken Konzentration auf der Käuferseite steht eine duopolistische Konstellation auf der Anbieterseite gegenüber. Die beiden großen Gruppen ProSiebenSat.1 und RTL holen über ihre Vermarktungsgesellschaften SevenOne und IP mehr als 85% aller Werbegelder in die von ihnen betreuten Sender. Für all die immer zahlreicheren anderen Sender verbleiben also insgesamt nicht einmal 15% der im deutschen Fernsehen investierten Werbegelder. Einmal hat die eine der beiden großen Gruppierungen die Nase vorne, dann wieder die andere. Es ist wie in einem Formel-1-Rennen, in dem zwei Boliden hart um den Sieg kämpfen und der drittplatzierte Wagen bereits fünf Runden zurückliegt.

Diese ungewöhnliche Wettbewerbssituation bestimmt die Verhältnisse im Markt. Jede der wichtigen Medienagenturen versucht mit dem ganzen Gewicht ihrer Masse für sich und ihre Kunden die allerbesten Bedingungen im gesamten Markt herauszuholen, d. h. die höchsten Rabatte, Boni und Freispot-Angebote. Dieser Mechanismus war ein wichtiger Auslöser für die extreme Konzentration auf der Käuferseite, da man als kleinerer Player keine solchen Möglichkeiten hat.

In einer solchen Konstellation sind die Verlockungen für Missbräuche besonders groß, wie die Untersuchungen gegen Aleksander Ruzicka zeigen, den ehemaligen Geschäftsführer von Aegis, der zweitgrößten Medienagentur Deutschlands. Er wurde 2006 wegen des Verdachts auf unerlaubte Geschäfte in Untersuchungshaft genommen, nachdem der »Sonnenkönig« durch einen extrem luxuriösen Lebensstil mit einer eindrücklichen Farm in Südafrika und einer der teuersten Villen Wiesbadens aufgefallen war.

Das scheint kein Einzelfall zu sein. Eines Tages erhielt ich den Anruf des Chefs und Mitbesitzers einer der bekanntesten Firmen Deutschlands. »Ihr bescheißt uns«, begann er unverblümt. »Ich kriege zu wenig Werbung für mein Geld.«

»Das ist absolut undenkbar«, antwortete ich. »Bei uns ist alles glasklar.«

Ich versprach ihm, mich der Sache anzunehmen und begann zu recherchieren. Recht schnell ergab sich beim Vergleich der vom Kunden bezahlten Beträge und der bei uns verbuchten Eingänge eine Differenz, die gemäß den üblichen Branchenregeln nicht zu erklären war. Die Aufmerksamkeit richtete sich sofort auf die vom Kunden eingesetzte Medienagentur, die als Vermittler agierte. Und bald war klar, dass sich diese unter Ausnutzung eines sehr komplexen Systems von Rabatten und Boni, welche der Kunde nicht einsehen konnte, über Gebühr bedient hatte und ihm einen Schaden in Millionenhöhe beschert hatte, den dieser jetzt versucht, gerichtlich einzuklagen.

Von niemandem in der ganzen Branche wird ernsthaft bestritten, dass Kickbacks ein Teil des Systems sind. Die Medienagenturen werden von ihren Kunden mit minimalen Kommissionen an einer so kurzen Leine gehalten, dass diese nur unter Ausnützung aller Vorteile funktionsfähig sind. Umstritten ist nur, wo diese Unter-dem-Tisch-Zahlungen landen sollen: bei den Kunden, den Medienagenturen oder in den Taschen der leitenden Personen der Medienagenturen in Form von Bargeld, Geschenken oder gar als Freispot-Pakete, die diese dann über Scheinfirmen weiterverkaufen können. Der von Medienagenturen und ihren Verbänden seit Jahren immer wieder beschworene »Code of Conduct«, der Auswüchse auf freiwilliger Basis ausschließen soll, ist ein weitgehend palliativer Versuch zur Beruhigung der verunsicherten Werbekunden, dessen Wirksamkeit noch nie ernsthaft untersucht werden konnte.

Frontloading

Das deutsche Fernsehjahr beginnt aus kommerzieller Sicht immer am 1. Januar. In den Monaten zuvor werden mit den »Ersteinbuchungen« gewisse Duftmarken gesetzt. Sie zeigen in etwa, wie die Medienagenturen die einzelnen Sender aufgrund ihrer aktuellen Performance und der bereits bekannten Programmplanungen einschätzen. Mindestens ebenso wichtig sind hingegen die Leistungswerte in den ersten zwei, drei Monaten des Jahres. Sie gelten als Grundlage für die Bewertung und damit für die Einbuchungen bis weit ins dritte und vierte Quartal. Besonders bedeutend ist dabei der Monat Januar, der sich durch zwei Eigenheiten auszeichnet: Er weist wegen den langen Winternächten die höchste Fernsehnutzung des gesamten Jahres auf. Damit erhalten die erzielten Quoten ein überdurchschnittliches Gewicht für die laufende, ständig kommunizierte Jahreswertung. Und zweitens sind die Umsätze nach den werbemäßig stark frequentierten letzten drei Monaten des vorhergehenden Jahres relativ gering.

Üblicherweise werden die stärksten Sendungen dort platziert, wo die höchsten Einnahmen erzielt werden. Die Ausnahme ist aus den erwähnten speziellen Gründen der Januar. Man versucht, mit überproportionalen Marktanteilen bei hoher TV-Nutzung eine optimale Plattform für das ganze Jahr zu schaffen. Dies nennt man Frontloading. Aus diesem Grund legt RTL den Einstart seiner wichtigsten Sendung des Jahres, *Deutschland sucht den Superstar*, auf Anfang Januar und führt sie möglichst weit ins Jahr. Damit übernimmt man das Beispiel des amerikanischen Senders FOX.

FOX platziert dieselbe Sendung unter dem Titel *American Idol* in den wichtigsten Wochen im US-TV-Geschäft. Damit schafft es dieser Sender regelmäßig, sich kurz vor dem Ende des amerikanischen Fernsehjahres im Mai vom vierten und letzten Platz auf die Spitzenposition vorzuarbeiten. Noch nie konnte deutlicher gezeigt werden, wie eine einzelne Sendung ein ganzes Network retten kann. Der alte Hollywood-Spruch – *there is nothing wrong with this studio that one big hit cannot change* – gilt in diesem Fall also auch für die Welt des Fernsehens. Würde RTL diese Sendung im letzten Quartal des Jahres ausstrahlen, wären die dort via Backloading erzielten Marktanteile schnell aus der Wertung gefallen. Das Frontloading potenziert umgekehrt die Wirkung dieses Quotenhits und verhilft RTL jeweils zu einem enormen Schub ins neue Jahr. Andere Sender, die keine solchen vergleichbaren Quotenbringer haben, können diese wirkungsvolle Strategie hingegen nicht nutzen.

Share Deals

In der Praxis läuft das TV-Werbegeschäft so: Die Vermarktungsgesellschaften der großen Sendergruppen schließen mit allen größeren Medienagenturen zu Beginn des Jahres einen sogenannten Share-Deal ab, natürlich unter Gewährung knallhart ausgehandelter Boni, Rabatte und ähnlichem. Mit dem Share-Deal verpflichtet sich die Agentur, im gesamten kommenden Jahr einen festen Prozentsatz all ihrer Werbebudgets für TV-Werbung bei dieser Sendergruppe zu platzieren, z. B. 44 % bei der

SevenOne (ProSiebenSat.1) und 43% bei IP (RTL). Die Höhe dieses Share-Deals stützt sich vor allem auf die Performance der Sendergruppe im abgelaufenen Jahr, aber auch auf die Einschätzung der neuen Programme oder Programmierungen der Sender in den ersten Wochen des neuen Jahres.

Damit ist der entscheidende Teil der Verkaufsarbeit bereits geleistet. Unterjährig verschieben sich die Gelder meist nur innerhalb des Share-Deals. So können je nach aktuell erzielten Marktanteilen Werbegelder von Sat.1 zu Pro7 und zu Kabel 1 umgelegt werden (oder umgekehrt), das heißt zwischen den Sendern einer Sendergruppe. Verschiebungen zur direkten Konkurrenz sind hingegen seltener und schwieriger. Deshalb kann eine Sendergruppe zu Beginn des Jahres relativ genau abschätzen, wieviel Geld sie einnehmen wird. Die größte Imponderabilie bleibt dann die Entwicklung der Wirtschaft und damit die Fluktuation der gesamten Werbeausgaben. Die Share-Deals gerieten ins Schweinwerferlicht der Öffentlichkeit, als im Juni 2007 Beamte die Büros der beiden großen TV-Werbevermarkter und einiger Medienagenturen untersuchten und dabei Akten und Harddisks beschlagnahmten. Obwohl diese Praxis seit vielen Jahren branchenweit bekannt war und als ein wichtiges Planungsinstrument von einer bedeutenden Zahl von Mitarbeitern bei Medienagenturen genutzt wurde, sei man durch eine Eingabe der Axel Springer AG beim Kartellamt im Rahmen des Kaufprozesses auf sie aufmerksam gemacht worden, hieß es in einer Presseerklärung. Da Springer ein Großaktionär von ProSiebenSat.1 ist, beweist dies besonders deutlich, dass keiner der Beteiligten davon ausging, es könne sich dabei um ein Vorgehen handeln, welches irgendwelche Rechtsnormen verletzen könnte. Es ist ein effizientes Verfahren, das eine optimale Planungssicherheit für alle Beteiligten ermöglicht, etwas, das in der komplexen Welt der Werbezeitvermarktung unerlässlich ist, und zwar sowohl bei den Print- wie auch den elektronischen Medien.

Die Unterstellung, dass dadurch ein Teil des Wettbewerbs ausgehebelt werde, erschließt sich mir nicht. Aus meiner Position erlebte ich die Konkurrenzsituation immer als äußerst hart und verbissen. Man suchte pausenlos nach neuen Ideen und Ansätzen, wie man sich besser als die Konkurrenz darstellen konnte, um Gelder ins eigene Lager herüberzulotsen, und dies nicht allein gegenüber der RTL-Gruppe, sondern auch gegenüber den kleineren, als Gruppe immer erfolgreicheren Sendern. Dabei stand jeweils die erbrachte Leistung in Form von Marktanteilen, innovativen Sendungen und spannenden, neuen Werbeangeboten im Vordergrund. Immer lauerte man auf eine Schwäche der Gegner, um sich die trotz Share-Deals jederzeit vorhandenen Restaufträge zu sichern, die den Unterschied zwischen einem guten und einem sehr guten Geschäftsjahr auszumachen vermögen. Aber das deutsche Kartellamt, das mit seinem kompromisslosen und für die meisten Beobachter kurzsichtigen Vorgehen verhindert hat, dass ProSiebenSat. 1 von Springer gekauft werden durfte, versucht sich offenbar weiterhin in Szene zu setzen.

Showtime

Trotz dieses simplen, starren Verkaufssystems haben die beiden Sendergruppen in vielen Städten überaus gut bestückte Verkaufsbüros und betreiben mit ihren Hundertschaften einen ganzjährigen, aufwendigen Zirkus, um die Mitarbeiter auf allen Stufen der Medienagenturen für sich einzunehmen.

In der ProSiebenSat.1-Gruppe besuchen die Sendergeschäftsführer im Januar alle wichtigen Medienagenturen Deutschlands, um das Programm persönlich vorzustellen. Bei RTL ist es ähnlich. Während zwei Wochen werden die immer selben PowerPoint-Präsentationen und teuer hergestellten Trailer-Orgien abgespult, in Düsseldorf, Köln, Hamburg, Frankfurt, Wiesbaden und München. In dieser Zeit mutieren die Senderchefs zu den Chefverkäufern für Werbespots, etwas, das sich in abgewandelter Form im Verlauf des Jahres mehrfach wiederholt.

Die meist sehr jungen Mitarbeiter der Medienagenturen genießen diese Auftritte der Geschäftsführer der großen Sender sichtlich, während ihre Chefs oft durch Abwesenheit glänzen und sich nicht unter ihr eigenes Fußvolk mischen. Zurückgelehnt und manchmal auch demonstrativ desinteressiert verfolgen diese selbstbewussten »Entscheider«, wie sich die Topleute der TV-Branche abarbeiten, um ihre aktuelle Programmpalette mit allen zur Verfügung stehenden rhetorischen und optischen Mitteln anzupreisen. Wer hohe Quoten vorzuweisen hat, erklärt wortreich, wie er diese halten und sogar steigern will. Wer mit schlechten aktuellen Werten ins Rennen geht, zeigt auf, wie der unmittelbar bevorstehende Turnaround aussehen wird. Und das Schönste: Am Schluss kann das Publikum den einzelnen Senderchefs auf einem Fragebogen Zensuren geben.

Welches Fazit lässt sich ziehen? Es ist ein ganz ungewöhnlicher Markt, in dem mit Fernsehwerbung gehandelt wird. Er ist von einer Vielzahl von Faktoren bestimmt: Als Basis dienen detailierteste quantitative Daten. Doch daneben gibt es eine unterschiedliche Bewertung der einzelnen Genres, das Einfließen von persönlichen Vorlieben und eine generelle Risiko-Aversion gegenüber neuen Sendungen. Und es gibt vor allem eine extreme Marktkonzentration auf beiden Seiten, was dazu führt, dass mit Share-Deals gearbeitet wird, die spätestens in den ersten Wochen des neuen Jahres die Basis für die gesamte Budgetverteilung vorgeben.

Aus all diesen Gründen ist es für mich rational nicht zu erklären, dass sich die beiden großen Gruppen, und in ihrem Schlagschatten auch die kleineren Player, in solch gewaltige Unkosten stürzen, um ihre Kunden zu bezirzen. Und weil dieser gewaltige Prozess zudem so viel Zeit und Kraft erfordert, stehen der nachgewiesene Aufwand und der erhoffte Ertrag in einem krassen Missverhältnis.

Deshalb wird sich wohl im Zeitalter der Private Equities und ihrer mikroskopischen Kostenkontrolle ein Großteil dieses Brimboriums bald in Luft auflösen. Und damit wird sich die Welt des Spots für immer verändern.

12. SO TAPPT MAN IN SELBST GESTELLTE FALLEN

Talkshow

Im Spätsommer 2005 – kurz vor den Bundestagswahlen – lancierte ich unter dem Titel *Talk der Woche* am späten Sonntagabend eine gesellschaftspolitische Talkshow mit der in der Fernsehwelt unbekannten, aber sehr erfahrenen Radio-Interviewerin Bettina Rust. Der Journalist in mir wollte diese Herausforderung unbedingt annehmen, weil ich hoffte, die zu erwartenden Schwierigkeiten mit einer überzeugenden Moderatorin und einem pfiffigen Konzept meistern zu können. Dies tat ich mit einiger Hoffnung, weil ich Jahre zuvor eine solche Sendung unter dem Titel *Sonntalk* in der Schweiz erfolgreich eingeführt hatte. Im Gegensatz zu den übrigen Talkshows würden wir nicht nur ein einziges Thema breit auswalzen, sondern in schnellem Rhythmus drei oder vier Themen der Woche aus mehreren Bereichen diskutieren. Mein ehemaliger Sender TeleZüri erreicht damit Woche für Woche sensationelle Einschaltquoten. Weshalb sollten wir nicht auch in Deutschland erfolgreich werden können?

Sat.1 hatte das Genre »Polit-Talkshow« ab 1990 etabliert. *Talk im Turm* mit Erich Böhme wurde zur Vorzeigesendung aller Privatsender und brachte Sat.1 viele Zuschauer und noch mehr Prestige. Doch als sich Böhme 1998 zurückzog und sein Nachfolger Stefan Aust nicht auf Anhieb reüssierte, zog der damalige Senderchef Fred Kogel den Stecker. Sein quantitativ nicht widerlegbares Argument: Die überalterte Zuschauerschaft der politischen Talkshow war für die Werbeindustrie und damit für einen privaten Sender nicht genügend attraktiv. Die ARD nutzte dankbar dieses Vakuum mit *Sabine Christiansen* und baute diese 1998 gestartete Sendung in den folgenden Jahren zum oft zitierten Ersatzparlament aus, bis ihr nach und nach die Luft ausging. Leo Kirch bezeichnete bei unserem ersten Treffen den Absetzungsentscheid für *Talk im Turm* als den größten Fehler, der je bei Sat.1 gemacht worden sei. Diese Worte klangen mir noch im Ohr, als ich in den Ring stieg. Sie beflügelten mich, das Malheur zu korrigieren.

Als ersten hatte ich Günther Jauch kontaktiert. Ich hatte vernommen, dass er sich zu seinem bevorstehenden 50. Geburtstag eine ernsthafte politische Talk-Sendung wünschte. Also rief ich ihn an und fragte ihn, ob wir darüber reden sollen. Er nahm meine Einladung zu einem Gespräch sofort an, doch sein Vorschlag machte mich stutzig: Das Treffen würde nicht wie in solchen Fällen üblich an irgendeinem klandestinen Ort zu nachtschlafener Stunde stattfinden, sondern bei mir im Büro, morgens um 11 Uhr. Und so marschierte das Aushängeschild von RTL und Deutschlands TV-Star Nr.1 wie jeder andere Besucher zum Empfang im Hauptgebäude von Sat.1, um sich beim Portier als Günther Jauch anzumelden, der beim Geschäftsführer einen Termin habe. Die implizite Information war evident: Er wollte unbedingt bei uns gesehen werden. Die Nachricht sollte umgehend zu RTL zurückgespielt werden, wo er sich seit langem um

Bettina Rust: Eherne TV-Gesetze lassen sich selbst durch ein noch so hohes Engagement und besonders hehre Zielsetzungen nicht umstoßen.

eine politische Talkshow bemühte, die man ihm immer verwei-
gert hatte. Sein Treffen mit mir sollte den Druck verstärken und
vielleicht auch der ARD und dem ZDF signalisieren, dass er sich
nun ernsthaft mit dem Thema Talkshow beschäftigte, dass es Zeit
wäre zuzugreifen. Das Gespräch verlief sehr freundlich, sehr
unverbindlich und natürlich absolut folgenlos, denn erstens verdiente er den Großteil seiner Millionen bei unserem Hauptkonkurrenten RTL und zweitens suchte er wohl ein informations-
affineres Umfeld, als wir ihm am Sonntagabend bieten konnten.

Der *Talk der Woche* erreichte zwar auf Anhieb ähnlich (tiefe)
Werte in der Zielgruppe wie *Sabine Christiansen* und Maybrit Illner mit *Berlin Mitte*, doch dies war für einen der großen privaten
Sender – anders als für ARD und ZDF – definitiv ungenügend,
und so mussten wir das Projekt bald einstellen. Ein Blick auf die
so genannten Minutenschritte zeigte uns das Problem in aller
Deutlichkeit: Am Ende der als besonders quotenstark ausgewählten Spielfilme am Sonntag, die wir in den ersten Wochen von
Talk der Woche gezielt als Lokomotive für unsere neue Sendung
programmierten, schalteten mehr als drei Viertel aller Zuschauer
noch während des Abspanns und des Anfangssignets von *Talk
der Woche* weg, obwohl wir mit Harald Schmidt, Giovanni di
Lorenzo und Otto Schily eine besonders attraktive Besetzung
im Studio hatten. Wir hatten also nicht einmal den Hauch
einer Chance, zu zeigen, dass wir die Sache anders, lockerer als
andere Sender angingen. Ein Großteil unseres Publikums zwischen 14 und 49 Jahren verweigerte sich komplett und war nicht
bereit, sich überhaupt mit unserem neuen Konzept auseinanderzusetzen. Die Meinungen zum Thema politische Talkshow sind
durch die langjährigen Vorbilder in ARD und ZDF definitiv
zementiert. Ein Einschaltimpuls war nicht festzustellen, dafür ein
gigantischer Wegschaltreflex. Der überwiegende Teil der jüngeren Zuschauer fühlt sich von diesem Genre schlicht nicht
angesprochen. Punkt. Nein, Ausrufezeichen!

Vielleicht war es damals wirklich ein fataler Fehler gewesen,
Talk im Turm einzustellen. Aber es Jahre später mit *Talk der Woche*

nochmals zu versuchen, war noch unsinniger, wie wir kleinlaut zur Kenntnis nehmen mussten. Eherne TV-Gesetze lassen sich selbst durch ein noch so hohes Engagement und besonders hehre Zielsetzungen nicht umstoßen.

Spielfilme

Spielfilme waren von Beginn weg ein Eckpunkt aller TV-Programme. Der Filmhändler Leo Kirch hatte mit seinem ausufernden Filmstock eine ideale Ausgangslage, um sich das größte private Fernsehimperium Deutschlands zu zimmern. Der Kampf um die großen Filmpakete der Hollywood-Majors dominierte während vielen Jahren auch die öffentliche Diskussion um die Macht in der gesamten Branche.

Auch heute sind mit Blockbustern Marktanteilsrekorde zu holen, und dies nicht allein bei der Erstausstrahlung. Doch die Bedeutung der Spielfilme für die maßgebenden Sender nimmt laufend ab. Ein Blick in die USA ist auch in diesem Fall ein Blick in die Zukunft. Dort werden selbst die attraktivsten Spielfilme von den Networks nur noch als Lückenbüßer eingesetzt und holen keine bemerkenswerten Quoten mehr. Die Gründe sind evident: In der immer längeren und intensiver genutzten Verwertungskette von Spielfilmen über das Kino, den DVD-Verkauf, den DVD-Verleih, das Internet, Pay-per-View und Pay-TV steht das frei empfangbare Fernsehen an letzter Stelle. Damit sinkt die Attraktivität des Spielfilmangebots im Fernsehen ständig weiter, und dies mit zunehmender Geschwindigkeit. Es gilt jedoch markante Unterschiede zu den USA zu beachten: Während dort 2005 im Durchschnitt 5,04 Mal pro Jahr ein Kino besucht wurde – was der absolute Spitzenwert aller größeren Länder ist –, lag der Kinokonsum in Deutschland mit 1,69 Mal pro Jahr beinahe am Schluss der Rangliste, allein in Japan ist er noch tiefer. Die Kinoverwertung hat also in Deutschland eine viel geringere Breitenwirkung und damit eine weniger schädliche Auswirkung auf die Erstausstrahlung im Free-TV.

Es gibt Filme, die man im deutschen Fernsehen anscheinend so oft wiederholen kann, wie man will, ohne dass die Zuschauer wegbleiben. Natürlich holt man sich hier keine absoluten Spitzenquoten, aber wenn die 13. Ausstrahlung von *Indiana Jones* bei Sat.1 20% in der Zielgruppe erzielt, so ist dies ein Resultat, das nur mit ganz wenigen anderen Sendungen erzielt werden kann.

Eine Auswahl der Filme, die in den letzten Jahren von den wichtigsten Sendern am häufigsten wiederholt wurden, zeigt, welche Qualitäten von solchen Longsellern verlangt werden. An der Spitze der zwischen 1991 und 2006 bei den großen Sendern ausgestrahlten Filme steht mit 16 Ausstrahlungen Eddie Murphys *Der Prinz aus Zamunda*. 15-mal ausgestrahlt wurden *Loaded Weapon 1* mit Emilio Estevez und *Das fliegende Auge* mit Roy Scheider. 14 Ausstrahlungen schafften die Eddie Murphy-Vehikel *Auf der Suche nach dem verlorenen Kind, Beverly Hills Cop II* und *Die Glücksritter*, ebenso zwei *Asterix*-Filme, wie auch *Die Nackte Kanone* mit Leslie Nielsen, *Otto – der Außerfriesische, Sag niemals nie* mit Sean Connery und drei Filme mit Terence Hill: *Nobody ist der Größte, Vier Fäuste gegen Rio* und *Zwei wie Pech und Schwefel*. Ähnliche Filme aus den Genres »Unterhaltung« und »leichte Action«, die erst gegen Ende der Neunzigerjahre gedreht wurden, hatten noch keine Möglichkeit, so oft eingesetzt zu werden. Aber die Ingredienzien, die es für einen Film-Evergreen am Fernsehen braucht, werden bereits durch diese Aufstellung klar.

Hingegen haben es die Filme von mittlerer Attraktivität immer schwerer. Hier sind gerade im letzten Jahr die Quoten massiv eingebrochen. Dieses Angebot wird in Zukunft wohl noch weniger Zuspruch finden, sehr zur Sorge von Sendern, die einen beträchtlichen, längst nicht abgeschriebenen Stock solcher Filmware haben, mit denen sich früher auf einfachste Weise große Programmflächen bespielen ließen. Insgesamt wird also die Bedeutung des Spielfilms im Free-TV kontinuerlich an Bedeutung verlieren. Die vielen dadurch freiwerdenden Sendeplätze müssen durch andere Genres kompensiert werden.

Sendetitel

Der Wahl des richtigen Sendetitels geht meist ein höchst komplexes, schwieriges und auch mit Unsicherheiten befrachtetes Verfahren voraus. Natürlich gibt es Stoffe, bei denen sich ein Sendetitel sofort anbietet: *Die Luftbrücke, Das Wunder von Lengede, Dresden* oder *Die Sturmflut*. Diese Titel besitzen die Qualitäten, die ein Programm braucht, um gleichzeitig Interesse zu wecken und um wirkungsvolle Hinweise auf den Inhalt zu liefern. Dies geschieht vor allem im Zusammenhang mit den vielfältigen optischen Mitteln in der breiten Palette der genutzten Werbeformen.

Aber dann gibt es Inhalte, die sind in Sachen Titelsuche sperrig. Da braucht es einen Geniestreich, wie bei *Genial daneben*. Andere erklären sich nicht auf den ersten Blick, sondern erst im Zusammenspiel mit dem Sendeinhalt wie bei *Clever*. Und wieder andere versuchen nicht einmal, verstanden zu werden, wie manche der aus den USA übernommenen Serien. Wie viele deutsche Zuschauer wissen wohl, wofür *CSI, Grey's Anatomy* oder *Nip/Tuck* stehen?

Ein Sendetitel sollte im Idealfall nicht bloß etwas Unaufschlüsselbares sein, sondern einen echten Mehrwert darstellen. Das ist nur in wenigen Fällen möglich.

Bei Sat.1 war die Titelsuche die Lieblingsbeschäftigung meines Stellvertreters und Programmplaners Volker Szezinski. Mit seinem profunden Germanisten-Background und einer bemerkenswerten Fabulierkunst schuf er für die vielfältigsten Genres Titel, die mithalfen, Quotenerfolge zu schaffen. Dafür erwies ihm sogar der *Spiegel* in einem längeren Artikel unter dem Titel *Der Vater des Handymörders* die Reverenz.

In einem speziellen Fall war ich direkt involviert. Wir arbeiteten während längerer Zeit und besonders seriös an einer Crime-Serie, die sich an die Arbeit der deutschen Elitetruppe GSG9 anlehnt. Ehemalige Mitglieder dieser meist im Verborgenen wirkenden Einheit lieferten unseren Drehbuchautoren Informationen, die sie in die einzelnen Folgen einbauten, damit wir uns möglichst eng an die Realität halten konnten. Von Anfang an träumten wir davon, der Serie den Titel *GSG9* zu geben, um so ihre Authentizität zu erhöhen. Für die Zuschauer würde dies einen klar sichtbaren Mehrwert darstellen. In einer Zeit, in der in den besten amerikanischen Serien durch das Einfügen wissenschaftlicher Ermittlungsmethoden bewusst das Gefühl eines Lerneffekts geschaffen wird, der die Serie über den spannend vermittelten Inhalt hinaus aufzuwerten hat, wollten wir ähnliches versuchen. Wir würden zum ersten Mal zeigen, wie die beste, real existierende Truppe hierzulande arbeitet, von der man in den Medien nur selten, und dann nur bei ganz spektakulären Einsätzen, etwas erfahren kann.

Die Produktionsgesellschaft und unsere Anwälte wandten sich mit diesem Titel-Ansinnen an die entsprechenden Stellen. Die Absage war kategorisch: No way! Auch mehrmaliges Nachfassen führte zu keinem anderen Befund. Also wichen wir auf einen Fantasienamen aus: *BEK* – was für Bundeseinsatz-Kommando stehen sollte. Dieses Kürzel wurde auf die Overalls der Protagonisten und an die Wände ihrer Einsatzzentrale gepinselt.

Als uns die ersten Folgen zur Abnahme gezeigt wurden, wirkte dies auf mich irgendwie unbefriedigend. Klar konnten wir in Pressetexten erwähnen, dass in Wirklichkeit die Arbeit der GSG9 in extrem realistischer Weise gezeigt würde, aber dies war bestenfalls eine Behelfslösung. Also entschied ich mich für einen allerletzten Versuch. Ich würde es mit einer anderen Methode versuchen.

So rief ich Bundesinnenminister Wolfgang Schäuble an, der mir einen Termin gewährte. Ich traf ihn in den letzten Tagen der Fußball-WM in seinem Büro in einem gewaltigen Gebäudekomplex in Berlin Alt-Moabit. Dabei waren zwei ernst blickende Herren, die sich als die für die GSG9 zuständigen Chefbeamten vorstellen. Der Herr Minister war sichtlich bester Laune. Dafür verantwortlich waren sowohl das Abschneiden der deutschen Nationalmannschaft als auch das vollständige Ausbleiben von Anschlägen bei diesem Großereignis, wie er mir gleich erklärte.

Bevor ich mein Ansinnen vortragen konnte, fuhr er dazwischen. »Die Antwort ist zweimal nein. Nein, wir werden Sie bei den Dreharbeiten logistisch nicht unterstützen, wie Sie es wünschen. Und nein, wir können Ihnen keine Zustimmung dafür geben, den Namen *GSG9* für Ihre Serie zu nutzen.«

»Ich jubilierte innerlich. Ich hatte offenbar die einzig relevante Frage gestellt. Endlich hatte die Serie einen Titel, und zwar den einzig richtigen.«

»O. K.«, sagte ich. »Dann reden wir halt über Fußball«, schlug ich vor. »Wie finden Sie die Schweizer?«

Nach einem launig geführten Stammtischgespräch erklärte der GSG9-Verantwortliche die Gründe für die Ablehnung: Die Realität sei anders als sie auch der bestgemeinte Film zeigen könnte. Da gäbe es viel langweilige Vorbereitung und nur wenige Einsätze. Und im Übrigen sei man nicht an Publizität interessiert. Man ziehe es vor, weiterhin außerhalb des Scheinwerfers der Öffentlichkeit zu agieren.

»Aber die Zuschauer haben die Fähigkeit zu abstrahieren«, warf ich ein. »Sie wissen von vielen Krimis, dass die Realität nie 1:1 abgebildet wird. Wir bemühen uns wirklich, ein seriöses Produkt herzustellen.«

Der Minister schaltete sich ein und meinte, dass er uns natürlich nicht vorschreiben könne, was wir fürs Fernsehen produzieren.

Da wurde ich hellhörig. »Heißt dies, dass Sie uns nicht mit einer einstweiligen Verfügung oder etwas Ähnlichem verbieten würden, den Namen GSG9 zu nutzen? Habe ich Sie richtig verstanden?«

Wolfgang Schäuble lächelte verschmitzt. »Sie kriegen von uns keine Erlaubnis. Aber wir werden nicht gerichtlich gegen Sie vorgehen. Das kann ich Ihnen zusagen. Bei Anfrage werden wir einfach erklären, dass wir keine Zustimmung weder zur Serie noch zum Titel gegeben haben.«

Ich glaubte kaum, richtig verstanden zu haben, und fragte zur Sicherheit nochmals nach. Schäuble bestätigte ohne Umschweife und grinste jetzt beinahe lausbübisch, während seine Chefbeamten immer noch ernst daneben saßen. Die Sache war ihnen ganz offensichtlich nicht geheuer. Sie hatten nicht erwartet, dass sie sich in diese Richtung entwickeln würde. Aber ihrem Minister konnten sie natürlich nicht widersprechen.

Ich jubilierte innerlich. Ich saß offenbar zum richtigen Zeitpunkt im richtigen Büro und hatte die einzig relevante Frage gestellt. Noch vom Auto aus rief ich sofort alle für die Produktion der Serie wichtigen Personen an. Endlich hatte die Serie einen Titel, und zwar den einzig richtigen!

News

Am Telefon war eine unbekannte Stimme. »Ich wollte wissen, wie wir vorgehen sollen, jetzt wo Saddam Hussein gefasst worden ist?«, wurde ich gefragt.

»Wow! Und weshalb fragen Sie mich?«

»Sie sind der Geschäftsführer. Sie müssen entscheiden, ob wir eine Sondersendung machen oder nicht«, wurde ich informiert.

Es war ein trüber Samstagmittag nur wenige Tage nach meinem Amtsantritt. Ich war zurück in meinem Haus in Zürich, wo ich ein paar Freunde eingeladen hatte, die ich nicht im Vorfeld über meinen neuen Job in Berlin informieren konnte. Jetzt wollte ich mich quasi offiziell von ihnen verabschieden.

»Natürlich brauchen wir eine Sondersendung. So schnell als möglich«, gab ich meine Anweisung.

Sofort schalteten wir den Fernseher ein, um alles über diese begeisternde Entwicklung zu erfahren. Einige Sender berichteten bereits, andere zogen nach, wie wir beim Hin- und Herschalten feststellen konnten. Der allerletzte Sender, der seine Berichterstattung aufnahm, war Sat. 1, wie vor allem meine Journalistenkollegen süffisant bemerkten.

Es war für mich eine Art Kulturschock. Meine langjährigen Erfahrungen in vielen verschiedenen Medien in der Schweiz hatten mich auf so etwas nicht vorbereitet: Bei uns warten alle auf die Ansage vom Chef, wurde ich gleich nach Amtsantritt informiert. Er ist für viele Entscheide erste und letzte Instanz, unabhängig davon, ob es sinnvoll ist oder nicht.

Am Montag änderte ich die Regeln. In Zukunft würden bei solchen Ereignissen nicht mehr zuerst der Geschäftsführer oder der Programmplaner gesucht und um Anweisungen gebeten, verfügte ich. Dieses Vorgehen sei katastrophal ineffizient und langsam, wie eben bei einem Vorfall von weltpolitischer Bedeutung bewiesen worden war. Ab sofort müsse der zuständige Chef vom Dienst bei N24, der auch für unsere Nachrichten zuständig war, entscheiden, lautete meine Order. Er solle in Zukunft aufgrund seiner Erfahrung und seines Knowhows die Bedeutung einer News einschätzen. Wenn er sie in der Topkategorie ansiedelte, sollte er unverzüglich alles tun, um so schnell als möglich eine Sondersendung zu stemmen. Erst anschließend sollte er mich und die Programmplanung informieren. Es war seine Verantwortung, ob er die Situation richtig einschätzte oder nicht. Hinterher würden wir diskutieren können, ob er richtig entschieden hatte. Besonders bei Storys, die sich erst langsam entwickeln oder bei denen sich die wahre Dimension erst nach und nach abzeichnet, ist es nicht immer einfach, frühzeitig richtig zu entscheiden – doch das ist das Risiko des News-Business. Und wirklich: Mit dieser einen, simplen Maßnahme erreichten wir, dass Sat.1 bei allen Großereignissen der folgenden Jahre sehr schnell und manchmal auch als erster Sender berichten konnte.

Bei Sat.1 hatte man sich während der gesamten ersten zwanzig Jahre nie ernsthaft darum bemüht, eine eigene News-Kompetenz zu erwerben. Anders als RTL, wo man den News schon sehr früh große Bedeutung zugemessen hatte, wurde dieses Genre bei Sat.1 vor allem als überteuerte, vom Gesetzgeber vorgegebene Belastung empfunden, die wegen des Werbeverbots innerhalb der Sendung nur gewaltige Kosten auslöste. Dabei hatten Studien gezeigt, dass die Glaubwürdigkeit eines Senders auch von der Glaubwürdigkeit seines Informationsangebots bestimmt ist, und zwar nicht allein bei ARD und ZDF, sondern auch bei den Privaten. Die Sat.1-Nachrichten erhielten in all diesen Umfragen miserable Noten. Eigentlich wurde unsere Hauptsendung *18.30* gar nicht als News-Sendung sondern als bloßes Anbieten von News-Häppchen erlebt, wurde uns von der Marktforschung zurückgespielt.

Das wollte ich nun ändern, wohl wissend, dass der Aufbau von News-Kompetenz selbst unter besten Bedingungen ein sehr langfristiges Unternehmen ist, das allein durch den tausendfachen täglichen Tatbeweis und durch herausragende Leistungen bei absoluten Großereignissen möglich ist, wie es RTL bei 9/11 vorgemacht hatte.

Wir gaben der Sendung mit *Sat.1 News* einen neuen Namen, bauten ein attraktives Studio, entwickelten eine moderne Optik und holten einen glaubwürdigen, exzellenten Moderator. Thomas Kausch moderierte beim ZDF die Nachrichten um Mitternacht, wo er mir durch seine persönliche, lockere Art der Präsentation und durch seine spritzigen Texte aufgefallen war. Es gelang mir, ihn nach einigen Gesprächen vom verschlafenen Mainz ins brodelnde Berlin zu locken, von der sicheren Welt eines öffentlich-rechtlichen Senders ins andere Lager. Sein Auftreten und das neue Konzept der Sendung überzeugten auf Anhieb und die Quoten unserer Sendung stiegen stetig an, sodass wir den Rückstand auf die versammelte Konkurrenz immer weiter verkürzen konnten. Zum ersten Mal wurden wir in diesem Fach ernst genommen und näherten uns der Quote von *RTL Aktuell* immer mehr an. Als wir jedoch im Spätsommer 2006 unseren gesamten Vorabend wegen des Einbaus der zweiten Telenovela umkrempelten, geriet unsere News-Sendung in diesem neuen Umfeld auf abschüssiges Gelände. Ernüchtert stellten wir fest, dass wir die Strahlkraft unserer News-Sendung überschätzt hatten. Ohne ein optimales programmliches Umfeld dümpelte sie wieder dahin wie zuvor.

Magazine

Boulevard- und Service-Informationen sind für die großen Sender eminent wichtig. In dieser Sparte hat sich das *Sat.1-Frühstücksfernsehen* seit vielen Jahren eine starke Position verschafft, die wir mit inhaltlichen und formalen Modifikationen laufend ausbauten und an den sich verändernden Zeitgeist anpassten. Entscheidend war dann aber die Verlängerung bis 10 Uhr, die wir anfangs 2007 durchführten, die ein durchschlagender Erfolg wurde.

Hingegen hatten wir am Mittag eine weit klaffende Boulevard-Lücke, die durch *Punkt 12* von RTL mit herausragenden 30%-Marktanteil scheinbar unangreifbar gefüllt war. Das wurmte mich natürlich. Was konnten wir tun, um in dieser Zeitzone ebenfalls zu reüssieren? Nach einigem Überlegen lancierten wir *Sat.1 am Mittag*, und zwar schon um 11.30 Uhr, eine halbe Stunde vor dem großen Konkurrenten und sendeten bis 13 Uhr. Diesen Schritt empfanden wir als besonders clever.

Es war gleichzeitig als Coup und Kampfansage gedacht. Doch der Erfolg blieb aus. Auf sträfliche Weise hatten wir die Kraft von seit 15 Jahren bestehenden Sehgewohnheiten unterschätzt. Um die Bastion *Punkt 12* bei RTL zu erobern würde es – wenn überhaupt – mehr Zeit brauchen, als uns zur Verfügung stand. Da half auch ein Blick in das Mesozoikum des Mittagsfernsehens nur wenig, in dem *Punkt 12* beim Einstart im Jahr 1992 ebenfalls nur einstellige Marktanteile geholt hatte. Denn die TV-Epoche, in der man einer neuen Sendung ausgiebig Zeit zur Entwicklung lässt, ist längst vorbei. Heute muss ein Senderchef mit neuen Sendungen schnell Erfolge vorweisen, sonst wird er gezwungen zu handeln. Wir waren in eine selbst gestellte Falle getappt!

Als mir das bewusst wurde, sah ich die wenig erfreulichen Alternativen: Sollten wir das Mittags-Experiment abbrechen und fünfunddreißig Leute entlassen? Mussten wir eine Sendung absetzen, deren Qualität mich vom ersten Tag an überzeugt hatte, von den gewählten Themen über die Dramaturgie bis zur hervorragenden Moderatorin Mareile Höppner?

Schließlich entschied ich mich für eine andere Lösung. Wir verlegten *Sat.1 am Mittag* auf 11 bis 12 Uhr und wichen so der nun als uneinnehmbar identifizierten Festung *Punkt 12* aus. Den Sendetitel beließen wir, auch wenn er nicht mehr so richtig zur Sendezeit zu passen schien. Wir nahmen uns vor, den einstündigen Vorsprung vor der übermächtigen Konkurrenz zu nutzen und die wichtigsten Boulevardthemen des Tages nicht nur früher, sondern auch knackiger anzuliefern. Und tatsächlich: Auf dem neuen Sendeplatz begann sich die Qualität peu à peu durchzusetzen. Die Quote kletterte von 10% bis auf 16% mit einer klaren weiteren Aufwärtstendenz, die Sendung war an vielen Tagen Marktführer und wurde nach einem einjährigen Tal der Tränen von Branchenbeobachtern doch noch zum Erfolg deklariert – erzielt mit harter Arbeit eines exellenten Teams unter Leitung von Stefan Wichmann und unter der Aufsicht von Magazin-Chef Nik Niethammer.

Sat.1 am Mittag erfüllte fünfmal die Woche eine zusätzliche, von Anfang an intendierte Funktion: Erstmals konnte Sat.1 ähnlich wie RTL Promotionsbeiträge für eigene Sendungen über den ganzen Tag hinweg ausstrahlen, vom Morgen über Mittag bis zum Vorabend, um so das stärkste Werbemittel für die Lancierung neuer Produkte effizient zu nutzen: das eigene Medium. So zimmerte man aus erfolgreichen Wochenserien einstündige Reportagen, die man mit hohen Quoten und quasi zu Nullkosten am späteren Abend sendete. Und damit hatten wir es doch noch geschafft, nicht nur eine einzelne Sendestunde optimal zu programmieren, sondern darüber hinaus das gesamte Programm des Senders aufzuwerten. Und als Sahnehäubchen drauf hatten wir noch eine wichtige Lektion gelernt: Man sollte sich nie auf einen Kampf einlassen, den man nicht gewinnen kann. Trotzdem wurde *Sat. 1 am Mittag* im Rahmen des gewaltigen Kostendrücker-Wirbelsturms, der nach der Übernahme von SBS über die ganze Sendergruppe fegte, zum Entsetzen aller Mitarbeiter und vieler Medienjournalisten eingestellt. Mit einem Schlag konnte so eine größere Gruppe des Headcounts entsorgt werden. Die Auswirkungen aufs Programmangebot von Sat. 1 waren dabei keines der Kriterien, die im Vordergrund der Entscheidung standen.

13. HAIM

Sein Abgang war schwach, ganz schwach. Haim Saban und sein Landsmann und engster Mitarbeiter Adam Chesnoff schauten nur noch kurz vorbei in Unterföhring, betont locker in Jeans und Hemd. Sie hatten es offensichtlich eilig auf ihrem Stopover von Tel Aviv nach Los Angeles. Schnell noch schüttelten sie die Hände der versammelten Führungscrew von ProSiebenSat.1, nahmen etwas zerstreut ein ihnen überreichtes Fotoalbum entgegen – und weg waren sie. Keine Zeremonie, keine Reden. Nicht einmal ein richtiges Dankeschön dafür, dass sie ihr Geld innerhalb von etwas über drei Jahren vervierfacht hatten. Das waren mehr als zwei Milliarden Euro für Saban und seine Mitinvestoren.

In diesem Kapitel möchte ich einige subjektive Einblicke in die Persönlichkeit und die Welt von Haim Saban vermitteln, der die schillerndste Medienfigur ist, die Deutschland je erlebte. Er hat durch den Kauf der größten privaten Fernsehgruppe des Landes die TV-Landschaft während Jahren geprägt und ist bis zu seinem Abgang selbst für viele der intimsten Branchenbeobachter enigmatisch geblieben.

Haim Saban hatte bei seinem ersten, glorreichen Auftritt an den Münchner Medientagen 2003 vollmundig verkündet, dass es sich beim Kauf der Sendergruppe um ein langfristiges Engagement handle, und dass er nicht etwa auf das schnelle Geld aus sei. Als er nicht einmal zwei Jahre später zum dreifachen Einstandspreis an Springer verkaufen wollte, stoppte ihn erst das Kartellamt. Das hinderte ihn nicht, seine alte Rhetorik aufrechtzuerhalten. Seinen Mitarbeitern schickte er nach dem geplatzten Springer-Deal anfangs 2006 eine Mail, in der er ungerührt weiter auf seine Langfriststrategie hinwies. Er schloss mit dem bemerkenswerten Satz: »I love Germany and Schweinebraten.« Das war sogar aus seinem Munde eine Spur zu anbiedernd. Nur Wochen später erklärte er mir bei einem Gespräch im Innenhof des Hotels Regent in Berlin, dass er alles tun werde, um vor Ende Jahr zu verkaufen. Das schaffte er termingerecht.

Innerhalb des Konzerns überstrahlte diese permanente kurzfristige Optik alles andere. Die Braut musste ständig weiter geschmückt werden, um sie für alle potenziellen Interessenten möglichst attraktiv herzurichten und damit den Verkaufspreis in immer fantastischere Höhen zu treiben. Daher gab es in keiner Phase ernsthafte Versuche, für die Gruppe als Ganzes Visionen zu formulieren, die gewinnmindernde Investitionen mit Langzeitwirkung ausgelöst hätten. Die zwei intensiven Verkaufsprozesse innerhalb von etwas mehr als einem Jahr verschärften die kurzatmigen Optimierungsprozeduren zusätzlich.

Es war Saban zusammen mit einer Gruppe der renommiertesten Private Equities-Firmen im August 2003 gelungen, die Pro-SiebenSat.1-Gruppe zu kaufen, und zwar zu einem Preis von sieben Euro pro Aktie. Er war zum Zug gekommen, nachdem ein Deal mit dem Heinrich Bauer Verlag in letzter Sekunde geplatzt war. Der unterschriftsreife Vertrag hatte Firmenchef Heinrich Bauer vorgelegen, er hätte ihn nur unterzeichnen müssen. Doch dann griff Bauer zu seinem Füller und änderte den vereinbarten Preis. Er strich die 7 (Euro pro Aktie) durch und setzte die Zahl 6 ein, um so die Kaufsumme nochmals zu drücken. Doch der Insolvenzverwalter ging auf diesen Handstreich in letzter Minute nicht ein, und so kam Haim Saban zum Zug. Kurz nach seinem Kauf mokierte er sich offen über die Unfähigkeit deutscher Unternehmer. In einem *Spiegel*-Interview sagte er: »Ich kann es immer noch kaum glauben. Das war ein Geschäft ohne Risiko, ein *No-Brainer*, wie wir sagen … Wir sind allen deutschen Milliardären und Medienkonzernen sehr, sehr dankbar.«

In Deutschland war Haim Saban emotional nie richtig angekommen. Vor allem in München, dem Hauptsitz der Holding, fühlte er sich nicht wohl. Berlin gefiel ihm um einiges besser, wie er mir erklärte. Zwar hatte er seinen Auftritt an den Münchner Medientagen mit dem theatralischen Vorzeigen von Wörterbü-

Haim Saban (Besitzer der ProSiebenSat.1-Gruppe) in Aktion: explosive Mischung aus israelischer Extravertiertheit und perfektem Hollywood-Charme.

chern geschmückt, doch dem ausgeprägten Sprachtalent blieb der Zugang zu Deutsch bis zum Schluss völlig verschlossen. Während er locker und mühelos Englisch, Französisch, Hebräisch, Italienisch und Spanisch parliert, hatte er sich bis zum Ende seines Deutschland-Abenteuers nicht einmal ein minimales deutsches Vokabular zugelegt. Eigentlich beschränkte sich dieses allein auf den Satz »Alles klar, Herr Kommissar«, eine Zeile des international erfolgreichen Falco-Songs, den er als Musikfan natürlich kannte und deshalb ständig wiederholte.

Dieses sprachliche Handicap führte unter anderem zu grotesken Diskussionen über die Einschaltquoten der Sat.1-Serie *Kommissar Rex*. Im Gegensatz zu fast allen Sendungen, deren Titel er weder aussprechen noch zuverlässig speichern konnte, hatte er hier mit einem einzigen Blick auf unsere bescheidenen Quoten ein wiederholtes Aha-Erlebnis. Er verbiss sich so lange in dieses Thema, bis ich den Sendeplatz von Samstag 19.15 Uhr auf den frühen Samstagmorgen verlegte, um mir das Problem vom Hals zu schaffen, obwohl die Wiederholungen dieses Programms am von uns gewählten Platz ganz ordentlich performten.

Haim Saban schaute kein Fernsehen, nicht nur kein deutsches Programm, was wegen der Sprachbarriere nachvollziehbar wäre. Er konsumierte nach eigenem Bekunden auch keine amerikanischen Programme. Daher kannte er aus eigener Anschauung nicht eine einzige der Sendungen, welche dort für den Weltmarkt entwickelt werden, und aus denen seine ProSiebenSat.1-Gruppe die für den deutschen Markt attraktivsten einkaufen sollte. Dies alles interessierte ihn nicht. In seinem Büro war sein Fernseher ständig auf israelische Sender eingestellt, von denen er vor allem politische Programme und Nachrichten nutzte.

Als er zu Beginn seines Deutschland-Engagements in einem Interview erklärte, dass es für ihn nur ein Thema gebe, nämlich Israel, weckte das die nachvollziehbaren Befürchtungen, dass er direkten Einfluss auf die Nahost-Berichterstattung seiner Sender nehmen würde. Das ist nicht ein einziges Mal geschehen. Er hat sich in diesem Bereich nie eingebracht, hat keine Wünsche formuliert oder Kritik geübt. In diesem Sinn war sein Verhalten absolut vorbildlich. Seine inhaltliche Einflussnahme erfolgte auf andere Weise. So bestand er mehrmals darauf, dass gewisse Musikkünstler in seinen Sendern Auftrittsmöglichkeiten erhalten sollten, um so irgendeinem Bekannten in Hollywood einen Gefallen zu tun. Er ließ auch dann nicht davon ab, als man ihm detailliert erläuterte, dass die Quote etwa von *Nur die Liebe zählt* beschädigt würde, weil die von ihm portierten Sänger nicht ins Sendeprofil passten. Das war in diesem speziellen Fall sekundär, während solche Argumente sonst nie auch nur andeutungsweise in Frage gestellt wurden. Erstens war er der Meinung, dass er als Besitzer automatischen Zugriff zu all seinen Programmen hatte, wenn er das wünschte, und dass jeder, der daran zweifelte, verrückt sein müsse. Und zweitens wollte er wohl in Hollywood zeigen, welche Macht er in Europas größtem TV-Markt ausüben konnte.

Fernsehen bestand für ihn nicht aus Sendungen, sondern allein aus Marktanteilen, Werbeerlösen und Kosten. Diese Parameter studierte er mit Akribie, Gusto und langjährigem Know-how. Aufgrund dieser Daten fällte er alle Entscheidungen, nicht auch aus der persönlichen Beurteilung als Zuschauer, wie es Fachleute und Spitzenmanager üblicherweise tun. Daher war es auch unmöglich, mit ihm inhaltliche Diskussionen zu führen. Bei allen Präsentationen, in denen diese Aspekte beleuchtet wurden, langweilte er sich innerhalb von Minuten. Selbst aufwendig vorbereitete Trailer von kommenden Programm-Highlights ließen ihn kalt. Die direkte Konfrontation mit dem Gegenstand der Begierde weckten bei ihm beinahe körperlich spürbare Abwehrreflexe. Fernsehen war für Saban im Gegensatz zur von ihm heiß geliebten Musik eine Geschäftsplattform, kein Medium, zu dem er eine emotionale Beziehung hatte.

An einem Treffen des gesamten Managements der Gruppe in Kitzbühel ließ er sich Fragen stellen. Im Wissen, dass in einem solchen Gremium üblicherweise keine kritischen Einwürfe kommen, durfte jeder Mitarbeiter anonym ein Zettelchen ausfüllen, auf dem er sein Anliegen formulieren konnte. CEO Guillaume de Posch las sie dann vor versammeltem Publikum der Reihe nach vor, und Saban antwortete aus dem Stegreif. Wohl nicht mancher deutscher Spitzenmanager und wohl kein Firmenbesitzer eines Großkonzerns hätte sich auf ein solches Risiko eingelassen. Doch Saban ging mit viel Humor und einigem Tiefgang selbst auf Aspekte aus seinem Privatbereich ein, wie etwa auf die Erkundigung nach der Höhe des Preises seiner Gulfstream V. Dann kam die Frage nach dem Grund seines Engagements in Deutschland. Saban antwortete mit einer Offenheit, die verblüffte: »Ich verrate euch ein Geheimnis«, verkündete er, und lehnte sich dabei ganz weit vor. »Es ist wegen des Geldes. Denn wenn ich euch erklären würde, dass ich es zur Förderung der deutschen Kultur tue, dann würde man mir, der kein Wort Deutsch spricht, dies auf keinen Fall abnehmen.«

Wie hätte er sonst antworten können? Etwa, dass er als tatendurstiger Milliardär in den besten Jahren seine eher beschaulichen Tage wieder mit einer adrenalinfördernden Tätigkeit anreichern wollte, und dass sich dafür die Rolle als TV-Zirkusdirektor in geradezu idealtypischer Weise anbot? Dass ihn diese Aktivitäten weitaus mehr faszinierten als die dröge Verwaltung seines Vermögens und der Besuch wohltätiger Veranstaltungen? Dass ihn »The Art of the Deal«, wie es Donald Trump formuliert hatte, immer wieder reizte? Der Kauf von ProSiebenSat.1 bot ihm nach Jahren des geschäftlichen Winterschlafs endlich wieder die Möglichkeit, in optimaler Weise und auf höchstem finanziellen Niveau seine Kreativität, seine Brillanz im Aufspüren von neuen Business-Feldern und seine beeindruckenden kommunikativen Fähigkeiten einzusetzen.

Ich erinnere mich an seine Frage, die er mir bei meinem Einstellungsgespräch gestellt hatte: »Es gibt nur zwei Gründe für jemanden wie dich, in deinem Alter und mit deinem finanziellen Background, einen solchen Job anzunehmen: Entweder tut man es für Geld oder für Liebe«. Ich hatte etwas zu schnell und zu empathisch »ich tue es aus Liebe« geantwortet. Das war natürlich falsch. Die richtige Antwort, die er wohl sich selbst gegeben hatte, wäre gewesen: »Ich tue es aus beiden Motiven gleichzeitig«. Denn in der Welt des Haim Saban ist Geld nicht allein ein Mittel zur Bereicherung, sondern der untrügliche Beweis für Leistung, Erfolg und Spaß.

Jedem Gast seines luxuriösen Wohnsitzes zeigt Haim Saban in seinem Büro als erstes ein Foto, das ihn als jugendliches, langhaariges Mitglied einer israelischen Rockband ausweist. Doch nach eigenem Bekunden hielten sich sein Talent und seine Spiellust in engen Grenzen. »Der glücklichste Tag für mich war, als wir unser letztes Konzert gegeben hatten«, erklärte er mir einmal. Er wechselte darauf die Funktion und versuchte sich als Manager und Organisator von Konzerten, wobei ihm bei seinem ersten großen Unternehmen die Politik einen dicken Strich durch die Rechnung machte. So engagierte er 1973 vierzig japanische Harfenisten. Doch dann brach ausgerechnet der Jom-Kippur-Krieg aus, und damit war er finanziell ruiniert. Zwei Jahre später zog er nach Paris, um dort sein Glück als Musikproduzent zu versuchen. Er lebte sich schnell ein, denn Französisch war die Sprache, die in seiner Familie in Alexandria gesprochen wurde, das man einige Monate nach der Sinai-Kampagne im Jahre 1957 verlassen musste.

Nach Israel war bald auch Frankreich zu klein für die Ambitionen des Haim Saban, und so siedelte er 1983 ins Zentrum des Showbusiness über. In Los Angeles produzierte er Zeichentrickserien. Der Durchbruch gelang ihm 1989, als er in Japan die Rechte für die Kinderserie *Mighty Morphin Power Rangers* erwarb. Er tingelte als Rechteverkäufer durch die TV-Welt und bezeichnete sich noch Jahre später selbstironisch als einfachen »Cartoon-Schlepper«, während das Portfolio laufend ausgeweitet wurde. Das war die Basis für den nächsten Coup. 1995 gründete er als 50%-Partner von Rupert Murdoch die Senderkette Fox Family mit dem Kanal Fox Kids, die er im Sommer 2001, wenige Wochen vor 9/11, zum phänomenalen Preis von 5,3 Milliarden Dollar an Disney verkaufte, was ihn auf einen Schlag zum zweifachen

Milliardär machte. Der Deal wäre in letzter Minute beinahe noch geplatzt, weil Fox Family einen undurchsichtigen und unattraktiven Vertrag für Baseballrechte über 700 Millionen Dollar eingegangen war. Doch Verkaufsgenie Saban löste auch dieses Problem. »You will love baseball«, vertickerte er den Käufern diesen Klumpfuß, wie James Stewart im Buch *Disney War* schreibt.

Der Verkauf wurde zur Optimierung von Steuern etwas zu aggressiv und zu raffiniert über Offshore-Firmen abgewickelt. Als Saban dazu 2006 vor einem Kongressausschuss befragt wurde, gab er zur Antwort, dass er nur einen Mittelschulabschluss besitze und deshalb nicht alle Details der von seinen Anwälten vorgeschlagenen Transaktionen verstanden habe. Das war angesichts seiner sonstigen Eloquenz eine erstaunlich schwachbrüstige Verteidigungsstrategie. Die geforderten Nachsteuern bezahlte Saban sofort, um die unangenehme Geschichte so schnell als möglich aus den Schlagzeilen rauszubekommen.

Saban gilt innerhalb der Hollywood-Community als einer der größten Spender für wohltätige Projekte und wird in den entsprechenden Listen stets ganz weit oben aufgeführt. Unter anderem unterstützt er Kliniken in den USA und gibt viel Geld zur medizinischen Betreuung von verwundeten israelischen Soldaten und zur Unterstützung von Witwen gefallener Soldaten. Er engagiert sich in Israel auch politisch und hat enge persönliche Beziehungen zu den wichtigsten Figuren des Landes. Außerdem ist er einer der Hauptsponsoren des europäisch-israelischen Dialogs, der jedes Jahr mit hochkarätiger Besetzung im Springer-Hochhaus in Berlin stattfindet. Eine ähnliche Veranstaltung finanziert er ebenfalls in Washington. Die Förderung des Friedensprozesses im Nahen Osten ist ein von ihm sehr ernsthaft betriebenes Anliegen, zu diesem Zweck trifft er sich auch mit europäischen Spitzenpolitikern. Seine Position als Medienmogul öffnet ihm dabei die Türen.

Zudem ist er einer der größten Geldgeber der demokratischen Partei und dabei vor allem ein Freund der Clintons. So wurde im Mai 2004 eine Gruppe von nach Los Angeles gekarrten Spitzenleuten der deutschen Medienagenturen überrascht, als am Ende eines Essens in Sabans Wohnsitz plötzlich Bill Clinton auftauchte, der eine kurze Rede hielt und sich für jeden Gast einzeln zur *foto opportunity* bereitstellte. Clinton hatte den ganzen Tag über seine eben erschienene Autobiografie signiert und erschien völlig erschöpft zu diesem Anlass. Mit einer Diet-Coke-Dose in der Hand berauschte er sich jedoch immer mehr an seinen eigenen Worten, so dass er bis drei Uhr früh mit Saban weiterdiskutierte, obwohl dieser üblicherweise spätestens um zehn im Bett ist, wie die meisten Hollywood-Magnaten.

Als Hillary Clinton 2005 den Medienpreis in Baden-Baden erhielt, flog sie natürlich mit Sabans Gulfstream V ein. Er tat alles, um sie zu einer Kandidatur fürs Weiße Haus zu überzeugen. »Wenn nötig, übernachte ich auf dem Rasen vor ihrem Haus, bis sie sich entscheidet«, sagte er mir einmal scherzhaft. Doch die Beziehung zu den Clintons ist vielschichtiger. Als Saban und Murdoch mit ihrem Disney-Deal eine besonders unangenehme Hürde zu nehmen hatten, setzten sie den Ex-Präsidenten in Trab, damit dieser die in einem südamerikanischen Land aufgetretenen Probleme dank seinem Prestige und seinen Beziehungen aus dem Weg räumen konnte, was dann nach einigen durch Clintons Schusslichkeit verursachten Verzögerungen, gerade noch fristgerecht gelang.

In Meetings offenbarte sich Sabans Temperament auf vielfältigste Weise. Nur selten konnte er einer Präsentation oder einer Diskussion während mehr als einigen Minuten aufmerksam folgen, sondern er griff regelmäßig zum Blackberry, so wie sich ein Zigarettensüchtiger ohne Pause immer gleich den nächsten Glimmstengel krallt. Meist hatte er einen Kaugummi im Mund, um sich wachzuhalten. Je nach Tagesform war er übermüdet oder zeigte sich hellwach, war gut vorbereitet oder halb abwesend. Manchmal stellte er dieselben Fragen wieder und wieder, wobei mir nie klar wurde, ob es sich dabei um eine bewusste Taktik, um Vergesslichkeit oder um bloße Unkonzentriertheit handelte – wahrscheinlich war es eine Mischung von allem.

Saban dominierte jede Sitzung kraft seiner Stellung und seiner Persönlichkeit. Als geborener Zampano ließ er die Puppen nach Belieben tanzen. Neben ihm saß jeweils ein wortloser Adam Chesnoff, die Augen meist fix auf dem Blackberry, der sich nur hie und da flüsternd mit Saban unterhielt, um irgendeine eben eingetroffene Mail zu kommentieren. Als Sabans Finanzgenie war er der Mann fürs Grobe und fürs Pingelige zugleich, vor allem wenn es um Details komplizierter Deals ging, während Saban sich nur für die großen Linien interessierte. Das während langen Jahren eingeübte *Good Cop-Bad Cop*-Prinzip funktionierte makellos.

Bei den meisten Themen versuchte sich Saban einzubringen, und er tat dies weit aktiver und detaillierter, als es bei Aufsichtsratsvorsitzenden üblicherweise der Fall ist. In seinem Selbstverständnis ging es ja um sein Geld, und daher engagierte er sich viel intensiver, als es ein bloßer Funktionsträger tun würde. »Ich telefoniere jeden Tag mit ihm«, antwortete sein CEO Guillaume de Posch in mehreren Interviews auf entsprechende Fragen, wobei

Guillaume de Posch, CEO der ProSiebenSat·1-Gruppe. Der Belgier wurde von Haim Saban geholt und blieb nach dessen Abgang in München.

232

er offenließ, wie viele Sitzungen, Telefonate und Conference Calls an einem durchschnittlichen Tag geführt wurden, und all dies zusätzlich zu den rund um die Uhr abgefeuerten Mails. Bei wichtigen Anliegen erwartete Saban von keiner Seite ernsthaften Widerspruch, obwohl ihm oft für eine abschließende Beurteilung die notwendigen Grundlageninformationen und Detailkenntnisse fehlten. Doch er war der Boss, der Erfolgreiche, der Besitzer und der kreative Kopf in einem. Wer wollte da ernsthaft dagegen halten? Er gab die Regeln vor, und die hatte jedermann gefälligst zu beachten. Seine Leistungsbilanz gab ihm recht, und dies bestärkte ihn bei seinem Vorgehen.

Haim Saban vermittelt Menschen, die er erstmals trifft und die für ihn wichtig sind oder werden können, den Eindruck, dass er sie ganz besonders schätzt. Er stellt sich jeweils mit seinem Vornamen vor, wirkt offen und herzlich und sucht schnell den Körperkontakt. Vieles davon ist gekonnte Mache, Showbusiness. Im eher nüchternen Deutschland war diese Mischung aus israelischer Extravertiertheit und perfektem Hollywood-Charme besonders aufsehenerregend und erleichterte ihm vielerorts den Zugang. Doch in Gesprächen und Verhandlungen mit deutschen Politikern und Beamten funktionierte diese Form der Kommunikation bald nicht mehr so richtig. Nach einem ersten Honeymoon, in dem man ihm – dem ersehnten Retter – überall den roten Teppich ausgerollt hatte, erkalteten die Gefühle auf beiden Seiten. Saban langweilte sich jeweils sichtlich in solchen Meetings. Er empfand diese Treffen zunehmend als reine Zeitverschwendung und ging ihnen so oft als möglich aus dem Weg. »I love the Kartellamt«, waren seine zynischen, öffentlich geäußerten Abschiedsworte an Deutschland. Die Interventionen dieser Behörde, die er wegen des geplatzten Springer-Deals hart kritisierte, hatten den Verkaufspreis nochmals kräftig in die Höhe getrieben.

Als Redner brilliert Saban in besonderer Weise und hat dafür ein ausgesprochenes Talent. Er bereitet diese Auftritte detailliert und lange vor, weil er sich in dieser Rolle nicht so sicher fühlt, wie man es aufgrund seines sonstigen selbstsicheren Auftretens glauben könnte. Richtig nervös machen ihn Interviews, vor allem vor einem Live-Publikum. Bei einem solchen Anlaß, einer wohltätigen Veranstaltung im Frühjahr 2006 in Berlin, präparierte er sich Wochen im voraus auf die zu erwartenden Fragen und holte sich sogar bei Springer-Chef Mathias Döpfner Ratschläge für optimale Antworten. Er habe längere Zeit nicht schlafen können, erzählte er mir, weil er sich davor fürchtete, nicht so gut abzuschneiden, wie er es sich wünschte. Seine Performance war dann locker, intelligent und witzig und beeindruckte das Publikum – die versammelte journalistische Elite Deutschlands. Hinterher ärgerte er sich darüber, dass man ihn nicht mehr gefordert hatte, wie er mir sagte, weil er sich auf viel härtere, kritischere Fragen eingestellt hatte.

Saban lebt mit seiner Familie inmitten einer Traumwelt, wie sie einem Hollywood-Mogul zusteht. Er hat eine Armada von Helfern, die ihm sein Leben bis in die kleinsten Details erleichtern soll: Köche, Gärtner, Fahrer, Sekretäre und Bodyguards. Sein Wohnsitz auf den Hügeln über Los Angeles – natürlich in einer *gated community* voller Movie-Superstars – umfasst mehrere großzügige Gebäude, einen weitläufigen Garten und zwei große Swimmingpools. Die Wände seines Wohnzimmers sind behängt mit Chagalls, die seine Frau Cheryl ausgewählt hat. Saban selbst kann mit diesen Gemälden nichts anfangen, wie er mir einmal anvertraute. »Don't you think this guy is a bit weird?«, fragte er mich. Und als ich ihm ein Kompliment über eine fantastische Khmer-Statue machte, blickte er mich verwundert an. Er hatte keine Ahnung, wovon ich sprach. Bei einem Spaziergang durch seinen Besitz wirkte er so verloren wie ein ahnungsloser Tourist beim erstmaligen Besuch eines Erstklasshotels.

All diese Dinge hat er sich erarbeitet und erworben, aber wirklich von Bedeutung scheinen sie für ihn nicht zu sein. Nur wenn er seine bestens ausgerüsteten Fitnessräume vorführt, leuchten seine Augen. Solche Anlagen hat er überall bauen lassen, außer in seinem Hauptwohnsitz auch in seinem weitläufigen Haus direkt an der Beach von Malibu, seinem Feriensitz in Acapulco und in seinem Büro im obersten Stockwerk eines eleganten Bürogebäudes am Santa Monica Boulevard. Er trainiert täglich eine Stunde und mehr und zeigt stolz und gerne seine imposanten Muskeln. Zugleich bezeichnet er sich selbst als grässlichen Hypochonder, der beim kleinsten Anzeichen eines Problems in Panik gerät. Als sein Arzt einmal beim Auftauchen einer rätselhaften Störung keinen klaren Befund liefern konnte, flog er eine Vielzahl von Ärzten nach Los Angeles ein, die ihm die richtige Diagnose in einer von ihm allein zu diesem Zweck einberufenen Konferenz liefern sollten.

Haim Saban ist ein wunderbarer Familienmensch, ein aufmerksamer Gatte, ein liebevoller Vater und Sohn wie auch ein hilfsbereiter Schwiegersohn. Nicht nur kümmert er sich intensiv um seine eigenen zwei Kinder, sondern ebenso um die beiden Töchter, die seine Frau in die Ehe mitbrachte und die er adoptiert hat. Erst vor einigen Jahren hat seine Frau als Psychologin promoviert. »Sie ist die erste Saban, die einen Doktortitel hat«, zeigt sich Haim stolz über die Leistung seiner Frau, die wohl bestaussehendste und jugendlichste Großmutter Hollywoods. Haim hat dafür gesorgt, dass Cheryls Eltern auf seinem Besitz leben, und dass sie selbst dann am abendlichen Esstisch sitzen, wenn Gäste kommen. Seinem Schwiegervater hat er eine gut bestückte eigene Werkstatt eingerichtet, in der sich dieser den Tag über betätigen kann. Seine über neunzigjährige Mutter hingegen ist in Israel geblieben, weil sie es vorzieht, in ihrem seit Jahrzehnten gewohnten Umfeld zu leben.

Er lebt gesund, trinkt keinen Alkohol und raucht nicht. Dafür wird er von einem gewaltigen und jeweils viele Tage andauernden Jetlag-Problem verfolgt, das ihm gewaltige Schlafschwierigkeiten bereitet und sich mit zunehmenden Alter noch verstärkt. Auch der am besten ausgestattete Privatflieger der Welt mit den lieblichsten Hostessen des Luftraums kann diese Plage nicht zum Verschwinden bringen. Das Jetlag-Problem war wohl auch einer der zentralen Gründe, weshalb er sein Engagement in Deutschland so schnell abgebrochen hat. Die ständig notwendigen Reisen nach Europa und die neunstündige Zeitdifferenz mit Kalifornien zehrten stark an seiner Gesundheit, so dass er Konzentrations- und Motivationsprobleme bekam. Der Kauf von Univision, der größten Fernseh- und Radiogruppe für die schnell wachsende Gruppe der Latinos in den USA mit Sitz in Los Angeles und Miami, wird hier einiges an Linderung bringen und zur Erhöhung seiner Lebensqualität beitragen. Außerdem ist er als Mitbesitzer und Chairman des fünftgrößten Networks der USA erstmals nicht nur finanziell, sondern auch von der Bedeutung her ein Schwergewicht in Hollywood.

Ja, und dann war er weg. Sein *No-Brainer* hatte wie von ihm erwartet bestens funktioniert. Er hatte in kurzer Zeit aus den sieben Euro pro Aktie mehr als 28 gemacht. Dazu hat der Sender Sat.1 im abschließenden Rekordjahr 2006 mehr als die Hälfte zum Gewinn der gesamten Gruppe beigetragen, und der Jahresgewinn gilt als eine der wichtigsten Kennziffern für Kursnotierungen und Firmenbewertungen.

Ganz zum Schluss verteilten Saban und seine Private Equity-Partner der German Media Group 23 Millionen Euro an das Management, also etwa ein Prozent des erlösten Gewinns. Die entsprechende Pressemeldung war bewusst unklar abgefasst, so dass der Kreis der Nutzniesser daraus nicht ersichtlich werden konnte. In Wirklichkeit gingen 95 % davon an genau vier Personen, nämlich an den Vorstand der Gruppe: etwa die Hälfte bekam CEO Guillaume de Posch, den Rest teilten sich der Finanzchef, der Marketingchef und der Leiter Diversifikation. Alle übrigen der 2996 Mitarbeiter – darunter auch langjährige Geschäftsführer – erhielten zusammen 5 %, also ingesamt 1,2 Millionen Euro. Das waren 400 Euro pro Person.

Dies war wohl sein Verständnis von Großzügigkeit. Und von Fairness. Damit war die Ära Saban definitiv zu Ende.

14. AB IN DIE ZUKUNFT

Die Analysen der Marktanteile in der Fachpresse und auf den Medienseiten der wichtigen Zeitungen beschränken sich meist auf enge Zeiträume. Da gibt es für jeden Sender den Vergleich mit dem Vormonat und denjenigen mit dem Vorjahr. Je nach dem Verlauf dieser Werte ziehen die Medienexperten ihre Schlüsse und verteilen ihre Zensuren. Liegen die neueren Daten höher, ist ein Sender oder sein Senderchef ein Gewinner, im umgekehrten Fall zeigt man meist mit den entsprechenden Adjektiven auf die Verlierer.

Die langfristige Entwicklung bleibt dadurch natürlich ausgeblendet. Dabei ermöglicht diese einige der wichtigsten Rückschlüsse auf die Entwicklung des Fernsehens in Deutschland. Blenden wir also für die drei großen Privatsender ganz weit zurück, bis ins Jahr 1995. In jenem Jahr betrug der Marktanteil in der Zielgruppe der 14- bis 49-Jährigen von RTL sagenhafte 20,1, Sat.1 lag bei 14,9% und Pro7 bei 14,6%. Der kumulierte Marktanteil der drei Sender war also 49,6% – nur knapp weniger als die Hälfte des gesamten Marktes. Mit einem Wort: Diese drei Sender dominierten das Geschäft um die TV-Werbung ganz deutlich.

Fünf Jahre später, im Jahr 2000, lagen die entsprechenden Werte bei 17,3% für RTL, 13,3% für Pro7 und 12,0% für Sat.1. Alle drei Sender hatten also beträchtliche Quotenanteile eingebüßt, keiner hatte auf Kosten eines Mitkonkurrenten zulegen können. Die Gesamtquote der drei Stationen war auf 42,6% gesunken.

2006 ergab folgende Werte: RTL war zwar noch immer klarer Marktführer, aber dies bei nunmehr 15,6%. Pro7 stand bei 11,6% und Sat.1 bei 11,31%[8]. Wieder hatten alle drei Sender Markt-

---

8 2005 lag der Marktanteil von Sat.1 bei 12.3% und war im Vergleich zu den Vorjahren stark angestiegen. Solche Ausschläge gegen oben und unten sind immer wieder zu verzeichnen. Der Rückgang im Jahr 2006 war vor allem auf die Fußball-WM und den scharfen Quotenrückgang am Vorabend nach dem großen Finale von *Verliebt in Berlin* zurückzuführen.

anteile eingebüßt. Das Marktgewicht hatte sich um weitere 4,1 Punkte auf 38,5 % reduziert und lag somit um 11,1 Punkte oder 22 % tiefer als elf Jahre zuvor.

Es bedarf keiner prophetischen Fähigkeiten, um diese Entwicklung in die Zukunft fortzuschreiben, umso mehr, als sie auch in anderen Ländern in ähnlicher Weise abläuft. In einer Epoche mit einer ständig wachsenden Zahl von Kabelkanälen hat sich das Marktgewicht der vier großen Networks in den USA stark verringert, ohne dass die Einnahmen in vergleichbarem Ausmaß zurückgegangen wären. Nach wie vorher kann man die Mehrheit der Fernsehzuschauer sowohl in den USA wie in Deutschland nur unter Einbezug der großen Stationen erreichen. Daran ändert auch das beeindruckende Wachstum der Sender der zweiten Generation nichts Grundsätzliches, ebenfalls nicht die laufend neu lancierten oder relaunchten Kleinsender, die sich um oder unterhalb der 1 %-Marktanteils-Grenze tummeln, dort aber allein durch ihre hohe Anzahl wachsende Quotensegmente an sich binden. Diese Fragmentierung wird sich weiter fortsetzen, so dass bald selbst der Marktführer bei deutlich weniger als 15 % Marktanteil liegen wird. Allein mit laufend höheren TKP-Preisen kann dieser Quotenzerfall aufgefangen werden. Ob und bis zu welchem Grad diese im Markt durchgesetzt werden können, hängt vor allem von den neuen alternativen Werbemöglichkeiten ab.

Und das führt natürlich dazu, dass Medienjournalisten Jahr für Jahr mehr Verlierer identifizieren werden als Gewinner, auch wenn diese deshalb nicht zwangsläufig weniger erfolgreiche Arbeit geleistet haben als ihre Vorgänger. Das Zauberwort der letzten Jahre heißt Diversifikation. Um sich von der fast vollständigen Abhängigkeit von den stark konjunkturabhängigen Werbespots und vom Sponsoring zu lösen, werden in allen TV-Konzernen beträchtliche Anstrengungen zur Entwicklung neuer Geschäftsfelder unternommen. Diese sollen jedem Unternehmen in der Welt der Börsenlogik neue Wachstumsideen verschaffen, die es dringend zur Kurspflege braucht. Deshalb wird der prozentuale Anstieg der Diversifikationserlöse bei allen Präsentationen jeweils in den Vordergrund gestellt, um das schillernde Zukunftspotenzial des Unternehmens zu unterstreichen.

Doch bei näherer Betrachtung sind die Diversifikations-Erfolge bisher eher ernüchternd. Sie setzen sich vor allem aus Erlösen von Telefon-Gewinnspielen, Call-in-Shows und Home-Shopping-Sendungen zusammen. Dies sind weder kreativ noch technologisch besonders innovative Geschäftsfelder, welche sich auch nicht über Gebühr ausweiten lassen. Die Vorstöße in die Welt der digitalen Kanäle und in alle neu entwickelten Modifikationen des Internets sind vor allem defensiv getriebene Versuche, um bei möglichst jeder neuen Weiterentwicklung dabei zu sein. Wie mit einer Schrotflinte zielt man im Dunkeln auf alles, was sich da draußen bewegt und hofft, irgendwann bei der Winner-Applikation vorne mit dabei zu sein. Die Lehre aus Viacoms Zögern beim Kauf von MySpace.com, das Rupert Murdoch seinem Konkurrenten Sumner Redstone wegschnappte, sitzt allen Topmanagern tief in den Knochen. Viacoms langjähriger Chef Tom Freston verlor wegen dieses Versagens seinen Job, und dieses Beispiel dient als Warnung für die überall lauernden Gefahren der sich rasend schnell verändernden Möglichkeiten des Internets.

Diese Strategie bringt vorderhand vor allem Kosten und kaum Einnahmen. Doch dazu gibt es keine attraktiven Alternativen, wenn man nicht riskieren will, den Schnellzug in die schöne, neue Welt zu verpassen. Um dies zu kaschieren, fließen die Informationen über die Diversifikations-Anstrengungen nur spärlich. Selbst in den Jahresberichten vieler Konzerne werden meist vor allem die natürlich steigenden Umsatzzahlen in den Vordergrund gerückt. Hingegen werden keine detaillierten Daten über Gewinne und Verluste der neuen Aktivitäten geliefert.

Diese Entwicklung hat jedoch auch schwerwiegende Rückwirkungen aufs Fernseh-Kerngeschäft. In einer Zeit, in der die Kosten generell zurückgefahren werden sollen, führen die zusätzlichen Aufwendungen für Internet-Aktivitäten zu noch stärkeren Reduktionen der Senderbudgets, als es ohne Zwang für diese beträchtlichen Investitionen notwendig gewesen wäre. In den TV-Konzernen verschiebt sich der Fokus zunehmend weg vom traditionellen Fernseh-Business und hin zu den Verlockungen der Zukunft. Das Resultat dieser Politik kann verschiedene Formen annehmen: durch die Erhöhung der Zahl der Programmwiederholungen, durch weniger Investitionen in neue Programme, über reduzierte Aufwendungen für Werbung und Promotion, und vieles mehr. All dies macht das Angebot der Fernsehsender weniger attraktiv und lässt kaum noch Spielraum für Experimente, die in der Vergangenheit viele der schönsten Erfolge gebracht haben. Zudem werden die Fernsehsender immer stärker als Promotionsplattformen für die neuen Geschäftsbereiche genutzt. So wird eine Großzahl von Trailern geschaltet, die früher für die Bewerbung der eigenen Fernsehsendungen genutzt werden konnten. Und es gibt bereits Beispiele von Sendungen, die allein deshalb ins Programm aufgenommen wurden, um ein eigenes Internet-Angebot zu pushen.

Es ist evident, dass es sich hier um eine höchst risikoreiche Strategie handelt. Wenn sie das Brot-und-Butter-Geschäft gefährdet, bevor die Einnahmen aus den neuen Bereichen richtig sprudeln, kann sie zu einer Gefährdung der Einnahmen und damit der Gewinne führen, was dann in der Logik der Private Equitites einen noch rasanteren Abbau von Kosten in den traditionellen Bereichen nach sich ziehen muss.

Wenn Fernsehmanager wie etwa RTL-Chef Gerhard Zeiler gebetsmühlenhaft betonen, dass das Internet das Free-Fernsehen nicht gefährden kann, so ist dies vor allem eine politische Aussage zur Besänftigung von Werbekunden. Auch die vorliegenden Daten aus Deutschland, gemäß denen starke Internet-User auch starke TV-Konsumenten sind, sind kein schlüssiger Beweis. Denn die künftige Entwicklung des Internets ist nicht einmal in Umrissen abschätzbar, so wie auch niemand die Anwendungen der letzten Jahre voraussehen konnte.

Bereits YouTube hat eine neue Dimension eröffnet und die Teilnahme der Nutzer auf ein höheres Niveau gehoben. Und tatsächlich: YouTube-Nutzer in den USA haben einen tieferen TV-Konsum als der Durchschnitt, was logisch nachvollziehbar ist: Diese Leute stellen sich eben ihr eigenes Fernsehen im Internet zusammen! Werden sie jemals zur traditionellen Mattscheibe zurückkehren, nachdem sie sich an die Vieldimensionalität des neuen Angebots gewöhnt haben? Es ist schwer, sich solches vorzustellen.

Das Geschäftsmodell des privaten Fernsehens ist weiterer ernsthaften Bedrohungen ausgesetzt. Der Gebrauch von Geräten, welche die meist als störend erlebten Werbeblöcke ausstanzen, wird zunehmen, so wie dies in Nordamerika mit zunehmender Geschwindigkeit mittels Tivo und ähnlichen Konzepten geschieht. Und das Internet wird laufend neue Applikationen liefern, mit denen Fernsehprogramme in völlig neuer Form konsumiert werden können. Das Schlimmste aber, was Fernsehsendern passieren kann, sind abnehmende Reichweiten ihrer Werbeblocks. Zudem wird der Wettbewerb um attraktive Inhalte wie Sport und Spielfilme weiter an Schärfe zunehmen, da sowohl die Kabelfirmen wie die Telefon- und Internet-Provider immer stärker als Konkurrenten auftreten, die aufgrund ihrer völlig anderen Businessmodelle locker in der Lage sind, sich über höhere Lizenzpreise nach Belieben die absoluten Programmrosinen zu sichern.

Die Prognose ist deshalb nicht allzu verwegen, dass sich das Fernsehen – und dabei vor allem der private Bereich – in den nächsten fünf Jahren stärker verändern wird als in den letzten zwanzig. Das Aufkommen der Privatsender Mitte der Achtzigerjahre war eine Zäsur, deren Bedeutung man erst mit einiger Verzögerung erkannte. Dasselbe wird mit den vielen Neuerungen geschehen, die vor unseren Augen ablaufen, und die in ihrer Summe eine enorme Sprengkraft besitzen. Die Tageszeitungen können sich dank ihrer Abstützung auf ein älteres Publikum dem Internet-Tsunami besser entziehen, auch wenn sie schmerzhafte Einbussen bei Auflage und Werbeeinnahmen hinnehmen müssen. Dies trifft bereits heute selbst die renommiertesten Blätter der Welt, angefangen bei der *New York Times*. Ähnliches gilt für die öffentlich-rechtlichen Sender, bei denen das schon hohe Durchschnittsalter noch weiter ansteigen wird. Doch die privaten TV-Sender, die auf ein jüngeres Publikum angewiesen sind, werden von diesen Entwicklungen aufs Tiefste getroffen.

Das Argument, dass die neuen Medien noch nie die alten abgelöst haben, ist zwar richtig, doch haben sich die Gewichte zwischen den einzelnen Medien laufend verschoben. Das ist nach dem Siegeszug des Fernsehens mit dem Radio geschehen, das stark an Bedeutung verlor. Dasselbe wird in den kommenden Jahren der gedruckten Presse und dem Fernsehen widerfahren.

Aber wie in jedem guten Fernsehkrimi werden wir wohl alle während langer Zeit auf viele falsche Fährten geführt und erst ganz zum Schluss erfahren, wie diese Story ausgeht.

15. MEIN LANGER WEG ZU SAT.1

Ich blickte ungläubig auf mein Handy. Ich war mitten in einer Live-Sendung, der letzten auf meinem Sender Tele24, den ich nur Wochen vor 9/11 zusammen mit dem Rest meines Medienhauses mit Radio, Verkaufsfirma und Lokal-TV-Sender an das Zürcher Medienhaus Tamedia verkauft hatte. »Sat.1 wartet auf Dich. Urs«, las ich auf der Anzeige. Es war der 30. November 2001, kurz nach 22 Uhr.

Das wühlte mich mehr auf, als mir lieb war. Ich wollte mich emotional ganz auf diese Stunden vor Mitternacht konzentrieren, die das Ende einer mehr als 25-jährigen Zeit als Unternehmer, Senderchef und Moderator sein würden. Und vor allem auch auf den Abschied von meinem Team, mit dem ich so lange so intensiv zusammengearbeitet hatte. Aber immer wieder, auch wenn ich direkt in die Kamera sprach, drifteten meine Gedanken ab, hin zu dieser unerwarteten Botschaft.

Die Idee faszinierte mich von der ersten Sekunde an. Das war mehr als ein Hinweis, das war ein klares Zeichen. Plötzlich war da eine Aufgabe, die mich in ihren Bann zog. Zuvor hatte ich mir nie vorstellen können, was meine nächste Leidenschaft sein könnte, oder ob ich sie überhaupt je finden würde. Nun war alles anders.

Bald darauf war ich München. Ein Chauffeur holte mich mit großem BMW am Flughafen ab und führte mich über Landstraßen zu einem wenig beeindruckenden Flachdachgebäude in Ismaning, der Zentrale von Leo Kirchs Imperium.

Der legendäre Medien-Zampano begann mit einer Charme-Attacke. Er habe mich seit langer Zeit treffen wollen, doch nie gewusst, wie er es anstellen solle. Meine Karriere in der Schweiz habe er seit vielen Jahren verfolgt, und sie habe ihn beeindruckt. Nun sei er froh, dass sein CEO, der Schweizer Urs Rohner, den Kontakt hergestellt hatte. Und ob meine schwarzen Haare wirklich nicht gefärbt seien? Diese Frage überraschte mich am meisten, denn offiziell galt Leo Kirch als weitgehend blind. Entweder hatte man ihn detailliert gebrieft, oder dann war sein Sehvermögen nicht so stark beeinträchtigt, wie kolportiert wurde.

Das Gespräch wurde nach einigen launigen Minuten unterbrochen. Leo Kirch wurde von einem Mitarbeiter in ein anderes Büro gerufen und entschuldigte sich. Er müsse nur kurz mit einem Herrn von der Dresdner Bank reden, meinte er. Zwanzig Minuten später kam er immer noch gut gelaunt zurück. Später erfuhr ich, dass in jenem Gespräch die ersten von mehreren Krediten gekündigt wurden, was einige Monate später zum Zusammenbruch seines Lebenswerks führen sollte.

Bei meinem zweiten Besuch in Ismaning zwischen Weihnachten und Neujahr kamen wir zu einer Übereinkunft, nachdem ich auch seine wichtigsten Mitarbeiter wie Dieter Hahn und Ludwig Bauer getroffen hatte. »Wann können Sie als Chef von Sat.1 anfangen? Möglichst bald?«, fragte Leo Kirch.

»Ich habe meiner Frau und mir versprochen, nach dem Verkauf meiner Firmen eine Weltreise zu machen«, antwortete ich.

»Bleiben Sie nicht zu lange«, sagte Leo Kirch mahnend. Schließlich einigten wir uns, dass ich den Job Mitte April 2002 in Berlin antreten sollte.

»Ich warte auf Sie«, meinte Leo Kirch beim Abschied. Doch an dieses Versprechen hielt er sich nicht. Per Internet erfuhr ich auf den Cook Islands in der Südsee, dass sein Imperium mit einem riesigen Eklat Pleite gegangen war.

Damit war das Thema vom Tisch. Ein Senderchef-Wechsel mitten in einer äußerst delikaten Insolvenzphase war für alle Beteiligten ein Ding der Unmöglichkeit. In der Folge genoss ich es, über meine Zeit frei zu verfügen, schrieb zwei Bücher sowie Kolumnen. Doch der Gedanke an Sat.1 ließ mich nicht los. Täglich verfolgte ich die in den wichtigsten deutschen Medien atemlos rapportierten Entwicklungen dieser größten Pleite eines deutschen Unternehmens der Nachkriegszeit. Gleichzeitig hielt ich einen losen Kontakt zu Urs Rohner aufrecht, den ich zuvor nur flüchtig gekannt hatte.

Als im Frühjahr 2003 ein gewisser Haim Saban als möglicher Käufer genannt wurde, arrangierte Urs Rohner ein Treffen zwischen mir und dem Milliardär aus Los Angeles. Es fand im Coffee Shop des Hotels Mandarin in München statt, in dem Saban abgestiegen war. Saban schien beim Gespräch nicht sehr konzentriert und hantierte ständig mit einem Gerät, das ich bis dahin noch nie gesehen hatte, und das schon bald zum engsten Begleiter von Millionen von Managern werden sollte – auch von mir. Es war eine gleichzeitige Einführung in die Welt des Haim Saban und des Blackberrys. Sein bloß flüchtiges Interesse an mir war erklärbar. Die Wahl eines neuen Geschäftsführers für Sat.1 war offensichtlich solange keine Priorität für ihn, bis der Kaufvertrag unterschrieben sein würde. Aber immerhin murmelte er so etwas wie Zustimmung zu Urs Rohners Vorschlag, mich so schnell als möglich anzuheuern.

Auch dieser zweite Anlauf ging schief. Der Insolvenzverwalter Michael Jaffé, berichtete mir Urs Rohner, habe Bedenken angemeldet. Veränderungen von solcher Tragweite könnten von Saban als Vorwand genommen werden, um von seinem Angebot zurückzutreten. Es solle nicht das Geringste unternommen werden, das den erfolgreichen Abschluss des Deals gefährden könnte.

Doch auch das war noch nicht das Ende. Nachdem der Deal mit Saban vorerst geplatzt war, gab es einen weiteren Anlauf. Diesmal wurde es richtig ernst. Rohner setzte einen Vertrag mit einer zweijährigen Laufzeit auf, wie wir es beide gewünscht hatten. Das Datum für meinen Amtsantritt wurde auf Anfang Juli 2003 festgesetzt, nachdem alle Details zwischen Urs Rohner, Sendervorstand Ludwig Bauer und mir bei einem unterhaltsamen Abendessen im Zürcher Nobellokal Kronenhalle besprochen worden waren.

Die letzten Tage vor meiner Reise nach Berlin verbrachte ich mit meiner Tochter Joelle in Barcelona, wohin ich sie nach Abschluss ihres Abiturs eingeladen hatte. Sie war im MANGO an der sehr belebten Passeig de Gràcia verschwunden, als mein Handy läutete.

»Du, es geht nicht«, hörte ich die Stimme von Urs Rohner.

»Wovon sprichst du?«, fragte ich verwirrt.

Hastig erklärte mir Urs Rohner die Lage. Ludwig Bauer hätte ihm soeben erklärt, dass er sofort zurücktrete, wenn man den Senderchef-Wechsel wie geplant durchführe. Da man kurz vor der so wichtigen Telemesse stehe, dürfe es in diesem Augenblick keine solche Turbulenzen geben. Das würde die ganze Gruppe schädigen.

»Ich verstehe nicht«, stammelte ich. »In 48 Stunden soll ich meinen Posten in Berlin antreten.«

»Nun, das geht eben nicht«, meinte Urs. »Lass uns später nochmals reden.«

Der Schock war groß. Als Joelle fröhlich mit einer Plastik-tasche aus dem Laden trat, fand sie mich völlig aufgelöst vor. Ich war nicht in der Lage, ihr zu erklären, was soeben vorgefallen war. Das alles konnte unmöglich wahr sein! Unsicher steuerte ich ein Boulevard-Café an und tat etwas für mich völlig Ungewöhn-liches: Ich bestellte gleich zwei Cognac aufs Mal. Das machte die Sache nicht besser, wie ich gehofft hatte. Im Gegenteil! Ich hatte mein ganzes Leben neu organisiert, hatte mich minutiös mit meiner neuen Aufgabe beschäftigt, saß auf gepackten Koffern – und dann das!

In den folgenden Wochen tappte ich wie im Nebel durch ein Leben, in dem ich mich nicht mehr zurechtfinden konnte. Ich war kaum ansprechbar, unkonzentriert, schlecht gelaunt. Immer wieder versuchte ich das Erlebte zu rekonstruieren, doch ich kam einfach nicht zu Antworten. Kurz darauf war die ganze Ge-schichte – wie alle Interna aus der ProSiebenSat.1-Gruppe – via Indiskretionen in die Presse gelangt, wo in hämischem Ton von diesem geplanten und dann nicht vollzogenen Wechsel an der Spitze von Sat.1 berichtet wurde. Damit wurde das seit langem gestörte Verhältnis zwischen Urs Rohner und Sat.1-Geschäfts-führer Martin Hoffmann öffentlich.

Als ich schließlich zögerlich aus meinem somnambulen Zustand erwachte, regte sich mein rebellischer Geist wieder. Jetzt ging es mir nicht mehr um einen Job. Jetzt war es eine Frage des Prinzips. Eine solche Intrige konnte ich nicht einfach hinnehmen! Wenn es nur den Hauch einer weiteren Chance gab, würde ich sie packen. Und ich wusste, dass auch Urs Rohner auf die Möglichkeit lauerte, seinen Plan doch noch umzusetzen und sich gleichzeitig von seinem wankelmütigen Vorstandskollegen Bauer zu trennen.

Im zweiten Anlauf kaufte Saban ProSiebenSat.l zusammen mit einer Gruppe der renommiertesten Private Equities-Firmen im August doch noch. Ich hatte überraschend eine Einladung zu den Münchner Medientagen 2003 erhalten, wo ich im Oktober auf einem der vielen Podien sitzen und über die Zukunft der Branche diskutieren sollte. Darüber informierte ich Urs Rohner, der mir sofort vorschlug, dass wir uns am Rande der Medientage mit Saban treffen sollten, um nochmals über unser altes Thema zu sprechen.

Auf dieses Meeting bereitete ich mich detailliert vor. Außer Saban und Rohner waren Adam Chesnoff dabei, der jugendlich wirkende zweite Mann im Konzern und engster Vertrauter von Saban, zudem Guillaume de Posch, den Saban als den neuen COO der Gruppe vorstellte, den er schon aus seiner Zeit in Frankreich kenne.

Die Fragen kamen, so wie ich sie erwartet hatte. Vor allem wollte man von mir wissen, was ich mit dem Vorabend bei Sat.1 machen würde, der seit Jahren dahin dümpelte. Ohne Zögern erklärte ich, dass ich trotz negativer Erfahrungen mit täglichen Serien genau diesen Weg verfolgen würde. Nur auf diese Weise würden wir die Vorherrschaft von RTL ernsthaft in Frage stellen können.

Einige Tage danach erhielt ich einen Anruf. Ein professioneller Headhunter mache ein Assessment mit mir. Vor allem interessierte sie, ob ich nach so langer Zeit als Unternehmer erfolgreich in die Rolle eines Managers in einem Konzern schlüpfen könne, um Teil einer Hierarchie zu werden – etwas, das ich unbedingt auch selbst über mich in Erfahrung bringen wollte und als eine neue persönliche Herausforderung sah. Einige Tage später kam am Schluss eines Conference Calls das O. K. *Yes, we are looking forward to working together and have fun together,* gab mir Haim als Willkommensgruß mit auf den Weg.

War ich nun endlich – bei diesem unglaublichen vierten Versuch – am Ziel? Was würde als nächstes kommen? Nun, es kam, und zwar schnell und heftig.

Das Timing für meinen Amtsantritt wurde an die Verlängerung des Vertrags mit Harald Schmidt gekoppelt. Erst wenn dieser in trockenen Tüchern sein würde, sollte der Wechsel an der Spitze von Sat. 1 verkündet werden, informierte man mich. Doch auch Ende November hatte das Aushängeschild des Senders noch immer nicht fürs kommende Jahr unterschrieben, und das machte alle furchtbar nervös. Ein früheres Treffen zwischen Saban und Schmidt hatte eine bereits sehr instabile Situation weiter eskalieren lassen. Das grandios inszenierte Einfliegen des Milliardärs aus Hollywood mit seiner Gulfstream V weckte beim geldaffinen Harald Schmidt neue Begehrlichkeiten. Er, der Star und das Sendergesicht Nummer eins, erwartete bei diesem ersten Treffen mit dem neuen, glamourösen Besitzer ein Angebot für einen viel besser dotierten Vertrag. Doch Haim Saban verabschiedete sich nach seinem üblichen Smalltalk, ohne dieses Thema auch nur anzuschneiden. In den nächsten Wochen schraubte Harald Schmidt seine finanziellen Forderungen in stratosphärische Dimensionen. »Ich hatte Angst, die würden das annehmen«, vertraute er mir später an. In Wirklichkeit war er komplett ausgebrannt, wie ich genau wusste. Als regelmäßiger Zuschauer seiner Sendung und mit meiner eigenen langjährigen Erfahrung als Moderator einer täglichen TV-Talkshow erkannte ich das sofort. In einem solchen Gemütszustand kostet es immer mehr Kraft, sich vor die Kameras zu stellen, bis man es schließlich kaum noch schafft, auf die Bühne herauszukommen.

Anfang Dezember war es soweit. Harald Schmidt hat unterschrieben, wurde vermeldet. Der Stolperstein war aus dem Weg geräumt. Die Verträge seien unterwegs. Ich solle sofort nach Berlin reisen, wurde ich angewiesen, um keine weitere Zeit zu verlieren. Vor meinem Hotel empfing mich Urs Rohner empathisch. Ich war auf Wolke sieben.

Aber am Morgen meines ersten Tages bei Sat.1 waren die Verträge noch immer nicht beim Sender eingetroffen. Ein hektisches Telefonieren setzte ein. Dann kam die Nachricht, dass die Papiere von Köln her unterwegs seien und definitiv am Nachmittag im Haus sein würden. Das löste ein allgemeines Aufatmen aus. Und wirklich: Kurz vor 16 Uhr wurde ein großer Umschlag in meinem neuen Büro abgeliefert. Alles war schließlich doch noch gut gelaufen, atmeten alle auf; zwar auf den letzten Drücker, aber vor uns lagen nun endlich die lang ersehnten Verträge, die wir sofort an unsere hausinternen Juristen zur Kontrolle weiterleiteten.

Nach einigen Minuten stürmte einer unserer Juristen in mein Büro. Wir haben hier ein kleines Problem, meinte er atemlos. Es seien nur zwei Verträge angeliefert worden, die zwei Einzelsendungen betrafen. Der dritte Vertrag für die tägliche Sendung sei nicht dabei. Wir riefen sofort in Köln bei Harald Schmidts Produktion an. Ein Fehler sei unterlaufen. Man habe vergessen, diesen Vertrag beizulegen.

Die Antwort traf uns wie ein Hammer. Von einem Fehler könne keine Rede sein. Harald Schmidt habe beschlossen, seine Sendung per Ende Dezember einzustellen.

Ein erster Arbeitstag ist immer außergewöhnlich. Am Vormittag hatte mich Urs Rohner meinem Kernteam vorgestellt, das vom Senderchef-Wechsel total überrascht worden war. Anschließend war ich vor die gesamte Mannschaft getreten, um mich vorzustellen. Da war ich nun, der unbekannte Schweizer, ganz offensichtlich ein Protegé meines Landsmanns Urs Rohner, um in Berlin die oft ungeliebte Münchner Konzernpolitik umzusetzen. Für alle war es eine emotional höchst schwierige Situation, und ich sah auch einige verweinte Gesichter.

Aber das war nur das Vorspiel gewesen! Der Verlust der Ikone des deutschen Fernsehens und Liebling des Feuilletons erhöhte den Stresslevel bis ins Unermessliche. Es dauerte einige Zeit, bis wir begriffen, was vorgegangen war, und noch etwas länger, bis wir verstanden, dass der Entscheid unumstößlich war.

Ganz langsam begann die Maschinerie zu laufen. Wie wird kommuniziert? Gibt es mit Harald Schmidt eine gemeinsame Sprachregelung? Wann informieren wir die Öffentlichkeit?

Kurz vor 20 Uhr waren diese Fragen geklärt und die meisten Beteiligten verabschiedeten sich. In meinem Büro war nur noch Matthias Alberti verblieben, der 2.12 Meter große Unterhaltungschef des Senders.

»Wir sollten darüber reden, was jetzt zu tun ist«, sagte ich ihm. »Kommen Sie in einer halben Stunde ins Hotel Madison an der Friedrichstraße. Ich besorge Pizza und Bier.«

Beim zweiten Bier bot ich ihm das Du an. Die Ausnahmesituation hatte uns augenblicklich zusammengeschweißt. Wir hatten nun ein Problem zu lösen – und was für eines! Am Ende des Abend hatten wir uns entschieden: Wir würden alles tun, um eine neue Late Night Show mit einem neuen Host für Sat.1 zu kreieren, auch wenn es verdammt schwer werden würde. Nein, dieses Feld würden wir nicht freiwillig räumen.

Am nächsten Tag wurde die Meldung von Harald Schmidts Weggang verbreitet und löste eine Welle der Emotionen aus, wie es sie in der Geschichte des deutschen Fernsehens noch nie gegeben hat. Eine publizistische Flutwelle kämpfte sich in den folgenden Tagen über Titelseiten und durch die Feuilletons der Republik. Die *Financial Times* betitelte ein ganzseitiges Porträt von mir mit »Der Fehlstarter«. Am späten Abend schaltete ich in meinem kleinen Hotelzimmer den Fernseher ein, um wie üblich die *Harald Schmidt Show* zu sehen. Mir blieb der Atem stocken. Während mehr als zehn Minuten seines Anfangsdialogs zog Harald Schmidt in seiner bekannten Art über mich her, den unbedarften Schweizer, zum Gaudi der Zuschauer teilweise auch in einem Sprachduktus, der in Deutschland für Schweizerdeutsch durch-

Unterhaltungschef Matthias Alberti (2,12 Meter groß), der nach meinem Abgang wie von mir vor-
geschlagen Nachfolger an der Spitze von Sat.1 wurde.

geht. Die Ereignisse hatten ihn sichtlich beflügelt, denn plötzlich präsentierte er sich wieder in Hochform. »Für mich ist es menschlich 'n bisschen hart, aber als Mediennnutte muss ich mich jetzt auf den neuen Chef einstellen. Ja, das ist so in dem Job. Wes Brot ich ess', des Lied ich sing'.«[9] Am nächsten Tag setzte er im gleichen Stil noch einen drauf. Wieder zehn Minuten. Die unterschwellige Message war klar: Der neue Senderchef war schuld, dass Deutschland diese einzigartige Sendung verlieren würde, auch wenn Harald Schmidt in der Presseerklärung artig von der von ihm vorgeschlagenen »kreativen Pause« schwadronierte, was ihm aber niemand so richtig abnahm. Sinistre Vorgänge wurden in vielen Artikeln als wahrer Grund für diesen demonstrativen Protest diskutiert, ohne dass man sich dabei auf irgendwelche Fakten stützen konnte. Man wollte schlichtweg nicht wahrhaben, dass die kommunizierten Gründe auch die echten waren.

In der Folge setzte Harald Schmidt ein volles Jahr aus, um danach bei der ARD nicht mehr auf den knüppelharten Rhythmus von fünf Sendungen pro Woche zurückzukehren. Er hatte sich tatsächlich – wie angekündigt – eine längere Pause genommen. Ob sie kreativ war, darüber streiten sich die Kritiker seiner neuen Sendung bis heute …

Diese Geschichte hatte für mich zwei Effekte: Erstens stand ich nun vor einer offenbar unlösbaren Aufgabe. Und zweitens hatte ich innerhalb von wenigen Tagen einen Bekanntheitsgrad erreicht, der größer war, als mir lieb sein konnte. Nun blickte die gesamte Medienbranche auf den Schweizer, der für diese Götterdämmerung verantwortlich war.

Als wir uns einige Zeit später richtig kennenlernten, entschuldigte sich Harald Schmidt. »Du hast es abgekriegt. Für mich war es die Chance für einen fantastischen Abgang.« Und in einem von Mitarbeitern produzierten Video zu meinem Abgang von Sat.1

---

9 Dieser Sendeausschnitt ist, wie man mich vor kurzem aufmerksam gemacht hat, bei YouTube zu sehen.

Harald Schmidt: »Wow, so sieht unser neuer Chef aus. Da muss sich Kai Pflaume aber warm anziehen.«

sagte er drei Jahre später: »Ich kann es dir jetzt sagen, wo wir unter uns sind: Es war ja für dich und den Sender nicht das Schlechteste. Denn es war wie überall, wo ich war: Richtig erfolgreich wurde der Laden erst, nachdem ich weg war.« Und dann fügte er noch hinzu: »Glückwunsch, lieber Roger. Ich kann mich nicht erinnern, in den letzten Jahren einen so perfekten Ausstieg eines Senderchefs miterlebt zu haben.«

Register

Alberti, Matthias 33, 35, 44, 46, 250, 251
Aust, Stefan 121–124, 209

Balder, Hugo Egon 17, 33
Bauer, Heinrich 224
Bauer, Ludwig 244–247
Bauer, Wolf 56, 59, 61, 64
Beck, Kurt 128
Berben, Iris 110
Bertram, Jürgen 159
Biasini, Sarah 39
Böhme, Erich 209
Boning, Wigald 177
Borgelt, Hans-Henning 56, 67
Brunnemann, Markus 52, 53
Buchheit, Josef 126–130
Bücking, Hans-Günther 98, 100, 104

Carrell, Rudi 34
Chesnoff, Adam 223, 232, 247
Clinton, Bill 230, 231
Clinton, Hillary 230, 231
Connery, Sean 213
Conrad, Marc 95
Cortez, Manuel 15, 62

de Posch, Guillaume 25, 90, 228, 232, 236, 247
Dietl, Helmut 46
Döpfner, Mathias 234

Eberlein, Norbert 95
Egger, Jürgen 109
Eisfeld, Dirk 56
Eligmann, Barbara 177
Elstner, Frank 163
Engelke, Anke 40–50
Estevez, Emilio 213
Eumann, Marc Jan 129

Falco 226
Falk, Peter 19
Fassler, Kristina 45, 103
Ferres, Veronica 110

Fischer, Ottfried 18, 20–24, 26, 27, 29, 30, 31
Fischer, Renate 18, 20–24, 26, 27, 28, 30, 32
Freston, Tom 239
Furtwängler, Maria 110

Gäbler, Bernd 162
Giani, Paul Leo 120, 121
Goldman, William 107
Grabosch, Jörg 44, 46, 48
Günther, Ralf 48

Hahn, Dieter 244
Hanfeld, Michael 108
Heinrich, Jürgen 25, 26
Hill, Terence 213
Hoffmann, Martin 18, 246
Hoffmann, Nico 91
Hold, Alexander 17
Höppner, Mareile 221
Hussein, Saddam 218

Illner, Maybrit 211

Jacob, Katerina 26
Jaffé, Michael 245
Jauch, Günther 140, 155, 156, 157, 158, 159, 210

Kallwass, Angelika 17
Karstens, Eric 84
Kausch, Thomas 220
Keglevic, Peter 97, 100
Keil, Christopher 104, 108
Kerkeling, Hape 192
Kerner, Johannes B. 25
Kirch, Leo 126, 128, 153, 187, 193, 209, 212, 243, 244
Kleine, Thilo 167
Klinsmann, Jürgen 155
Kluge, Alexander 120–125
Kogel, Fred 209
Kosack, Joachim 91
Kraft, Edda 46

Krause, Dagmar 131
Künzler, Mathis 15, 56, 61, 63

Lenßen, Ingo 17
Leyendecker, Hans 156

Malik, Julia 67
Mantel, Uwe 109
Marx, Gisela 39, 40
Maticevic, Misel 97
Merkel, Angela 166
Meyer, Ulrich 127, 139
Mojto, Jan 39
Müller, Richy 97
Murdoch, Rupert 229, 231, 239
Murphy, Eddie 106, 213

Nebel, Carmen 163
Neldel, Alexandra 15, 16, 55, 56, 58,
    60, 61, 63, 64, 67, 73
Nena 59
Nielsen, Leslie 213
Niethammer, Nik 185
Niggemeier, Stefan 42

Pastewka, Bastian 17
Pflaume, Kai 17, 253
Piel, Monika 157
Plasberg, Frank 158
Plog, Jobst 158
Popp, Christian 56, 65, 70

Raacke, Dominic 97, 104
Raff, Fritz 155, 157
Reding, Viviane 167
Redstone, Sumner 239
Reim, Dagmar 158
Remirez, Alicia 22, 56, 68, 97, 104, 105,
    107, 113
Rohner, Urs 188, 243, 245–247, 249
Rust, Bettina 209, 210
Ruzicka, Aleksander 203

Saban, Cheryl 234, 235
Saban, Haim 25, 37, 41, 46, 53, 65, 138,
    224–236, 245, 247, 248
Salesch, Barbara 17
Sander, Tim 67
Schäferkordt, Anke 85, 86, 143
Schäuble, Wolfgang 215, 217
Scheider, Roy 213
Schertz, Christian 29, 61
Schmidt, Harald 40–43, 49, 248, 249,
    250, 252, 253
Schneider, Romy 39
Schnelle, Frank 136
Schröder, Gerhard 166
Schubert, Marc 33, 34, 35
Schütte, Jörg 84
Simon, Ulrike 66
Steiner, Otto 136
Stewart, James 230
Stratmann, Cordula 17, 36
Struve, Günter 156, 157, 158, 159, 167
Szezinski, Volker 84, 107, 190, 192, 193,
    214

Tatzig, Maike 33
Theye, Joachim 126
Thoma, Helmut 93, 95, 175, 176
Trump, Donald 228

Ullrich, Jan 167

Viehrig, Konrad 57
von Theumer, Ernst 18
Voß, Peter 156

Weisse, Ina 97
Wiebel, Martin 162
Wiesnekker, Roeland 97, 101, 109
Wildfeuer, Fritz 98
Winter, Lutz 22

Zeiler, Gerhard 95, 240